CW01512174

በስመ ኣብ በስመ ወልድ በስመ መንፈስ ቅዱስ ኣሃዱ ኣምላክ

ኣሜን!

ደብዳቤ ናብ ካህነይ 1

© All rights reserved copyright

14th book

Reference Number 5296070923S022

2023

ንዝያዳ ሓበሬታ

ተሌ-0041779795322 ስዊዘርላንድ

ተሌ 00447958020087 ዓዲ እንግሊዝ

Email= kokobekrstos@yahoo.com

Facebook= ኮኾብ ክርስቶስ

First Edition 2023

ደብዳቤ ናብ ካህናይ

ደብዳቤ ናብ ካህናይ
ኣብ ዘርያ እሳታዊት
ታቦት፣ እትነብር ነፍሲ ካህን
ንዘልኣለም ክብርቲ ኢያ!
Vol-11

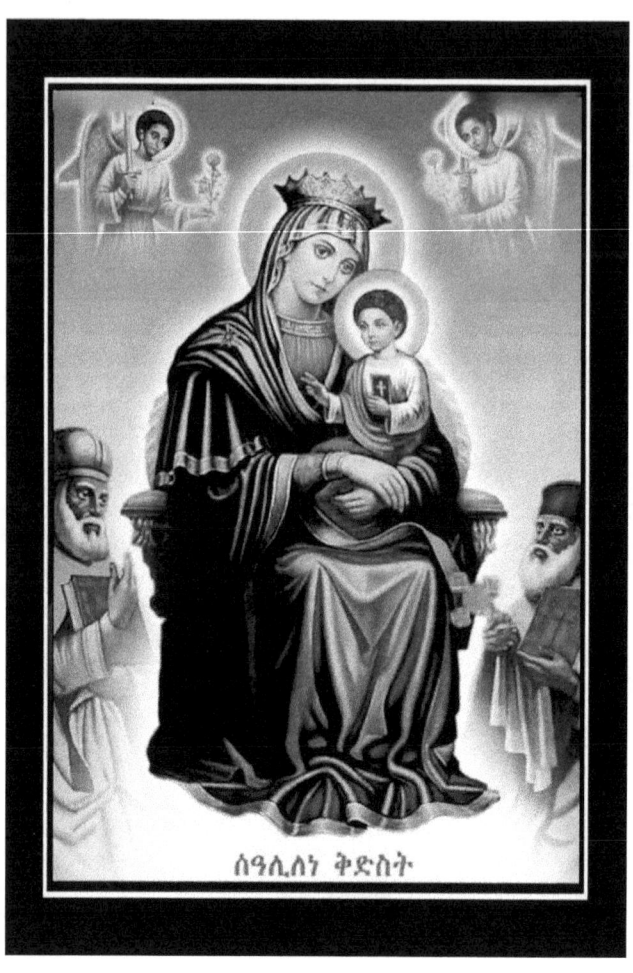

ሰዓሊለነ ቅድስት

ብርሃን ዓይነይ

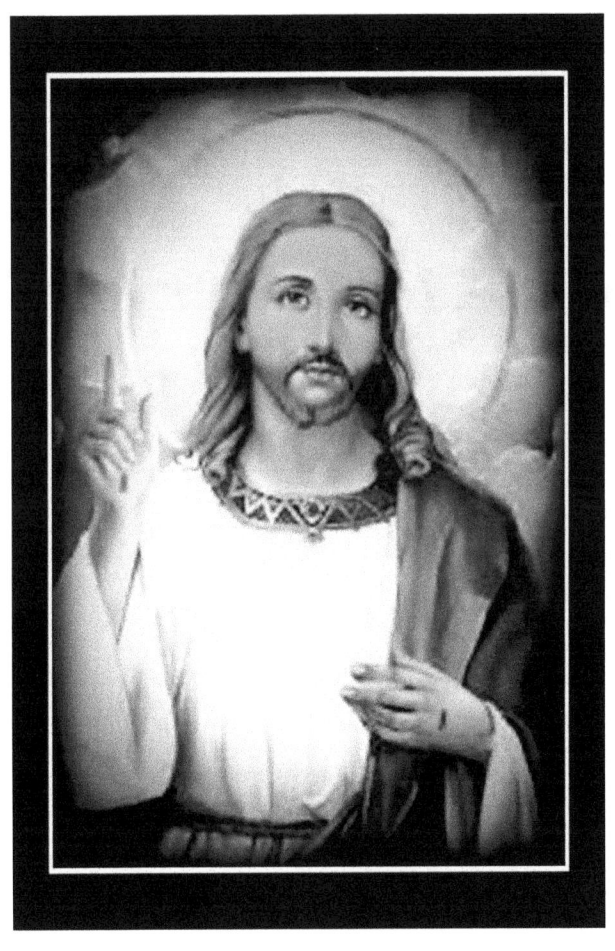

''ቃል ኪዳነይ ኣንቢረ ኣለኹ ንድሕነት ደቀይ''

መድሃኔ ኣለም ኢየሱስ ክርስቶስ

‘’ኣብ ዙርያ እሳታዊት ታቦት እትነብር ነፍሲ ካህን ንዘልኣለም ክብርቲ ኢያ!”

ኮኾብ ክርስቶስ

2023

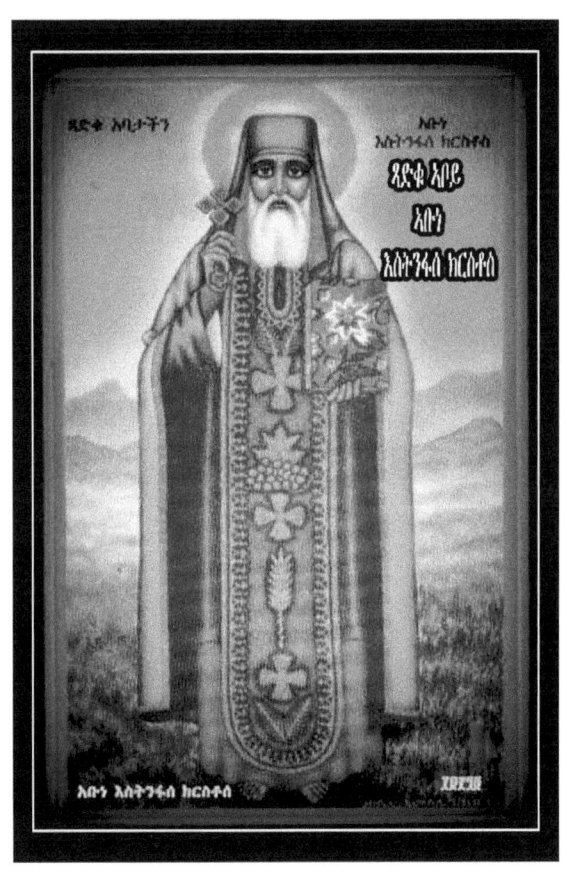

ከም ቃለይን ቃልኪዳነይን ምእንቲ ደቀይ ብፍጹም ኣይድቅሰን ኢየ!

ጻድቅ ኣቦይ እስትንፋሰ ክርስቶስ

ደብዳቤ ናብ ካህነይ

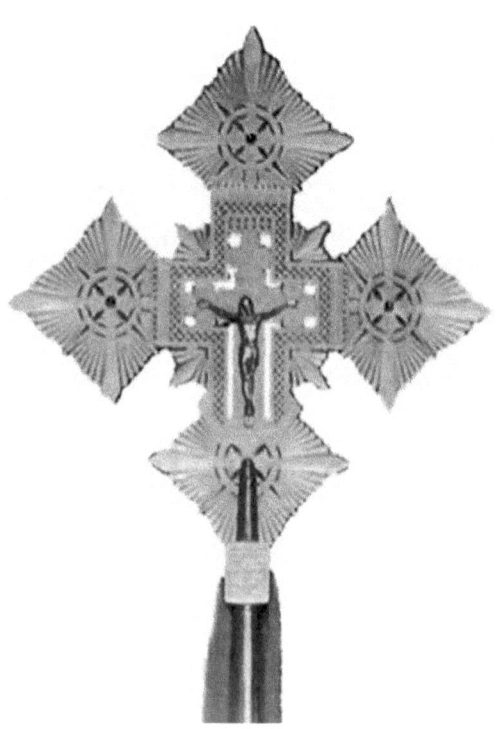

እግዚአብሔር መንፈስ ቅዱስ

{መንገደይን መንገድኹምን፣ ሓሳብኩምን ሓሳበይን በበይኑ ስለ ዝኾነ ብዙሕ ኣይትጉሃዩ፣ ንምስጢር ኣሻኽማ መስቀል ሜላታትን ሓጺር መንገድን ኣይትድለዩ፣ ሓጺር መንገዲ ኩሉ ንጥፍኣት ኢዩ።

እታ መንግስተይ ብብዙሕ ድኻምን ስቓይን ኢያ እትእቶ፣ ንኑተይ ንውጹዓት መዕረፊ እምበር፣ ንጽጋበኛታት መሐከሊ ኣይኮነትን።

ንኑተይ ንስርዓተይ ዝሓለዉ እምበር፣ ንስርዓተይ ዘፍረሱ ኣይኮነትን።

ንኑተይ ነቶም ተግሳጸይ ዝተቐበሉ እምበር ነቶም ደቂ እታ ሕንቅቕቲ ኣይኮነትን።

ንኑተይ ነቶም ብነፍሶም ዝሓሰቡን ዝተጨነቑን መዕረፊ እምበር፣ ነቶም ብስጋኦም ብዙሕ ዝተጨነቑ ኣይኮነትን።

ንኑተይ ነቶም መፍቀርቲ ቅዱሳነይ መሰፈሪ እምበር፣ ነቶም ጽልእን ፍልልይን ኣብ ደሞም ዘሎ ኣይኮነትን።

ንኑተይ ንብሉይን ሓዲስን ቃል ዘኣመኑን ዝተቐበሉን እምበር ነቶም ፍርቂ እምነት ዝሓዙ ኣይኮነትን።

ንኑተይ ነቶም ስልጣን ዝሃብኩዎም ካህናተይ ዘኽብሩ እምበር፣ ነቶም ኣነ ዘፍቀርኩዎም ዝደፍር'ሞ ሰፈሩ ፍሉጥ ኢዩ።

ስለዚ ኣንታ ክቡር ወደይ፣ ኣንታ እትኣምነኒ ወደይ፣ የፍቅረካ ኢየ፣ ምስጋናኻ ቀጽል፣ ንዓኺ ኢየ ንዓይ ኩብርቲ ጓለይ፣ ሕማም ደጋጊሙ ክወድቐኪ ድምጺ ዘየስማዕኪ ሓያል ጓለይ፣ ዕረፍትኺ ቀሪቡ ኢዩ ምሳይ ክወስደኪ ኢየ።

ንዓኻ ኢየ ኣንታ ክቡር ካህነይ፣ ኩሉ ዝፈንፈነካ፣ ቃልካ ዝነዓቐ፣ ዘመን ኩተሰግደካ ኢላ ብኽሳድካ ዝሓዘትካ፣ ትንፋስ ኣብ ጅማውተይ ኢዩ ኣጆኻ፣ መጻኹኻ ኣይዱንግን ኢየ፣ ኣነ መንፈስ ቅዱስ ሸባቢ ንፋስ ኢዩ እቲ ቀንዲ ስመይ።

ንዓኻ ኢየ ኣብ በረኻ ምስ ሓመድ ኑብስኻ ዝቐበርካያ፣ ዝባንካ ብሰንሰለት እትገርፋ ዘለኻ፣ ንዓለም ሞይተልኪ ኢየ ኢልካ ዝተመካሕካላ ውሉደይ፣ ኣስኬማ መላእኽቲ ክም ግቡኡ ዝተሰከምካያ፣ ኣቤት! ፍቑር ወደይ፣ ኣለኹ ምሳኻ፣ መጻኹ ወደየ! ዝፋንካ ኮሓሒለ፣ ኣጸባቢቐ፣ ብርሃን እሳተይ ወቒረ፣ በቃ! ተዳልየ ኢየ፣ ከም ቃለይ ወደየ! ቁሩብ ተጸበየኒ።

ደቀየ! ኣዝየ ዘፍቅረኩም፣ ተሰፋኹም ካብ ሰማይ እምበር ካብ ሲኦል ዘይገበርኩም፣ ምንብርኻኽን ጸሎትን ጥራይ ኣብ ኣንደበትኩም ዘንበርኩም፣ ምስጋና ከም ቅናትኩም ዝተቐነትኩሞ፣ መጻኹ። የፍቅረኩም ኢየ ኣነ መንፈስ ቅዱስ ኣቦኹምን ኣምላኽኩምን ንዘልኣለም።}

29/5/2023

ግእዝ 21/5/2015

መቕድም

እዛ መጽሓፍ እዚኣ ኣብ ሓጺር ግዜ ዝተወደአትን ዝተጻሕፈትን ኢያ። ኣነ ንባዕለይ ተወዲኣ ምስ ርኣኹዋ ኣይኣመንኩን። ምኽንያቱ ኣቲ ኣብ ውሽጢ ዘሎ ምስጢራት ይኹን ጽሑፋት፣ ንዓይ ንባዕለይ ልዕሊ ዓቕመይ ኢዩ። መን ምዃኑ ጸሓፊኡን ካብመን ምኹኑ ምንጩን ግን ካህናት ኣቦታተይ ኣይክትስሕትዎን ኢኹም፣ ምኽንያቱ ንስኹምን ለኣኺኹምን ብቓል ማሕላን ምስጢሪን ስለ እትፋለጡ።

ብተኸታታሊ. ዋሕዚ ካብ መንፈስ ቅዱስ ኣቦይ ዝውሕዝ ዘሎ ጽሑፋትን መጻሕፍትን ኢዩ፣ እንተ ተኸታቲልናዮ፣ ነቲ ናይ ነዊሕ ዘመናት ዝኸደ ጥፍኣትና፣ ዘዝክርን፣ ንኽንምለስ ድማ ናይ ጎይታይ የእዳው ብንስሓ መንገዲ ዝተዘርግሐልና ኩነታትን ኢዩ እነህል ተዳልዩልና ዘሎ።

ኩሉ ስራሕ ጎይታይ ድንቂ ኢዩ። ክብሪ ንስሙ፣ ክብሪ ንቅድስቲ ወላዲቱ፣ ክብሪ ንቅድስቲ ተዋህዶ ኦርቶዶክስ እምነተይን ድማ ይኹን።

ስለዚ ክቡራት ካህናት ኣቦታተይ፣ እነሀለ ብዙሕ ምስጢራት ድሕነትን፣ ዕምቀትን ናይ ምስጢር ክህነት ጽሒፋልኩም ኣሎ። ብንጹህ ልቢ ከተንብብዎ ባህገይ ኢዩ። ኣነ ግን ካብ ፍቓድኩምን ትእዛዛትኩምን ብፍጹም ከም ዘይወጽእ ኣቐዲመ ይምሕል ኣለኹ።

ደጊም ሓደራ ከም ጠፊኣ ዝነበረት ጓልኩም፣ ባዕነተይ እምበር ፍርደይ ኣብ ቅድሚኹም ኣይኹን። እቲ ባዕነተይ ግን እነሀለኹ ኣብ ቅድሚኹም ብገዛእ ፍቓደይን፣ ብፍቓድ ጎይታይን ዘርጊሐ የንብረልኩም።

ብእምነት ቅድስቲ ቤተክርስቲያንይን ማዕተበይን ብቅዱሳን ኣቦታተይን ግን ብፍጹም ኣብ ዝኾነ ይኹን ኩነታት ኣይደራደርን ኢየ። ሞተይ እንተ ተደልየ ውን ኣምላኽ ሓይሉ ይሃበኒ ኣሎኹ።

ቅድስቲ ቤተክርስቲያንይ ንሳ ካብ ፈለማ ኔራ ኢያ፣ ኣነ ገዲፈያ ክኸይድ ኢየ፣ ንሳ ኢያ ንጎይታይ ክሳብ መወዳእታ

እትጽበዮ'ሞ፣ ሕማቕ ታሪኽ ኣብ ከርሳ ብዛዕባይ ክጽሓፍ ሕልመይ ውን ኣይኮነን፣ እንኳን ጋህደይ።

ንኹሉኹም ካህናት ኣቦታተይ ኣብ ትሕቲ ፈጣሪ እትጓሰዩኒ፣ ድኻምኩም ድኻም ቅዱሳን ይግበረልኩም፣ ኣብ ምድሪ ዘይኮነስ ኣብ ኣርያም፣ ኣብ ቅድሚ ኣቡኡ ድማ ጎይታይ ኣኽሊል ዓወት ይኽፈልኩም።

ጎይታየ ካብ ልበይ የመስግነካ ኣለኹ፣ እዚ ስራሕ ናትካን ካባኻን ኢዩ'ሞ ደጊመ ደጋጊመ የመስግነካ ኣለኹ።

ርህርህቲ ሕልና ወላዲተ ኣምላኽ፣ ቅድስተ ቅዱሳን ንጽህተ ንጹሃን ወላዲተ ኣምላኽ ቅድስቲ ድንግል ማርያም ድማ ብዘይ ብኣኺ ኣበይ ክብጽህ ይክእል፣ ኣነ ብዘይ ብኣኺ ንገነት ውን ውርሻ የብለይን እሞ፣ ክብርን ምስጋናን ንዓኺ ይኹን ምስ ኩሎም ሰራዊትኪ።

ኮኾበ ክርስቶስ

"ክብሪ መዓርግ ንዘፍለጠኒ ጎይታይ፣ ክብሪ ይኹኖ"

ኮኾብ ክርስቶስ

2023

ስዊዘርላንድ

ጎይታየ
ይቕረ ግበረለይ

‘‘ኣነ ዝመጻኹ ናይ ስጋ ጣዕሚ ካብ ሂወትኩም ኣርሒቐ፣ ናይ ነፍሲ መኣዲ ክቕርብ እምበር፣ በዚ ሓላፊ ጣዕሚ ተማሪኽኩም ንሲኦል ክትወርዱ ኣይኮነን።’’

መድሃኔ ኣለም

29/5/2023

ዝሓለፉ ዝተጻሕፉ መጻሕፍቲ

NOURRIR MES MOUTONS

vol .3

Kokobe Krstos

FEED MY SHEEP

My peace be with you, my sunshine daughter,
please be forgiving as I have forgiven your sins.
I will feed you my heavenly bread from
my heavens. I love you, my bright lighted daughter.
Jesus Christ, The Saviour of the world,
11/6/2020

vol .4

Kokobe Krstos

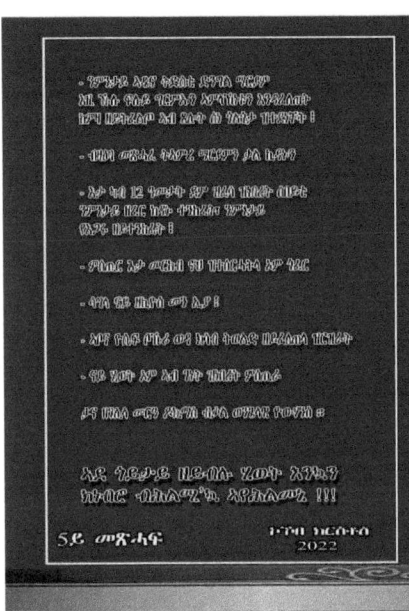

ንግሥተ ነገሥት
ቅድስተ ቅዱሳን
ድንግል ማርያም
5ይ መጽሐፍ
ኮከበ ክርስቶስ
2022
ኮከበ ክርስቶስ

A life without the Mother of GOD,
I never intend to live it,
Not even in my dreams to dream it!
Vol. 6
kokobe krstos
2022
Queen Of TheUniverse
Holy Virgin MARY
In the Thoughts of GOD
kokobe krstos

መድሃኔ ኣለም
እቲ ድሙቅ ብርሃን
ኣቡነ እስትንፋሰ ክርስቶስ
ሓደ ጎይታ
ሓንቲ እምነት
ሓንቲ ጥምቀት
Vol- 7
2022
ኮኾብ ክርስቶስ

ሓቐኛ ብርሃን፣ ዝዋንኡ እምነት
Vol. 8
ኮኾብ ክርስቶስ
2023
ናይ እምነት ሰበይቲ
1.
ኮኾብ ክርስቶስ

መልክዐ
ኣቡነ እስትንፋሰ ክርስቶስ
ብትግርኛን ግእዝን
ሓደ ጎይታ
ሓንቲ እምነት
ሓንቲ ጥምቀት
ኮኾብ ክርስቶስ
2022

ሰማያዊ ምስጋና
ምስጋና፣
እታ ሰውርቲ መፍትሕ፣
ንመዓጹ ገነት እትከሕከሕ
ምስጢር ኢያ!
ኮኾብ ክርስቶስ
Vol-10
2023
ኮኾብ ክርስቶስ

መድሃኔ ኣለም ---
ዓለም'ኮን ክንደይ መሪር ኢያ። ክመይ ጌርካ ፈሊጥካ ክይትብሉንስ፣
ኣይቀመስኩዎን'ዶ። ብዘይ ገበርኩም'ዶ ኣይተሳቐኹላን።
እንዳ ነባዕኩ ፈጢረያ ክስሰይ ብፍቕሪ፣
ንሳ ግን ብሞካሳ'ዶ ኣይ ቀጥቀጠትንን።
እሞ ደቀየ ኣበየናይ ስቓይ ኣንቢረኩም
ጽቡቕ ጌረ ኢየ ዝፈልጥ።
ግን ድማ ብርሃን ኣብ ቅድሚኹም ኣንቢረ ኣለኹ።
ኣነ ንፍቕርኹም ብዙሕ ክቢድ ዋጋ ከፊለኩ
ንስኹም'ከ ንፍቕረይ ንእሽተይ ዋጋ'ዶ ምኸፈልኩም ኣቢኹም፧
16/6/2022
vol. 11
ኣባጊዐይ ኣብልዒ 2
ኮኾብ ክርስቶስ

ኣባጊዐይ ኣብልዒ 3
ኣባጊዐይ ኣብልዒ 3
ኄይታይ ሞይቱሊዩ ኢዩ'ሞ ጸዲቀ ኢየ፣
ዝብል ሓሳብ ቅቡል እንተ ዘኸውን፣
ኄይታይ! ኣብ ሓድሽ ኪዳን ዘይኮነስ፣
ኣብ መወዳእታ ዓለም ምስ ተሰቕለ ኔሩ!
ኮኾብ ክርስቶስ
2023
Vol-12
ኮኾብ ክርስቶስ

ንግስቲ ነገስት
ቅድስቲ
ድንግል ማርያም 2
ክቡር ዕርገት
ንጹህ ጥንሲ
ዘልኣለም ድንግልና
2023
Vol- 13
ኮኾብ ክርስቶስ

ደብዳቤ ናብ ካህናይ
ኣብ ዙርያ እሳታዊት
ታቦት፣ እትነብር ነፍሲ ካህን
ንዘልኣለም ክብርቲ ኢያ!
Vol-14
ኮኾብ ክርስቶስ

ኣባጊዐይ ኣብልዒ 4
ኣባጊዐይ ኣብልዒ 4
ክቡር ቓልካ ኣብ ልሙዕ ሻኻ ኣዕረፍካ፣
ናይ ዘልኣለም ጸምኣይ ድማ በጃ!
ይኣክል ኢሉ ገለጸ!
ክቡር ቓልካ፣ ክብሪ ንበሲ፣
ከም መስትያት ኣንጸባሪቑ ኣርኣየኒ!
ኮኾብ ክርስቶስ
2023
Vol-15
ኮኾብ ክርስቶስ

መግለጺ ብዛዕባ ናይዛ መጽሓፍ ዘሎ ስእሊ

ኣብዛ ቀዳመይቲ ክም ገበር ዘተጠቐምኩላ ስእሊ ናይዞም ካህን ኣዝያ ንየዒንተይ ግርምትን ምርጽትን ኢያ። እቲ መዓርግን ክብርን ግርማን፣ መስቀልካ ኣብ የማናይ ኢድካ ጨቢጥካ ብኸምዚ ዝመሰለ ግርማ ክትኣርግ ማለት፣ ዓቢ ዓወትን ጅግንነትን ኮይኑ ተመልከትኩዎ ኣብ ቅድሚ የዒንተይ።

ኣብ ኣኻውሕ ተወቲፎም ዘለዉ ክቡር ካህን ድማ፣ ነዚ ናይዚ ዘመን ዘሎ ፈተና ካህናት ኣቦታት ንኽትንክፍ ኢለ ኢየ። ዘመን መጸ ብዝረቐቐ ፈተና ጸላኢ እንክፍትኖም፣ መስቀሎም ካብ የእዳዎም ንኽምንዝዕ ክቃለስ እንከሎ።

እዞም ካህን ግን ንኹሉ ፈተና የዒንቶም ዓጽዮም፣ መስቀሎም ግን ኣብ የእዳዎም ጨቢጦም፣ ኣብ መንቀራቕሮ ኣኻውሕ ምስ ጎይትኦም ክዘራረቡ ብምባል ተገሊሎም እንከለዉ ኢየ ረኺበዮም፣ ኮይኑ ዘስምዓኒ።

የዒንቶም ምዕማቱ ድማ፣ መንፈሳውያን የዒንቶም ምኽፋተንን ምስጢር ኢዩ። መንፈሳውያን የዒንቶም ምኽፋተን ድማ፣ ብርሃን ካብ ሰማይ መጺኡ፣ ኣብ ከባቢ የዒንቶም ምዕራፉ ኢዩ። ዘመን ዘሰከሖም ካህናት ኣቦታትና ንኹሎም እትትንከፎም ኮይና ትስምዓኒ።

ግርማ መጠምጠሚኦም፣ ድማ ከምታ ቀደም ኣቦታትና ዝገደፉሎም እምበር፣ ምስ ዘመን ዘብለጭልጭን ዘንጸባርቕን መወሰኽታ ኣይገበሩን።

ጽምኢ ማይን፣ ጥምየት መግብን፣ ንሰጋ ከም ዝገጠሙዋ እነህለ በሪሁ መንፈሶም ብጭብጢ። ሕብሪ ልብሶም፣ ንጽህቲ ነጸልኦምን፣ ኣብ የዒንተይ ብዙሕ ግዜ ምስ ተሳእሉ ኢዮም።

በዛ ስእሊ ምኽንያት ጌረ፣ ሓንቲ ዓባይ ፍታሕ እትመስለኒ ክዛረብ፣ ዘመንና ጸልሚቱ ዘሎ፣ ብዝሒ ሓጥያት ናይ ደቅኹም ናይ ኣብጊዕ ኢዩ ኢየ ዝብል።

ካህናት ኣቦታተይ ሓደ ሓደ ካብቲ ሓጥያትና ክትሰምዑ እንከለኹም ርግጸኛ ኢየ ከም ዝድንጽወኩም፣ ንስኹም ንጹሃት ኢኹም ኣብ ቅድሜና። ስለዚ በጃኹም በቲ ዝፈጠረኩም ክልምነኩም እንተ ኾይነ፣ በጃኹም ኣጸምው ኣቢልኩም ምስ ፈጣሪ ምዝርራብ ይሕሸኩም፣ ንዟኾነ ይኹን

ምንቅስቓስ ወይ ውን ስጉምቲ ኣብ ሂወት፣ ፍቓድ ካብ ኣዛዚኹም ሓቲትኩም እንተ ዘኽውን ይብል ኣነ።

ንዓናን ግብርናን ኢድ ኀይታኹም ከይሓዝኩም ኣይትኽእሉናን ኢኹም፣ ለኪምናኩም ናብ መዓሙቕ ከይንወርድ ሓደራ ኣቦታተይ።

ምዕራፍ____ገጽ

ምዕራፍ 1 መንነት ነፍሲ ካህን -------------------------33

1- ዝፋን ነፍሲ ካህን ---------------------------------33

2- መዓርገ ክህነትን ኣልባሳቱን-------------------------42

3- ዝፋን ምንኩስና------------------------------------63

ምዕራፍ 2 ምስጢር ቅዳሴ ስርዓት ቤተክርስቲያን---------74

1- ህያባት ቅዳሴ ቤተክርስቲያን-----------------------74

2- ካብ ዜማ ቅዳሴ፣ ናብ ምድሪ ዝፈሰሰ ማይ ገነት-125

3- ባእታ ማርያም ኣብ ማእከል ቅዳሴ --------------138

ምዕራፍ 3 መልእኽቲ ሰማያት -----------------------153

1- ኣብ ዝፋነይ ኣኽበርኩኹም --------------------153

2- መንፈስ ቅዱስ -----------------------------------160

3- ንብዓት ኣብ ቅድስተ ቅዱሳን -----------------164

4- ሰፈር ዓሌታዊት ነፍሲ---------------------------171

ምዕራፍ 4 ባህግታት ሰማያት ኣብ ልዕሊ ክህነት ---177

1- ጎይታየ መጽሓፍ ቅዱስ እንታይ ኢዩ--------177

2- ልቢ ካህን ለዋህ ኢ.ያ----------------------187

3- ጸጋ ክህነት ምስ ተመርዓኻ--------------------192

4- ዝፋን ንስሓን ሓጥያትን ----------------------197

5- ማዕተብ ኣብ ክሳድና ዘላ----------------------206

6- ምስጢር ሰርየት ካብ ኣቦታት ካህናት --------215

7- ባርኹኒ ኣቦይ ቀሺ -----------------------219

8- ምልክት ዘመን ምፍታን እምነት -------------220

5/7/2023

ምዕራፍ 1 መንነት ነፍሲ ካህን

1 ዝፋን ነፍሲ ካህን

ኮኾብ ክርስቶስ --- ኣብዚ እዋን እዚ ርእሰይ ብብዙሕ ሓሳባት ተኸቢቡ ኣሎ፣ ምክንያቱ ንእሽተይ መገሻ ሓሲበ ኣለኹ'ሞ፣ ግን ድማ እዛ መጽሓፍ ከይወዳእኩዋ ይገይሽ ምህላወይ ብዙሕ ኣተሓሳሰበኒ።

ኣንጊህ ንእሽተይ ናይ ኣምልኾት ሰግዳነይን ምስጋናይን ክብጽሕ ኢለ ተዳለኹ። ጸሎተይ ወዲኤ ሰግዳነይ ምስ ጀመርኩ ግን፣ ገጸይ ዲዩ ዋላ ልበይ በሪሁ እንድዒ ኣይተረድኣንን። የዒንተይ ግን ክሳብ ከምዚ ብርቱዕ ዶግሒ ብርሃን ዝተወልዐለን ከመስላ ቋሕ ሰም ቋሕ ሰም! በላ ደጋጊመን።

ጌና ሰግዳነይ ቀጸልኩ፣ ካብ ልበይ ዝኾነ ዝሑል ማይ ዝፈሰሰ ዝነበረ ኮይኑ ተሰምዓኒ። ልበይ ብደገ የእዳወይ ሰዲደ ፈተሽኩዋ። ብደገ ዘይኮነስ ብውሽጢ ኢዩ ዝነበረ። ክባቢየይ የዒንተይ ሰዲደ ፈተሽኩ። ጎይታየ! ንስኻ ኢኻ ኣምላኸይ፣ ኣብ ዙርያይ ኣለኻ፣ ምኽንያቱ ንመዓሙቕ ልበይ ሰራውሩ ብዘይካኻ መን ክፈልጦ ይኽእል፧ ንውሽጢ ልበይ ብዘይካኻ መን ብሓጎስ ከሰራስሮ ይኽእል፧ እንዳ በልኩ ሰግዳነይ ቀጸልኩ።

ጎይታየ! ኣብ ቅድሚ ዓይነይ ተገተረ፣ ደሚቕ ብርሃኑ ኢዩ ዝነበረ ኣቐዲሙ ብብርሃኑ ዝኸበበኒ ማለት ኢዩ በልኩ። ብርሃን ናይ ጎይታይ ክንደይ ፍሉይን ድንቅን ኢዩ። ኣቦታተይ ክቡራት ኢኹም'ሞ ንዓኹም ይግብኣኩም'ዩ እዚ ብርሃን እዚ፣ ስለዚ ብብርሃኑ ይብጻሕኩም፣ ንዘልኣለም።

መድሃኔ ኣለም --- ሰላመይ ምሳኺ ይኹን ምልእተ ጸጋ ጓለይ። መልሲ ናይ ሓይሊ እምነትኪ፣ ናብ ሓደ ሰፈር ክወስደኪ ኢየ። እምነትኪ ገጥ ኣቢልኪ ሓዚ። ኩሉ ግዜ ቅድሚ ምንቅስቓስኪ እንታይ ትብሊ ኢለኪ ኔረ፤ { ኢሉ ሓተተኒ፣ ኩሉ ግዜ ናብ ዝኾነ ይኹን ቦታ ብራኢ ይኹን፣ ብነፍሲ፣ ክንቀሳቐስ ከለኹ፣ ስሉስ ቅዱስ ንዘልኣለም ኢየ ዝብል፣ ብድሕሪ እዚ ስሉስ ቅዱስ ንዘልኣለም በልኩ'ሞ፣ ነፍሰይ ብድድ ኢላ ክትንቀሳቐስ ተፈለጠትኒ፣ ስጋይ ግን ፍግም ኢላ ኣብታ ቤት ጸሎተይ ተረፈት}

መድሃኔ ኣለም --- ብርሃን ጓለይ፣ ሎሚ ዝወስደኪ ሓደ ዝፋን ኢዩ። እዚ ዝፋን እዚ ነቶም ሕልፊ ኹሉ ዘፍቅሮምን ዘፍቅሩንን ነፍሲ ካህናተይ ዘዳለኹሎም ኢዩ። ማዕረ ክንደይ ነቶም ትእዛዘይ ሓልዮም፣ ኩሉ ክጠልመኒ ብፍጹም ዘይጠለሙኒ ካህናተይ ድማ ዘዳለኹሎም ሰፈር ክርእየኪ ኢየ።

ነፍሲ ካህን ክፋል ኣካላተይ ኢያ፣ ነፍሲ ካህን ክፋል ሰራውረይ ኢያ፣ ነፍሲ ካህን ጅማት ካብ ልበይ ኢያ. . . { እንዳ በለ ብዙሕ ቃላት፣ ብዛዕባ ፍቕሩ ኣብ ልዕሊ ካህናት

እንዳ ገለጸለይ ኢዩ ዝሰጉም ኔሩ። ግን ድማ የዒንቲ ጎይታይ ሓሓሊፉ ንጣብ ንብዓት ይርእየለን ነበርኩ፣ ግን ተቐላጢፉ በእዳዉ ድርዝ ኣቢሉ ይኣልዮ ነበረ።

ከምዚ ኢልና እንዳ ሰጎምና ከለና ብማዕዶ ሓንቲ ደማቕ ከተማ እትመስል፣ ግን ድማ ብርሃና ክዶጉሕ፣ ምጽዕዳዋ ካብ በረድ ንላዕሊ ብዕጽፍታት ኢዩ ምጽዕዳዋ፣ ግን ድማ ብብርሃን ዝተሸፈነት ከተማ ምኚናስ ርግጸኛ ኢየ፣

እዛ ከተማ ግን ኣብ ምድሪ ወይ ውን ኣብ ተሪር ባይታ ነገር ወይ ውን ኣብ ደመና ዝተተኸለት መሲሉኒ ኔሩ፣ ግን ነዛ ከተማ እዚኣ ዝሰከሙ መላእኽቲ ኣብ ትሕቲኣ፣ ጸይሮማ ነበሩ።

ጎይታይ ድማ እዛ ዝፋን እዚኣ፣ ዝፋን ነፍሳት ናይ ካህናተይ ኩሉ ጻዕሮም ወዲኦም ብምሕረተይ ናብ ምሕረተይ ሓሊፎም ዘዕርፉላ ኢያ። ሕልፊ ኹሉ ናይዛ ዝፋን እዚኣ ፍሉይ መንነት እንተ ኾይኑ፣ ብእሳታውያን መላእኽቲ ዝተኸበት ኢያ።

ብፍሉይ እሳታዊ ቃላተይ ኣዕሪፈ ዝፈጠርኩዎም መላእኽተይ ድማ ኢዮም ዝጸሩዋ።

እዞም መላእኽተይ ድማ መግብን ብርሃንን ንዘልኣለም ካብዘን ነፍሳት ናይ ካህናተይን ጸሎቶምን ሰማያዊ ስርዓተ ቅዳሴኦምን ይቕበሉ። ንሕጂ ግን የዒንትኺ ከፊተልኪ ኣለኹ'ሞ፣ ድንቂ ስርሐይን ኣምላኽነተይን፣ ፍቕረይን ንኹሎም ካህናተይ ተመሊስኪ ክትነግሪዮም ስለ ዘኾንኪ፣

ኣጆኺ እምነትኪ ሓደራ ገጥ! ኣቢልኪ ሓዚ፣ ኢሉኒ ቀዲሙኒ ናብቲ ከተማ መሰል ብርሃን ዝመልአ ናይ ነጋውስ ዝመሰል ገዛውቲ መሪሑኒ ረገጸ።

ሓቂ ዘረባ! እቲ ዝርአኹዎ፣ ብኸመይ ኢዩ ብምድራዊ ቃላት ክግለጽ። ነፍሲ ካህን ኣብ ማእከል እቲ ዝፋን ከም ነበልባል እሳትን፣ ዓምዲ ብርሃንን ኢያ።

ሓንቲ ዓምዲ ብርሃን ልክዕ ከም ሓንቲ ነፍሲ ናብ ገነት ዝኣተወ ካህን ኢያ። ግን ድማ ክንድኡ ዝበጽሑ ካህናት ዲዮም ዘለዉኻ ክሳብ ዝብል ኮንኩ።

ድንቕ! በለኒ! ክበዝሑ፣ እቶም ዓምድታት ብርሃን፣ ማለት ነፍሳት ናይ ካህናት፣ ህዝቢ ዓለም ብዙሕ ይመስለና እምበር እቶም ዝርአኹዎም ነፍሳት ግን ኣዝዮም ብዙሓት ኢዮም።

ኀይታየ! ዝሓለፈ ህዝቢ ዓለም ካህን ጥራይ ዲዩ ኔሩ ኢለ ሓተትኩዎ፧ ኀይታይ ሰሓቐ! ምልእተ ጸጋ ዃለይ፣ እቲ ካልእ እሞ ይትረፍ፣ ድሕሪ ሓድሽ ኪዳነይ ጥራይ ክንደይ ድንቂ ካህናተይ ዲዮም፣ መስኪሮሙለይ፣ ወንጌለይ ሰቢኾሙለይ፣ መስቀለይ ብቕንዕና ተሰኪሞም ሓሊፎም፧ ኢሉ መለሰለይ።

ኣብቲ ዝፋን እቲ ግን ኣብ ላዕሊ በራኸ ከም ቤተክርስቲያን እንዳ ቅዱስ ሚካኤል ኣስመራ ጸጸራት እትመስል ህንጻ ርእኹ። ብድሕሪ እዚ ኀይታይ፣ ንዕናይ ኣብኡ ሓደ ዘይሓሰብክዮ ወደይ ኣሎ፣ ከርእየኪ ኢለ ኢየ ሒዘኪ ዝመጻኹ ናብዚ'ሞ፣ ኣጆኺ በለኒ።}

ኣብታ ናይ ሰማይ ቤተክርስቲያን እትመስል፣ ፍሉይ ዓምዲ ብርሃንን ኣኽሊል ናይ ንግስነት ዝመስልን፣ ዝለበሰት ኣካል ርእኹ። ብርሃና ፍሉይን ደሚቕን፣ እሞ ድማ እልፊ ኣእላፍ መላእኽቲ ከቢቦማ ርእኹ።

የዒንተይ ብፍሉይ ተኸፈተ፣ ኣብ የማናይ መንኩቡ፣ ፍሉይ ናይ ዜማ ጽሑፍ ዘለዎ፣ ኣብ ኩብዲ ኢዱን ግንባሩን ማሕተም ስሉስ ቅዱስ ዘለዎ፣ ፍሉይ ኣቦ፣ ኣቦ ጥራይ ዘይኮነስ ሊቅ ውን፣ ሊቅ ጥራይ ዘይኮነስ ፍሉይ ፍጥረት፣ ፍሉይ ፍጥረት ጥራይ ድማ ኣይኮነን፣ ነባዒ ለዋህ ኣቦ። ብዛዕባኻ ጀሚረ ወዲኤ ኣይፈልጥን ኢያ። ሰማያዊ ሊቅ ቅዱስ ያሬድ ርእኹዎ በዘን የዒንተይ።

ቅዱስ ያሬድ --- ሰላመይ ምሳኺ ይኹን ምልእተ ጸጋ ጓለይ ጓል ፈጣሪየይ፣ መጺኺ'ዶ ሎምስ፣ ንነዊሕ እዋን ተጸቢየኪ ኔረ።

ኮኾብ ክርስቶስ --- ቅዱስ ያሬድ ኣቦይ፣ ንዓይ! ድኣ ትፈልጠኒ ዲኻ ካብ ነዊሕ እዋን ድኣ፧

ቅዱስ ያሬድ --- ንስኺ ሕጂ ኢኺ ትፈልጥኒ፣ ኣነ ግን ጌና ቅድሚ ክንደይ ዘመናት ኢየ ዝፈልጠኪ።

ኮኾብ ክርስቶስ --- ቅዱስ ያሬድ ኣቦይ፣ ክንደይ ሰብ ኢዩ ዝፈልጠካ፣ ግን ድማ ኣነስ እነሀለኹ ይርእየካ፣ ግን መን ኢዩ ክኣምነኒ ከም ዝርኣኹኻ። ንዓኻ ዝፈልጡኻ ድማ ገሪሙኒ፣ ኣብ ርእሶም ብዙሕ ጥምጣም ዘለዎም ኢዮም ኢሎሙኒ። እንደገና ንስኻ ዜማ ናይ ቤተክርስቲያን ኢኻ ኣቐሚጥካ

ከይድካ ኢሎምኒ። እቲ ዜማ ናይ ቅዳሴ ግን ክጥዕም ኣይትሓዘለይ እምበር . . .

ኢለ ዘረባይ ከይወዳእኩ . . . ስሓቕ ስሓቐ ቅዱስ ያሬድ

ቅዱስ ያሬድ --- ምልእተ ጸጋ ጓለይ፣ ኣነ ኣብ ምድሪ ከለኹ ቅድሚ ምስዋረይ ውን ብዙሕ ስቓይ ኢየ የሕሊፈ። እቲ ዝኣምን ተዳልዩን ተጻሒፍሉን ኢዩ ኣጆኺ፣ እቲ ዘይኣምን ግን ድሮ ተፈሪድሉ ኢዩ። ስለዚ ሰብ ንኽኣምነኪ እንተ ሰሪሕኪ ተጋጊኺ ጓለየ! ካብ ሕጂ ሰማይ ትኣምነኒ ዲያ በሊ።

መድሃኔ ኣለም ጎይታና ክሰብ ንኣምኖ ኢሉ ካብ ናይ መስቀል ድሕነት ዓወት ኣቋሪጹ ኣይተጸበየናን። ስለዚ ብርሃን ጓለይ፣ ኣየናይ ኣሎ ኢዩ ኣብ ገጸይ ዘላ ብሮት ክፌተ ዘርኣኹዎ ብዘይካኺ።

ዝፈልጡኒ ብዙሓትን እልፍታትን እዮም ግን መን ኢዩ ብእምነት ዘዘራርበኒ ኮኾበ ክርስቶስ ጓለይ። እስራትኩም ከቢድ ኢዩ ዘሎ። ስለዚ ሓደራኺ እተን ኩለን ሎሚ ዝብለኪ ኣብጽሕለይ።

ጎይታይን ፈጣሪየይን መድሃኔ ኣለም ርእዮ ስርሑ ጓለየ፣ ኣነ ወሪደ ከምጽኣኪ ዝግባእ፣ ንሱ ወሪዱ ናባይ ኣምጺኡኪ። ተመልከቲ ፍቕሩ።

ንኹሎም ካህናት ንገርለይ እዚ ለውሃቱ ሓደራ። ነፍሲ ካህን ክብርቲ ኢያ ጓለየ፣ ሊቃነ መላእኽቲ ሃረር ኢሎም ብፍቕሪ

ዝምልከቱዋ፣ ወላዲተ ኣምላኽ ንግሆ ንግሆ እትኹሕላ፣ ሰማእታት ብደሞም ዝኽልሉዋ ኢያ።

ነፍሲ ካህን ተመልከትያ ጓለየ፣ ልክዕ ከም ዓምዲ ብርሃን ኢያ። ተመልከቲ ጓለየ! ዝፋን ሰፈረይ ርኣየ፣ ነፍሰይ ተመልከቲ፣ ብናይ ዜማ ሰንሰለት ኢዩ ካብ ፈለማ ዝፈጠረኒ፣ ኣነ ቅዱስ ያሬድ ክፍጠር ኣትሒዘ ብፍሉይ ምስጢርን መንነትን ኢዩ ፈጢሩኒ።

ነፍሲ ካህን ክብርቲ ኢያ ጓለየ፣ ዝፋና ነህለ በዒንትኺ ተመልከቲ። ኣብ ደበና ወይ ውን ኣብ ዝኾነ ይኹን ነገር ኣይኮነትን ተደኲና ዘላ። ኣብ ልቢ መድሃኔ ኣለም እሞ ድማ እሳታውያን መላእኽቲ ዝጸሩዋ እሳታዊት ከተማ ኢያ መዕረፊና።

ነፍሲ ካህን ኣንቲ ብጸይተይ ኣብ ምድሪ ዘለኺ፣ በጃኺ ስምዕኒ፣ በጃኺ፣ ነዛ ንእሽተይ ዕድል፣ ንዓኺ ዓባይ ኢያ ንትንሳኤኺ፣ ንጸላኢኺ ድማ ዓባይ ዕንወት ኢያ።እዛ ጥበብ ናይ ድሕነት ናይ መድሃኔ ኣለም ተጠቐምላ።

ሓደራ ብጾተይ፣ ኣብ ምድሪ ዘለኹም ነዛ መልእኽተይ፣ ኣብ ቅድሚ ሰማይን ምድርን፣ ኣብ መዓቅሙኞን፣ ቀላያትን ዝሰፈረ እሳታዊ ቃል መድሃኔ ኣለም ኢየሱስ ክርስቶስን፣ ኣብ ማህጸን ንጽህንትን ቅድስትን ወላዲቱ ድንግል ማርያምን ዝተቐብረ ምስጢሩን ማሕላን ቃልኪዳንን ይኹነኒ።

ሰማይን ምድርን ጽን በላኒ፣ ካህናት ብጾተይ፣ ብኸመይ ክገልጸልኩም ኢየ እዚ ተኣርኒብልኩም ዘሎ ናይ እሳታዊ

ዝፋንን ክብርን። ብጾተይ ቀለም እንታይ ኮን ክጠቅም ኢዩ፣ ድንን ዘይብሃሎ። መጻሕፍቲ ምስታይ እንታይ ኮን ክረብሕ ኢዩ፣ ተንኮል ተተሓዊሱዎ። ቅዳሴ ሰነባብቲ እንታይ በረኸት ከምጽእ ይኽእል፣ ጸላኢ ኣብ ነንሓድሕድኩም ክርዳድ እንዳ ዘርአ።

ምእንቲ እዚ እሳታዊ ዝፋን ክልምነኩም። ነንሓድሕድኩም ይቕረ ተብሃሃሉ። ኣንጊህኩም ንመንፈስ ቅዱስ ኣድምጹዎ። ብፍቓድካ ምርሓና በሉዎ። ንስኹም ሰንሰለትኩም ናይ ሰማያዊ ዝፋን እምበር ናይ ምድሪ ኣይኮንኩምን።

ኣብ ምድሪ ሓንቲ ውን ትኹን ባህጊ ከይህልወኩም፣ ጸላኢ ጠላሊፉ ኣሲሩ ንመዓሙቕ ሲኦል ከይወስደኩም። ኣብዚ ጸልማት እዋን፣ ቀንዲ ኣንጻርኩም ኢዩ ተዓጢቑ ተንሲኡ ዘሎ ብብርቱዕ ቁጥዓ።

ንዓኹም ተደፊኡ፣ ንኻልእ ክቐለሉ ኢዩ። ሓደራ ብጾተይ፣ እነሀለ ዝፋንኩም፣ እነሀለ ዓምዲ ብርሃንኩም፣ እነሀለት ነፍስኹም ሕልፊ ኹሎም መላእኽትን ፍጡራትን ኣብ ልቢ መድሃኔ ኣለም ተኣሲራ። ጨኪኑ ከይጭክን ኀይታይ ኣብ ቅናት ወላዲተ ኣምላኽ እነሀለ ሰዊሩኩም። ሓደራ እታ ናይ ጎልጎታ እሳታዊት መስቀል ምስ ገዓራን ንብዓታን ጨብጡዋ።

ናይ ምድሪ ሓላፊ ገንዘብ ኣብ የእዳውኩም ከይርከብ፣ ዋጋ ውድቀት ነፍሲ ካህን ከቢድ ኢዩ ሓዘኑ። ነዚ ኹሉ ምስጢር

መስቀሉ ሽለል ዝበለት ነፍሲ ካህን፣ መቕጻዕታ ድማ ልክዕ ከምቲ ክብራ ሕልፍ ዝበለን ኣሰቃቕን ኢዩ።

ብጾተይ ኩሉ ርእየዮ ኢየ። ኣቤት ጭካነ ጎይታይ፣ ካብ እሳታዊት ኢዱ ብዓይኒ ምሕረቱ ይሰውርኩም። ኣቤት! ብጾተይ፣ ስኣን የዒንትኻ ዓጺኻ፣ ድንን ኢልካ ምሕላፍ ከም ጎይታና። ሓደራ ብጾተይ፣ እነሀለ ዝፋንኩም፣ ሓደራ።

ምልእተ ጸጋ ጓለይ፣ ኣብ ሰማይ ዘላ ቤተክርስትያነይ ቅዳሴ ክቐውም ከለኹ፣ እሳታውያን መላእኽቲ ከመይ ጌሮም ሃረር ኢሎም ከም ዝምልከቱኒ፣ በዘን የዒንትኺ መስክሪ ባዕልኺ።

ኮኾብ ክርስቶስ --- ኣቤት! የዒንተይ! እዚ ርኢኽንን'ከ ኣብ ዓለም ካልእ ሓጥያት ክትውስኻ ዲኽን ኢለ ድንን በልኩ። ግብረይ ኣሕፈረኒ። { የእዳዉ ዘርጊሑ ኣጆኺ በርትዒ በለኒ'ሞ ድሓን ኮንኩ}

ቅዱስ ያሬድ ኣቦይ፣ እዚ ኣብ ርእስኻ ዘሎ ኣኽሊል ናይ ምንታይ ኢዩ፧

ቅዱስ ያሬድ --- እዚኣ እሳታዊት ኣኽሊል እዚኣ ናይ ቅድስናይ ኢያ። ነቲ እምነት ሓልየ፣ ጉያይ ፈጺመ፣ ምስ ተዓወትኩ፣ ጎይታይ ኣኽሊል ዘንበረለይ ኢያ። መዓርጋን ዕብየታን ድማ በቲ ሃልሃልታኣ ኢያ እትግምገም።

ኮኾብ ክርስቶስ --- ቅዱስ ያሬድ ኣቦይ፣ ይገርም ግን! ጸጋ ክህነት ክንድዚ ዲዩ፧ ፍሉይ ዝፋንን፣ ብመላእኽቲ ዝተጸረ ዝፋን። ኣነስ ሓቂ ዘረባ ብዙሕ ደስ ኢሉኒ፣ በልኩዎ።

ቅዱስ ያሬድ --- ምልእተጸጋ ጓለይ ሓደራ ንዘኾነ ካህን ብሕጂ ኣብ ምድሪ ኢትረኽብዮ ኩላ ስርዓትን ስራሕን ናይዛ ዝፋን እዚኣ ከም ዓቕምኺ ጌርኪ ንገርዮም።

ካብ ጸሎተ ዳዊትኩም ሓደራ ከይትርሕቑ፣ ግን ድማ ከም ህጻን ንመንፈስ ቅዱስ ክቐርብዎ ንገርዮም። ሕልፊ ኹሉ ጎይታና ድማ ከም ዘፍቅረና እነህለ በዒንትኺ ተዓዚብኪ ኣለኺ'ሞ ሒዝክዮ ሱቕ ከይትብሊ።

መድሃኔ ኣለም --- ምልእተ ጸጋ ጓለይ፣ ንሎሚ ኩሉ ዝርኣኽዮ ምስ ተመለስኪ ኣይክትዝክርዮን ኢኺ። እቲ ዘድልየኒ ኣብ ነፍስኺ ኣንቢረዮ ኣለኹ'ሞ፣ ኣነ ኣብ ዝፈቐድኩዎ ጥራይ ኢኺ ከተውጽእዮ ትኽእሊ።

እተን ዘፍቀድኩልኪ ጥራይ ግን ጽሓፍየን። ቅዱስ ያሬድ ፍቑር ወደይ ግን ምሳይ ኢዩ እነህለኪ። ፍሉይን ድንቅን ጌረ ዝፈጠርኩዎ ወደይ ኢዩ'ሞ፣ ንዘልኣለም ምሳይ ኢዩ።

ኮኾበ ክርስቶስ --- ጎይታየ! ግን ናይ ምድሪ ቕዳሴ ድኣ ሓጺር ኮይኑ ተሰሚዑኒ። ኣብዚ ሰማይ ዘለዉ ካህናት ምሉእ መዓልቲ ኣብ ቅዳሴን መዝሙርን ኢዮም ተጸሚዶም ርእየዮም፣ እሞ ድማ ደስ ኢሉዎም፣ ነንሓድሕዶም ድማ ፍሉይ ፍቕሪ ኣለዎም።

እቲ ኣብ መንጎ ሰማያውያን ካህናትካ ዘሎ ፍቕሪ፣ ጎይታየ! ልክዕ ከም መግቢ ዝብላዕ ኮይኑ ረኺበዮ። ትሕትንኦም ጎይታየ! ኣይርስዖን ኢየ።

መድሃኔ ኣለም --- እዋይ! ምልእተ ጸጋ ጓለይ፣ ናይ ምድሪ ቅዳሴ ሓጺሩ ኢልኪ። ነዛ ሓጻር'ኳ ክንደይ የዕዘምዚምኩምላ። እታ ቀንዲ መፍትሕ ኣብ ገነተይ ድማ ፍቕሪ ኢያ። ኣብ ነንሓድሕዶም ድማ እዞም ናይ ሰማይ ካህናተይ እሳታዊት ፍቕሪ ኣላቶም። በዚ ኢዮም ድማ ትሕት ክብሉ ዝተመልከትክዮም።

ኮኾብ ክርስቶስ --- ግን ጎይታየ! ክሓተካ፣ ኣብ ሰማይ ዘለዉ ካህናት ወርቂ መስቀል ሒዞም ኣብ የእዳዎም ርእየ። ዕንጨይቲ መስቀል ኣይርኣኹን ኢለ ኢየ።

መድሃኔ ኣለም --- ጽቡቕ ተመልኪትኪ ጓለየ! ኣብ ምድሪ ክለዉ ግድን ናይ ዕንጨይቲ መስቀል ክሕዙ ኣለዎም። ምኽንያቱ ነቲ ኣብ ዕንጨይቲ መስቀል ዝፈጸምኩዎ ነዛ እንዳ ርኣየት ዝዓወረት ዓለም፣ ጅግንነተይ ክሰቑሩላ ኢለ ኢየ።

ዕንጨይቲ መስቀል ኣብ የእዳዎም ዝሕዙ ካህናት ደቀይ ኣዝየ ኢየ ዘፍቅሮምን፣ ተተመላሊሰ መጼ ዝባርኸሎምን። ምኽንያቱ ካብታ ኣነ ዝጸሓፍኩሎም፣ ዘመን መጸ ኢሎም ስለ ዘይተለወጡ።

እተን ኣብ ሰማይ ዘለዉ ካህናተይ ሒዞመን ዝርኣኽዮም ናይ ወርቂ መስቀል ድማ ምልክት ዓወቶም ኢዩ። ካብ ተራ ወርቂ ኣብ ምድሪ ዘሎ ዝተሰርሐ ድማ ከይመስለኪ።

እቲ ወርቂ መስቀል እቲ ብፍሉይ ወርቅን ኣልማዝን ዝወቀበ፣ ብእሳታዊ ቃለይ ይኹን ኢለ ዘዳልወሎም ፍሉይ እሳታዊ

መስቀል ኢዩ። ነተን ኣብ ሰማይ ዝርኣኽየን ወርቃውያን መስቀል ድማ ናይ ሰለስቴና ኢድ፣ ማለት ናይ ኣቦይ፣ ናተይ፣ ናይ መንፈስ ቅዱሰይን ብሓደ ኣተራኢስና ማሕተምና ነንብረለን። ብድሕሪ እዚ ድማ ቅድስቲ ወላዲተይ ብእስትንፋሳ ኡፍፍፍ ትብለላ።

ነፍሲ ወከፍ ካህነይ ብዓወት ናብ ዝፋነይ ዝደየበ ድማ ኣኽሊሉን ወርቂ እሳታዊት መስቀሉን ካብ እሳታውያን የእዳወይ ይወስድ። ብማዕረን ብፍቕርን ኣብ የእዳው ኩሎም ካህናተይ ይርከባ ነሀለዋ።

ኮኾብ ክርስቶስ --- ጎይታየ! ንሲኦል ክኣትዉ ይኽእሉ ዲዮም ካህናት'ከ፧

መድሃኔ ኣለም ---- በቲ ሕቶይ ሰሓቐ ጎይታይ። ምልእተ ጸጋ ጓለይ፣ ዝበደለኒ፣ ዝኸሓደኒ፣ ዝረስዓኒ፣ ዝጠለመኒ፣ ዝሸጠኒ፣ ንደቀይ ዘይጓሰየለይ፣ ናብ ናይ ውልቁ ዋኒን ገዲፋኒ ዝኸደ. . . ኩሉ ፍጡረይ ግድን ፍርዲ ኣለዎ።

ንዓይ ዝረስዓኒ፣ ሲኦል ክትዝክሮ ግድን ኢዩ። ኣይትረስዒ ጓለየ!

ኮኾብ ክርስቶስ --- ጎይታየ! እሞ ናብዛ ድንቂ ዝኾነት ናይ ሰማይ ከተማ ናይ ካህናት ክኣትዉ፣ እንታ ክገብሩ ኣለዎም ካህናት፣ ንገረኒ'ባ በጃኻ።

መድሃኔ ኣለም --- ኣነን! ካህናተይን'ሲ ጽቡቕ ጌርና ኢና እንፋለጥ። ፈሊጦም ክድቅሱ እንተ ዘይደልዮም። ግን እንተ

ደንጊጾምለይ ካብ ልቦም ግድን ናብዛ ፍልይቲ ዝፋኖም ከእትዎም ኢየ።

ምልእተ ጸጋ ኃለይ ኣነ ከም ውጹዕን፣ ክንደይ ግዜ ዝተጠልመ ቅኑዕ ኣምላኽን ሰብን ጌሮም እንተ ዝርእዩኒ ክንደይ ንዓይ ምጠዓመኒ ኔሩ'ሞ፣ ንካህናተይ ድማ መወዳእትኦም ምመዓረ ኔሩ።

ኣነ ሰቓይ ኣለኒ፣ ሰቓየይ ድማ ጥፍኣት ኣባጊዐይ ኢዩ። ንጹህ ንሰሓ ስኢነ፣ ንጹህ ምስጋና ዝዓርግ የለን ናብ ዝፋነይ፣ እቲ ገርሂ ካህነይ ብዘመናውነት ተኣሲሩ፣ እቲ ተንኮለኛ ካህነይ ብገርሁ ናብ ናይ ጥፍኣት ጥበብ ብገዛዕ የእዳዉ ተኣሲሩ።

ምልእተ ጸጋ ኃለይ፣ መዓንጣይ ሓሪሩ፣ ውሽጢ ልበይ እሳት ጥልመት ተኻዒዩዎ። ከማይ ውጹዕ ይህሉ'ዶ ይኸውን። እዚ ኹሉ ዝፋናትን ንግስነትን ክብርን ኣዳልየ፣ ኣነ እዚ'ዶ ይኸውን ሞሳይ፧

ሓዘነይ ይሰምዓኩም፣ ድልየተይ ፍሉጥ ኢዩ። ኣነ ሕያዋይ ኃሳ ኢየ። ምእንቲ ኣባጊዑ በጃ ዝሓልፍ ለዋህ ሕያዋይ ኃሳ ኢየ። ጽላሎተይ ኮይንኩም ተዋረዱ። ክብረት ኣይገደፍኩልኩምን ይፈልጥ ኢየ። ንስኹም ካብ ዓለም ኣይኮንኩምን'ሞ፣ ኣይክጥዕመኩምን ኢዩ። ስለዚ ጣዕሚ ኣብዚ ዓለም ኣይትድለዩ። ንጣዕሚ ኣብ ዘይሰፈራ ክትደልዩዋ ክትብሉ መፈንጠራ ጸላኢየይ ይጠልፈኩም ኣሎ።

ኣነ ብዘብለጭልጭ ናይ ዓለም ንብረት ኣየጋየጽኩን'ሞ፣ ይትረፍኩም ናይ ዓለም መጋየጺ። ኣነ ኣቦኹም ፈጣሪኹም

ፍሉይን ብሉጽን ናይ ዘልኣለም ክብሪ ኣብታ ዝፋንኩም ኣዳልየልኩም ኣለኹ።

ትእዛዛተይ ሓልዉ፣ ሕልፈ ኹሉ ኢየ ዘፍቅረኩም።

ኮኾብ ክርስቶስ --- ብድሕሪ እዚ ብዙሕ ኣብዚ ክጽሕፎ ንሎሚ ዘየፍቀደለይ ኣብ ልበይ ተዓቚሩ ኣሎ። ክብሪ ንመድሃኔ ኣለም። ብሰላም ግን ናብታ ብግንባራ ተደፊኣ ዝነበረት ስጋይ ተመሊሰ፣ እነሀለኹ ከማን እዚ ኹሉ ጽሒፈዮ።

ቅዱስ ያሬድ ኣቦይ ክብርን ምስጋናን ንዓኻ ይኹን ሰማያዊ ሊቅ። ወላዲተ ኣምላኽ ክብርን ዘልኣለማዊ ምስጋናን ንዓኺ ይኹን ብሓቂ።

ካህናት ኣቦታተይ ኣብ ሰማይ ዘለኹም ይኹን ኣብ ምድሪ ምሳና ዘለኹም ድማ ካብታ ጽላል እግርኹም ኣይፍለየኒ ጎይታይ።

መድሃኔ ኣለም ሊቀ ካህናት ኣቦ ክብርን ኣምልኾትን ምስጋናን ንዓኻ ይኹን። ኣሜን!

2 መዓርገ ክህነትን ኣልባሳቱን

ክብርን ግርማን ነፍሲ ካህን ካብ ፈተሸና፣ ንሕጂ ድማ ክቡራት ካህናት ኣቦታተይ ዝሕዝዎም ሓደ ሓደ ነገራት ገለ ዝጠቕም እንተኾነ ኣይፍለጥን ምስጢራቱ ክጽሕፍ።

1 መስቀል ካህን

በዛ መስቀል እዚኣ ኣንደበተይ ብድፍረት ክየልዕል እቲ ልዑል ዝኾነ ጽላልኩም ይሸፍነኒ ካህናት ኣቦታተይ። ከምቲ ኩልና እንፈልጦ እዛ መስቀል እዚኣ፣ እታ ሓይሊ ኹሉ ዝጨበጠት፣ ንሰንሰለት ሓጥያት እትበታትኽ፣ ኣብ ጸልማት ብርሃን፣ ኣብ ድኻም ብርተዐ፣ ኣብቲ ድምጺ ዘይብሉ እዋን ድማ ጽምጽን ሓይልን ዝኾነት እሳታዊት ጸግዕና ኢያ።

መስቀል ካህን'ኮ ብፍጹም ደፈርካ ክትተሓዝ ኣይትኽእልን ኢያ። ምኽንያቱ እቲ ሰዉር እሳታ ሃንደበት ተፈነወትልካ ኣይፍለጥን ኢዩ ኢለ ኢየ።

እዛ መስቀል ጎይታይ ኣንጻር ኩሉ ፈተናታትን ዓለማውነትን ዘመናውነትን ቀይማ እነሀለት፣ ከይተገምጠለት ወይ ውን ከይተሰብረት ከምታ ጎይታና ዝገደፈልና ቀይማ ንምልከታ ኣለና።

እዛ መራር ዓለም፣ እዛ ብሓጥያት ኣዕለቕሊቓ ዘላ ዓለም፣ ንኹሉ ኣፋ ሃህ ኣቢላ እንዳወሓጠት ነዛ መስቀል ኣቦታት ካህናት ዝሕዙዋ ክትውሕጥ ግን በየናይ ዓቕሚ።

ስለዚ ሕልፌ ኹሉ ኣቦታት ዝሕዝዎ መስቀል፣ እቲ እሳትዊ መስቀል፣ ዝባላዕ ናይ ቀራንዮ ጅግና ዝደቀሰሉ፣ እሳታዊ ደሙ ዝተኻዕወሉ፣ ገዓር ጎይታና ዝተዓቐረሉ፣ ዝተኸፋፈተ ጎኒ ጎይታይ ዝዓጸወ፣ ናይ ውሽጢ መንነት ጎይታይ ምስ ምስጢሩ ዝቖለፈ፣ ንርእሲ ኣጋንንቲ ዝቐጥቅጥ፣ ክቡር ዝሰሙ ኢዩ።

ስለዚ ኣብዚ ካህናት ዝሕዝዎ መስቀል ዘለኒ ክብሪ ከምዚ ይመስል። ነፍሲ ወከፍና ከነኽብሮ ድማ ግዲ ይብለና ኢዩ መንነቱን ዘሕለፎ ስቓይን።

መስቐል ጎይታይ ሓይልና ኢዩ፣ መስቐል ጎይታይ ኣይሁድ ከሓዱዎ፣ ንዓና ግን ምልክትናን መንነትናን ኢዩ። መስቀል ኣብ ኢድ ካህናት ኣቦታት ዘሎ፣ ጽን ኢሉ ይሰምዕ፣ ድንን ኢሉ ንብዓትና ይሕብስ፣ ኣብ ግዜ ሽግርና ውን ሃሰስ ኢሉ ዝበጽሓና ኢዩ'ሞ፣ ክብሪ ይኹኖ።

2 መጠቐለሊ ጨርቂ ናይ ካህን መስቀል

ካህናት ኣቦታትና ኣብታ እግሪ መትሓዚት መስቀል ዝሸፍኑላ ጨርቂ ኣላ። ኩሉ ግዜ ትገርመኒ ኔራ ካህናት ኣቦታተይ። ምስጢራ ግን ልዕል ዝበለ ኮይኑ ረኺብኩዎ።

ኣንታ እትመጽእ ወለዶ፣ ሓደራ ስምዓኒ፣ ካባይ ዘይኮነስ ካብቲ ዘጽሕፈኒ ዘሎ ምስጢር ተቐበል፣ ኣነ ባዶን ዘይረብሕን ኢየ። ሓጥያተይ ዝሰዓረት፣ ካብ ባሕሪ ሓጥያት ዘሳገረትኒ ግን እዛ መስቀል ናይ ካህን ኢያ'ሞ፣ ንኽብራ ብዙሕ ሃተፍተፍ እንተ በልኩ፣ ካብ ፍቕረይ ዝተላዕለ ኢዩ'ሞ፣

ጌና ንኽብሪ መስቀል ጎይታይ ኣብ ኢድ ካህናት ዘላ፣ እታ ኣብ ውድቀተይ ዘበጽሓትኒ፣ እታ ሰብ ዲየ ኣራዊት እንዳበልኩ፣ ብለውሃት ዘርከበትኒ፣ ናብ ሰብነተይ ዝመለሰትኒ ክብርቲ መስቀል ብፍጹም ደጋጊመ ንኽብራ የእዳወይ ክሰድድ ኢየ።

እቲ ቀዳማይ ምስጢር ናይዛ መጠቕለሊ ጨርቂ ምስጢር ቤተልሄም ኢዩ፣ ኣብ ቤተልሄም ኣብ ቁሪ፣ ከም ምስኪን ድንን ኢሉ፣ ካብ ኣዴና ቅድስቲ ድንግል ማርያም ምስ ተወልደ፣ ኣዴና ቅድስቲ ድንግል ማርያም ብጨርቂ ጠቕለለቶ።

ነዚ ድማ ቅድስቲ ቤተክርስቲያንና ንወንጌል ብመልሓስ ዘይኮነስ ብግብሪ ስለ እትሰብኮ፣ እነሆለ እቲ ናይ ቤተልሄም ዝተወልደ ንጉሰ ነገስት ብምባል ኣቦታትና ነታ መስቀሎም ብጨርቂ ይጥቕልሉዋ።

ካብቲ ዝገርም ነዛ ምስጢር እዚኣ ካብ ኣርያም ተኣዚዙ ዝፈጸማ ቅዱስ ያሬድ ኢዩ። ምኽንያቱ ቅዱስ ያሬድ ምስጢራት እንክመሃርን፣ ዜማ ምስጋና ድማ ካብ ኣርያም ንኽቕበልን ምስ ተመርጸ፣ ብድሕሪ እዚ ዝረኣዮ ምስጢር እንተሎ፣ ምስጢር ቤተልሄም ኢዩ።

እዚ ማለተይ ቤተልሄም ዝዓቖረቶ ምስጢር ኣዝዩ ዓብን ልዕሊ ዓቐንን ስለ ዝኾነ፣ በዚ ኢዩ ኣቦና ቅዱስ ያሬድ ካብታ መፈለምታ ክሳብ መወዳእታ መጽሓፍ ቅዱስ ብተግባር ክግለጽ ዝፈተወ።

ስለዚ እዛ ኣብ እግሪ መስቀል ካህናት እንረኽባ ዝተጠቐለለት ጨርቂ ከምዚ ዝበለ ምስጢር ውን ኣለዋ።

ብኻልኣይ ምስጢር ድማ፣ ኣዴና ቅድስቲ ድንግል ማርያም ኣብ ግዜ ዕርገታ ንቅዱስ ቶማስ ሃዋርያ ዝሃበቶ ሰበን ውን ኢዩ።

እዚ ተምሳል ሰበን ናይ ቅድስቲ ድንግል ማርያም እዚ ኩሉ ግዜ ኣብ እግሪ መስቀል ካህናት ኣቦታትና ክንርእዮ ከለና እምብኣር፣ ተምሳል እምነትና ውን ኢዩ። እቲ ኩሉ ኣብ ቅዱሳን መጻሕፍትና ዝተጻሕፈ ንኣምነሉ ኢና ንማለትና ውን ኢዩ።

ብሳልሳይ ደረጃ ድማ ምስጢር ናይዛ ኣብ እግሪ መስቀል ካህናት እትጥቐለል ጨርቂ እንተኾይኑ፣ እቲ ኣብ መቓብር ብጨርቂ ተጠቕሊሉ ተገኒዙ ዝተቐብረ ንጉስ ኤልሻዳይ ኣምላኽ፣ ሞት ውን ክሕዞ ስለ ዘይከኣለ፣እነህል ተንሲኡ ኢዩ፣ ኣብ መቓብሩ መግነዚኡ ዘነብረ ጨርቂ ጥራይ ኢና ረኺብና ኢሉ ቅዱስ ጴጥሮስ ከም ዝመስከረ ምልክት ኢዩ።

ጎይታና መድሓኒና ኢየሱስ ክርስቶስ ኣብ ተዋህዶ ኦርቶዶክስ ሃይማኖተይ ብግብሪ እምበር ብድምጺ ኣይኮነን ዝሰበኽሉ። ክብሪ ንዓኺ ቅድስቲ መዕረፊተይ ከተማ።

እቲ ንጉሰይ ዓሪጉ ኢዩ። መግነዙ ግን እነህለ ኣብ የእዳው ካህናት ኣቦታተይ፣ ካብ ቅዱስ ጴጥሮስ ዝተቐበሉዎ፣ ከምቲ ዝበሎ ዓሪጉ ኢዩ ኣምላኸይ። እነህለ መቓብሩ ባዶ ኮይኑ፣

መግነዚ ፍትሑለይ ከይበለ፣ ባዕሉ ፈቲሑዎ፣ ንምልክት ገዲፉለይ ንሰማይ ዓሪጉ።

ብራብዓይ ደረጃ ምስጢር ድማ ነታ ንጽህቲ ቅድስቲ ድንግል ማርያም ተምሳል ኣብ እግሪ መስቀል ኣብ ቀራንዮ ከም ዝነበረት፣ ከምቲ ቅዱስ መጽሓፍ ዝብለና ንምስክር ኢዩ።

ቅድስቲ ድንግል ማርያም፣ ኣብ እግሪ መስቀል ቀራንዮ ኮይና ኣብ የእጋር ወዳ ኮይና ዝነብዓቶ ንብዓትን መዘከርታ ኢዩ። በቲ ሓደ ድማ እቲ ንጽህናኣ ንምሕባር ብንጹህ ጨርቂ ጠቕሊሎም ይሕዙዎ ኢዮም ኣቦታትና።

3 ናይ ካህን መጠምጠምያ፣ ጻዕዳ ናይ ርእሶም ቆቢዕ

እዚ ናይ ካህን መጠምጠምያ ብዙሕን ሰፊሕን ትርጉምን ምስጢርን ክህልዎ እንከሎ ገለ ካብኡ ክገልጽ ግን ንእሽተይ ክጽሕፍ። ፍትሑኒ ካብ ሓጥያተይ ኣቦታተይ።

ብቐዳማይ ደረጃ ካህናት ኣቦታትና ጻዕዳ መጠምጠምያ ዝገብሩ እንተኾይኑ፣ እዚ ውን ካብ ቅዱሳን ኣቦታትና ተወራሪሱ ዝመጸ ኢዩ። ምልክት ጥምጣም ናይ ካህን ድማ ምልክት ዝተሰከሞ ምስጢር ጸጋ ክህነት ኢዩ።

እዚ ምስጢር እዚ ድማ ናይ ንጽህና ምስጢር ተባሂሉ ይፍለጥ። እዚ ምስጢር እዚ እቲ ምስጢር ክቡር ስጋን ክቡር ደምን ናይ ጎይታይ ከም ዝፍትቱን፣ ከም ዝርእዩን ምልክት ይህበና ኣሎ ማለት ኢዩ።

ብካልኣይ ደረጃ ድማ ምስጢር ደብረ ታቦር ኢዩ ጻዕዳ መጠምጠምያ ናይ ካህን። ኣብ ደብረ ታቦር ሒደት ካብ ሃዋርያት መሪጹ ጥራይ ወሰደ ጎይታና።

ነዚ ምስጢር ደብረ ታቦር ድማ ነቲ ብደመና ተኸቢቦም ዝርኣዩዎ ምስጢር፣ እሞ ድማ ከይትነግሩ ዝተባህለሉ ምስጢር ንመዘከርታን፣ ነዚ ምስጢር እዚ ድማ ኣብ ውሽጢ ጸጋ ክህነት ኮይኑ ተሰዊሩ ከም ዘሎን ንኸመልክቱልናን ድማ፣ ነዚ ጻዕዳ መጠምጠምያ ይገብሩ።

ነፍሲ ካህን ካብ ነፍሲ ተራ ሰብ ኣዝያ ትፍለ ኢያ። ምኽንያቱ ካብ ኣፈጣጥርኣ ጀሚሩ ፍልይቲ ዝገብራ ነገር እንተሎ፣ ነቲ እሳታዊ መለኮት ናይ እግዚአብሔር ክትንክፍ ብፍሉይ ስለ እትፍጠር ኢዩ።

ስለዚ ካህናት ኣቦታትና ነዚ ምስጢር እዚ ተሰከምትን ፈተትትን ከም ምዃኖም መጠን ካባና ድማ ብፍሉይ ንኽነላልዮም፣ ነዚ ጻዕዳ መጠምጠምያ ይኸደኑ።

ኣብ መውዳእታ ግን ንምንታይ ካህናት ኣቦታትና ጻዕዳ መጠምጠምያ ኣብ ርእሶም ይገብሩ ኣጠቓሊለ፣ ምስታ ኣብ ቅዳሴ ዝሰቐሉዋ ናይ ክብሪ ኣኽሊሎም ድማ ቁሩብ ክዛረብ ኣፍቅዱለይ።

ኣብ ጸሎተ ቅዳሴ ዝጥቀሙላ ኣኽሊል ክህነቶም ዝኾነት ኣላቶም። እዚኣ ብፍሉይ ኣብ ቅዳሴ እንክቅድሱ ዝጥቀሙላ ኢያ።

ካብቲ ዝገርም ግን ካህናት ኣቦታትና ነቲ ጻዕዳ መጠምጠምያኦም ኣውጺኦም፣ ነታ ሓንቲ ናይ ቅዳሴ ኣኽሊሎም ዝኾነት ኢዮም ዝለብሱ።

ናይዚ ምስጢር ድማ እቲ ለኣኺኦም፣ እቲ ዝፈጠሮም፣ እቲ ነዚ መዓርግ እዚ ዝዓደሎም፣ እቲ ልዕሊኦም ዝኾነ ሊቀ ካህናት፣ ኣብ ቅድሚኡ ስለ ዝቖሙ፣ ነዚ ንኽበስሩና ድማ፣ እቲ ምስጢራዊ እሳት ዝጠምጠመ፣ እቲ ንጎቦታት ዘምከኸ፣ ንውቅያኖሳት ዘንቀሳቕስ ንጉስ ኩሉ ፍጥረት፣ እነህለ ምስ እሳታዊ ጥምጣሙ፣ ንሕና ግን ኣብ ቅድሚኡ ባሮቱ ኢና ንምባል፣ ምልክት ትሕትናኦም ድማ ነታ ጥምጣም መጠመምያኦም ኣውጺኦም፣ ነታ ናይ ቅዳሴ ኣኽሊሎም ይለብሱዋ።

ካብ መጽሓፍ ቅዱስ ድማ ክንርኢ ስለምንታይ መጠምጠምያ ይለብሱ። ምኽንያቱ እዚ ምጥምጣም ካብ ዘበነ ኦሪት ዝነበረ ስለ ዝኾነ። ቅድስቲ ቤተክርስቲያንና ድማ ሓድሽ ወይ ውን ካብ መጽሓፍ ቅዱስ ወጻኢ ዘይኮነስ፣ ነቲ መጽሓፍ ቅዱስ ብኹሉ ሙሉ ብግብርን ተግባርን ከም እትሰብኮ ምልክት ክኾነና።

ኦሪት ዘጽኣት 34

33
“ሙሴ ምስኣታቶም ተዛሪቡ ምስ ወድኤ፡ ኣብ ገጹ ጉልባብ ገበረ።”
34

ሙሴ ምስኡ ኺዛረብ ኣብ ቅድሚ እግዚኣብሔር ምስ ዚኣቱ፡ ክሳዕ ዚወጽእ ነቲ ጕልባብ የልዕሎ ነበረ። ወጺኡ ኸኣ እቲ እተኣዘዞ ነገር ንደቂ እስራኤል ይነግሮም ነበረ።

35

ደቂ እስራኤል ድማ ቆርበት ገጽ ሙሴ ኸም ዜንጸብርቕ፡ ገጽ ሙሴ ይርእዩ ነበሩ፡ ሙሴ ኸኣ ምስኡ ንምዝራብ ክሳዕ ዝኣቱ ነቲ ጕልባብ ናብ ገጹ መለሶ።

ኣብዚ ዘሎ ምስጢር ንተዓዘብ። ነቢይ ሙሴ ምስቲ ህዝቢ ክዛረብ እንከሎ፣ ብርሃን ናይ ገጹ ኣዝዩ የንጸባርቕ ስለ ዝነበረ፣ ነቲ ጾግሒ ብርሃን ክሽፍኖ ኢሉ ጉልባብ ይገብር ነበረ፣ ብድሕሪ ኣዚ ምስ እግዚኣብሔር ክዛረብ ኢሉ ግን ነቲ ጉልባብ የልዕሎ ነበረ ይብለና እቲ ክቡር ቃሉ።

ናይ ነፍሲ ገጽ ወይ ውን የዒንቲ ኣብ ማእከል ግንባርና ኢዩ ዝርከብ። ስለዚ ነዚ ብርሃን እዚ ኢዩ ብመጠቕለሊ ጨርቂ ዝጉልቡቦ ዝነበረ። እዚ ድማ ልክዕ ከምዚ ሕጂ እንርእዮ ዘለና ካህናት ኣቦታትና ነታ ግንባሮም፣ ክሳብ ኩላ እትሽፈን ብጻዕዳ ጨርቂ ዝጥቕልሉዋ።

ኣብ ቅድሚ እግዚኣብሔር ክቐውም እንከሎ ግን ከምቲ መጎልበቢኡ ወይ ውን መጠምጠሚኡ ዘልዕሎ ዝነበረ፣ ካህናት ኣቦታትና ድማ ጥምጣሞም ኣልዒሎም፣ ናብ ውሽጢ መቕደስ ኣትዮም ምስኡ ይዘራረቡ እነህለዉ።

ቅዱስ ያሬድ መጀመርያ ዘጠመቶ ምስጢር፣ ምስጢር ታቦተ ጽዮን ነበረ፣ በዚኢዩ እታ ፈላመይቲ ድርሰቱ ብዛዕባ ታቦተ ጽዮን ዝነበረት።

ስለዚ እታ ብርሃን ናይ ነፍስና ወይ ውን ዓይንና እንብላ ኣብ ማእከል ግንባርና ከም እትርከብ ድማ፣ ኣብ ገድሊ ቅድስቲ ኣርሴማ፣ ከም እንረኽቦ፣ እቲ ንጉስ ብጽባቔኣ ቀኒኡ ክልቲኤን የዒንታ ጎጥጉጡ ብኻራ ምስ ኣውጸአን፣ መድሃኔ ኣለም ናይ ነፍሳ የዒንቲ ከፈቶ'ሞ፣ ብብርሃን ናይ የዒንታ ጥራይ ኩሉ እቲ ኣከባቢ ይበርህ ከም ዝነበረ ኢዩ። እዚ ብርሃን እዚ ድማ ካብ ማእከል ግንባራ ዘንቐለ ነበረ።

ስለዚ ናይ ነፍስና ዓይኒ ኣብ ግንባርና ኢያ ዘላ። ንቅዱስ መስቀል ካህናት ኣቦታት ዝሓዝዎ ብግንባርና እንሳለሞ ምስጢር ውን እዚ ኢዩ። ጸላኢ ዝበዝሕ ግዜ ናይ ልቦናና ወይ ውን ናይ ነፍስና የዒንቲ ከጸልምት ስለ ዝጓየይ፣ መስቀል ጎይታይ ኣብ የእዳው ካህናት ኣቦታት ዘላ ክንሳለም እነከለና፣ ንሰራዊት ጸላኢ ካብ ነፍስና ቀጥቂጡ ዘርሕቕ እሳት ስለ ዘሎ ኢዩ።

ዓይኒ እንተ ጥዕያ ምልእቲ ነፍሲ ጥዕያ ኣላ ማለት ኢዩ ከም ዝበሎ፣ ጎይታና ነታ ዓይኒ ናይ ነፍስና ኢዩ ዝብል ኔሩ። ብኻልእ ትርጉም ንኽርድኣና ድማ። በትረ ሙሴ ንብል፣ ካህን ኣሮን ውን ንብል ኢና።

ብዝረቐቐ ደረጃ እንተ ርኢናዮ፣ እቲ ነቢይ ሙሴ ናይ ነፍሲ ካህን ኣሮን ተምሳል ውን ኢዩ። ካህን ኣሮን ድማ እታ ብስጋ ብደገ ኣትረአ ናይ ካህናት ስጋ ውን ኢያ።

ስለዚ ገጽ ሙሴ በርሀ ኩብለና እንከሎ መጽሓፍ ቅዱስ እታ ነፍሲ ናይ ካህናት ኣቦታትና ንምልክት ስለ ዝኾነ ኢዩ፣ ብስጋ ክንርዮ ኣይንኽእል ነዚ ኹሉ ምስጢር ማለተይ ኢየ።

4 ጻዕዳ ነጸላ ካህን

እዚ ጻዕዳ ነጸላ እዚ ምልክት ንጽህናን ጽባቐን ነፍሶም ኮይኑ። ጎይታይ ነቲ ብውሑድ ክንጥምቶን ከነኽብሮን ዝግብኣና ክቡር ምስጢራዊ ነፍሶም ምልክት ክህበና ብምባል ኢዩ።

ንጸላ ካህን ኣዝያ ብርህትን ደማቕን ኢያ። እቲ ምጽዕዳዋ፣ ካብ ድኻምካ ውን ከይተረረፈ ተዕርፈካ ኢያ ምስ ጠመትካያ። ኣብ ግዜ ጭንቀትካ ብጥቓኻ ጻዕዳ ዝለበሰ ካህን እንተሓሊፉ ከመይ ጌሩ ጭንቀት ምሳኻ ክጸንሕ ይኽእል።

ኣነስ ስለ ዘጋጠመኒ ኢየ ዝምስክር ዘለኹ። ስለዚ ጻዕዳ ነጸላ ናይ ካህን ብዙሕ ምስጢርን ምልክትን ዘለዋ ኢያ።

በቲ ሓደ ትርጉማ ድማ ኣብ ሓንቲ ኣካል ናይ ካህን ድማ ክንደይ ዝኣኽሉ እልፊ ኣእላፋት መላእኽቲ ይህልዉ ሓሲብናዮ ንፈልጥ'ዶ፧ ክንግምቶ ውን ኣይንኽእልን ኢና፣ ግን እቲ መልሲ ፍሉጥ ኢዩ።

ምኽንያቱ፣ እታ ዓይኒ ማይ ጸላኢ ሕልፊ ኹሉ ክደፍና ስለ ዝደሊ። እልፊ ኣእላፍ ሰራዊት ጸላኢ፣ ነዛ መዓርገ ክህነት እዚኣ ንምውዳቓን፣ መስቀል ንምስባራን ስለ ዝቃለሱ፣ በዚ ድማ እሳታውያን እልፊ ኣእላፍ መላእኽቲ ካብ ዙርያ ነፍሲ ካህን ኣይፍለዩን ኢዮም።

ንዚ ምልክት ክኾነና ድማ ጻዕዳ ነጸላ ኩሉ ግዜ ምስ ተሰለሙ ኢዮም። ክቡራት ካህናት ኣቦታትና። ነጸላ ልብሶም ተንኪፍካ ውን ክንደይ ደስታን ሰላምን ኢዩ ዘለዎ፣ ሓደራ ድንን ኢልና ነዚ ኹሉ በረኸት ነስተማቕሮ'ሞ፣ ብሓደ ኣብ ምስክር ክንራኸብ ኢና፣ ርግጸኛ ኢየ።

ብኻልእ ድማ ጻዕዳ ነጸላ ናይ ካህናት፣ ንጹህ ነፍሲ ቅድስቲ ድንግል ማርያም፣ ከምቲ ንመድሃኔ ኣለም ክውለድ እንከሎ፣ ብንጹህ ስጋን ንጹህ ነፍስን ሸፊኑ፣ ብስጋ ዝወለዶ፣ ከምኡ ድማ ንክቡራት ካህናት ኣቦታትና፣ ብንጽህናኣ ከም እትኽድኖምን፣ እትኽልሎምን፣ ንጽህናን ድንግልናን ናይ ካህናት ኣዴና ቅድስቲ ድንግል ማርያም ከም እትሕልዎ፣ ብግብሪ ክትዛረብ ዝደለየት ኢያ እትመስል ኣዴና ቅድስቲ ድንግል ማርያም'ሞ፣ እነህለዉ ካህናት ኣቦታትና ጻዕዳ ነጸላ ተኸዲኖም።

ንሓደ ካህን ክንሓምዮ ወይ ከኣ ክንብድሎ እንከለና ሓደራ፣ ኣብ ዝባኖም ዘላ ወላዲተ ኣምላኽ ጽን ኢላ ኩሉ ከም እትሰምዕን፣ ብፍጹም ካብኦም ከም ዘይትፍለን፣ ሓደራ ስምዑኒ።

ካህናት ኣቦታትና ብፍሉይ ልክዕ ከም መድሃኔ ኣለም ደቂ ቅድስቲ ድንግል ማርያም ምዃኖም ንኸፍለጥ ኢላ ጻዕዳ ነጸላ ዝሸፈነቶም ኮይኑ ኢዩ ኩሉ ግዜ ዝስምዓኒ።

5 ጽንሃህ

ጽንሃህ ዝብሃል ጌጋ ይኸልኣለይ እምበር እቲ ካህናት ዝሒዙዎ እንዳ ኣወዛወዙ ዝዓጥኑሉ ኢዩ። ጥዑም ድምጺ ዘለዎ ውን ኢዩ።

ምስጢር ጽንሃህ ኣብዚኣ ከንብራ ደልየ ዘለኹ ኣለኣትኒ።

ጽንሃህ እቲ ታሕተዋይ ኣካላ ከም ናይ ምድሪ ዘላ ቅድስቲ ቤተክርስቲያን ኮይኑ፣ እታ ኣብ ላዕሊ ዘላ መትሓዚታ ድማ ሰማያዊት ኢየሩሳሌም፣ ኣብ ኢድ ስሉስ ቅዱስ ተታሒዛ ዘላ ኢያ።

4 መንጠልጠሊ ይግበረላ። እተን ሰለስተ ነታ ጽንሃህ ይሕዛ ብሰለስተ ወገን፣ እታ ራብዐይቲ ድማ፣ ነታ መኸደኒት ተንጠልጥላ።

ናይዚ ምስጢር ድማ፣ ስሉስ ቅዱስ ንዓለም ፈጢርትን መሰረትን ምዃኖምዩ ዝሕብረና፣ እታ ራብዐይቲ መንጠልጠሊት ግን ብዘይ ምልጃ ቅድስቲ ድንግል ማርያም ድሕነት ይኹን ንላዕሊ ዝዓርግ ጸሎት ውን ከም ዘየለ ኢዩ።

ኣማላድነት ናይ ቅድስቲ ድንግል ማርያም እንተ ዘይኣሚንና፣ እታ ጽንሃህ ሃህ! ኢላ ትኸፈት ማለት ኢዩ'ሞ፣

ኣብ ድንግልና ቅድስቲ ድንግል ማርያም ውን እምነት የብልናን እሞ፣ ነቲ እሳት ዝኾነ ፈጣሪ ውን ጸርፌ ኢዩ'ሞ፣ ይቕረ ዘይብሃሎ ሓጥያት ኢዩ።

እቲ ላዕልን ታሕትን መኸደኒ ድማ ድንግል ዝኾነ ማህጸን ቅድስቲ ድንግል ማርያም ኢዩ፣ ወይ ድማ ንዓለም ምልእቲ ብንጽህናኣን ብድንግልናኣን ብንብዓታን ኣደነታን፣ ካብታ እሳታዊት ኢድ ፈጣሪ ኣምሊጥና ከም ዘለና ውን ምልክት ኢዩ።

ብድሕሪ እዚ ሰንሰለት መንጠልጠሊ ኢዩ፣ እዚ ድማ እታ ሓንቲ ሓደ ጎይታ ዝብል ጽሑፍ ኣለዋ፣ እታ ሓንቲ ድማ ሓንቲ እምነት፣ እታ ሳልሰይቲ ድማ ሓንቲ ጥምቀት ዝብል እሳታዊ ጽሑፍ እምነት ኣለወን።

በዚ እምነት እዚ ድማ ንሕና ተዋህዶ ኦርቶዶክስ እምነት ኣለና።

እዚ እምነት እዚ ድማ ኣማናውን ሓቅን ስለ ዝኾነ፣ ሰማያዊ ኣቦና፣ ብሰዉር ናይ እምነት ሰንሰለት ነፍሲ ወከፍ ምድራዊት ቅድስቲ ቤተክርስቲያን፣ ካብ ሰማይ ኣንጠልጢሉዋ ይርከብ።

ኣብ ጽንሃህ ካልእ ምስጢር ኣሎ። ጽንሃ ከይተንቀሳቐሰት እሳት ሓዊ ኣይነድድን ኢዩ። እሳት ሓዊ እንተዘይነዲዱ ድማ ዝዓርግ ዕጣን የለን ማለት ኢዩ።

እዚ ማለት ድማ ቅድስቲ ቤተክርስቲያንና ኩሉ ግዜ ምስ ተፈተነት ኢያ። ፈተና ዘይብላ ቅድስቲ ቤተክርስቲያን የላን።

ዘመን መጸ ሰይጣን ክፍትና ግድን ኢዩ። እዚ ግን ነቲ ንሰማይ ዝዓርግ ጸሎት መመቀሪኡ ኢዩ እሞ ስኽፍ ኣይብላን ኢዩ።

ካልእ ሓንቲ ምስጢር ኣላ፣ ኣብ ጽንሃህ ዝቕመጥ እሳት፣ መወዳእታ ናብ ሓሙኽሽቲ ይቕየር'ሞ፣ ጽሩይ ዕጣን ናብ ሰማይ ይድይብ፣ ሓሙኽሽቲ ድማ ኣብ ጽንሃህ ይተርፍ።

ናይዚ ተምሳል ድማ ጽንሃህ ብሓዊ ዝተፈተና ነፍሳት ናብ ኣርያም ከም ዝዓርጋ ኢያ እትገብር፣ ብሓቅን ፍቕርን ብመስዋእትነትን መስኪረን፣ ዓለም ብእተምጽኣለን ፈተና ዝሓለፋ ነፍሳት፣ እቲ ካብ ሓመድ ዝተፈጥረ ስጋ፣ ብኽብረት ኣብ ቁጽራ ተቐቢላ ቀቢራ፣ ነታ ነፍሲ ግን ናብ ጎይታኣ ተዕርጋ።

ስለዚ ፈተና ንዓና ደቂ ተዋህዶ ኦርቶዶክሳውያን ጸጋ መዕረጊና ናብ ጎይታና ኢዩ።

ስለዚ ንጽንሃህ ዝሕዛ ድንግልናን ንጽህናን መዓርገ ክህነትን ስለ ዘድልያ፣ ካልእ ብፍጹም ክትንክፉ የብሉን ሓደራ።

ምኽንያቱ እተን ኣብ ላዕሊ ዓትዒተን ዝሕዛ ኣእዳው ካህን፣ ተምሳል የእዳው ስሉስ ቅዱስ ስለ ዝኾና፣ ኣብ ዘይመቕዘፍትና ከይንርከብ ሓደራ። ብዙሕ ድፍረት ንቤልሻጽር ወዲ ናቡከደነጾር ውን ኣይጠቐመን።

ኣይትተንከፍ እንተ ተባሂልካ መምዘኒኻ ኢዩ ብድሕሪኡ የማነይቲ ኢድ እግዚኣብሔር እሳታዊ ምስጢራዊ ፍርድኻ ኣብ ልዕሊ ነፍስኻ ጽሒፋ ከይትኸይድ።

ኣይትብላዕ እንተ ተባሂልካ ውን ከምኡ ንሰናይካን ንድሕነትካን ምኻኑ ፈሊጥካ ዘይምብላዕ ይሓይሽ።

ዝሓለፉ ቅዱሳን ኣቦታትና ንነፍሲ ወከፍ ምስጢር ብተግባርን ብንዋየ ቅዱሳንን ገዲፎሙልና ኢዮም ከይዶም፣ በዚ ኢየ ድማ ሓጎሰይ መግለጺ ዘይብሉ።

ዘመን ኣምጽአ ክሳድና ከም ዘይነድንን፣ ምስጢርን መልሰን ገዲፎሙልና ከዱ። ክብሪ ንቕዱሳን ኣቦታትና፣ ብጸሎቶም ድማ ንዓኹም ካህናት ኣቦታተይ ይሓግዙኹም። ሕልፊ ኹሉ ንኹሉኹም ካህናት ኣቦታተይ፣ ብጸሎቶም ይርድኡኹም ንዓና ክሕሸና። ኣሜን

3 ዝፋን ምንኩስና

ኮኾብ ክርስቶስ ---

ጉሁር እሳት ካብ ዝፋን እቲ ልዑል፣ ኣብ የእዳዋ ሓፊሳ፣ ኣብ ኣፍ ልባ ደጊፋ ወሲዳ፣ ናብ የማናይ ሸነኽ ዝፋን ተመርቀፈት። ቅድስተ ቅዱሳን ኣብ ገጻ ፍሉይ ሓጎስ ይርአ ነበረ፣ እዚ ድንቂ ዝኾነ ጓህሪ እሳት፣ ንነዊሕ እዋን ዝተመነየቶ ስለ ዝነበረ፣ ደጋጊማ ጌና ኣብ ኣፍ ልባ ከሎ ደጋጊማ ትጥምቶ ነበረት።

እዚ ጉሁር ሓዊ ምስ ሃልሃል ዝብል እሳቱ ኣብ የማናይ ሞንኩባ ኣንበረቶ፣ ሕልፊ ኩሉ ግርማኣ ድማ ፍሉይ ጽባቐ ሃባ። የማናይ መንኩባ ብፍሉይ እሳት ስለ ዝተወቀበ ኣዝዩ ድንቂ ኮነ ንምጥማታ።

እዚ እሳት እዚ ብ24 ሕብርታት ዝገጸ ኢዩ። ምስጢር ሕብሩን፣ ድንቂ ንፋሱን፣ እሳታዊ ሸቦብቱኡን ብቓላት ክግለጽ ኣይክእልን ኢዩ። ኣብ ማእከል እቲ እሳቱ ፍሉያት እሳታውያን ቃላት ኣለዉዎ።

እዚ እሳት እዚ ካብቲ ዘይተራእየ፣ ጌና ኣብ ፍጥረት ካብ ዘሎ ኩሉ ፍጥረት ዘይሓሰቦ፣ ፍጥረት ዘበለ ጌና ዘይገመቶ፣ እንትርፎ ብንጽህናን ብድንግልናን ብዝኾነ ይኹን ፍጡር ዘይተረግአ ዝፋን ኢዩ ዝነቐለ'ሞ፣ ምስጢሩ ኣዝዩ ረቒቕ፣ ሓይሉ ኣዝዩ ፍሉይ ኮነ፣ መንነቱ ዝተሓላላኸ ምስጢር፣ ዘይክፈት ዝተቘለፈ መፍትሕ ኢዩ።

እዚ እሳት እዚ ፍሉይ ሓይሊ ኣለዎ፣ ኣብ በረኻታትን ኣጻምእን መመሊሱ ሓይሉ ይደራረብ፣ ኣብ ጥምየት መመሊሱ ጽጋብ ኣለዎ፣ ኣብ መከራ ፍሉይ ጽንዓት ዘኽውን ምስጢር ውን ኣለዎ።

ኣብዚ የለን እንክብሃል ብብርቱዕ ድምጺ ዘንጎድጉድ፣ ርሑቕ ኣሎ እንክብሃል ኣብ ጥቓኻ ኮይኑ ዘድምጽ፣ ንሰማይ ደይቡ ኢዩ ሕጅስ እንክብሃል ኣብ መዓሙቓትን ኣብ ቀላያትን ዝዝንቢ፣ ፍሉይን ድንቅን እሳት ኢዩ።

ንግስተ ነገስት ብፍሉይ ግርማ ምስ ሃልሃልትኡ ኣብ የማናይ መንኩባ ብንጹህ ድንግልናኣ ሓጺራ መሰረት ገበረትሉ። ከም ኣብ በሪኽ ዝተመስረተት ከተማ፣ የማናይ መንኩባ ብፍሉይ ካብ ማዕዶ ክጥመት ጀመረ።

ኣብ የማናይ መንኩባ ዝተደኮነ ሓጹር እሳት፣ መላእኽቲ ኣብ ዙርያኣ ከቢቦም ተመልከቱዎ። ምስጢር ኣሳኽማ ነበልባል እሳት ናይ ወላዲተ ኣምላኽ ድማ ኣሰደመሞም። ለካ' እንዶ ብንጽህና ዝፈጠረኪ፣ ንስኺ ልዕሊ ኩልና ኢኺ እንዳ በሉ ፍግም ኢሎም ሰገዱላ።

ሊቃነ መላእክት ከዋኽብቲ ኣኪቦም ኣምጺኦም ኣብ ዙርያኣ ነስነሱዎም፣ ከዋኽብቲ መመሊሶም ኣወቀቡዋ። እሳት ናይ ፈጣሪ ዝጸረት ንጽህቲ ድንግል፣ ፍሉይ እሳታዊ ዝፋን ድማ ኣብ የማናይ መንኩባ ጸይራ ምስ ርኣዩ፣ ኩሉ ፍጥረት ኣርመመ።

ኣብ ማእከል እዚ እሳት እዚ ብፍሉይ እሳት ዝተፈጥሩ፣ መላእኽቲ ደየቡን ወረዱን፣ ብግርማ ዘመሩ፣ እቲ እሳት እቲ ከየቃጽሎም ግን ብፍሉይ እሳታዊ ነጸልአ ሽፌና፣ ክኣትዉን ክወጹን ስልጣን ሃበቶም።

ኣብ ማዕጾ እዚ እሳታዊ ዝፋን እዚ ክልተ ኪሩብ መላእኽቲ ኣለዉ። ንኽብርን ምስጋናን ልዕልናን ናይዚ እሳታዊ ዝፋን እዚ ድማ ይምስክሩን ይዛረቡን። ንሶም ክዛረቡ ድማ ካብ ኣፎም እሳታዊ ቃላት እንዳ ወጸ ናብ ምድሪ ገጹ ብምስጢራዊ ትርኢት ይወርድ።

ምኽንያቱ እዚ ኣብ የማናይ መንኩብ ወላዲተ ኣምላኽ ዝተተኽለ እሳት፣ ዘለል ኢሉ ዝወረደ ወርቃዊ ሰንሰለት ክሳብ ምድሪ ኣለዎ። ኣብ ምድሪ ግን ብፍሉይ ምሩጻት ገዳማትን፣ ምሩጻት በረኻታትን፣ ምሩጻት በረኽቲ ጎቦታትን በዚ ወርቃዊ ሰንሰለት እዚ ተኣሲረን ተራእያ።

እዚ ወርቃዊ ሰንሰለት እዚ፣ ቃል ናይቲ ንጉስ ናይ ነገስታት፣ ኣንበሳ ናይ ይሁዳ፣ ሕልፌ ኹሉ፣ ልዕሊ ኹሉ፣ እሳታዊ ዝመልክዑ፣ ለዋህ ዝባህሪኡ፣ ነባዕቲ ዝየዒንቱ፣ እሳት ዝኾነ የማናይ ኢዱ፣ ትንፋሱ ጓህሪ ሓዊ ዝተፍእ፣ መድሃኔ ኣለም ኢዩ።

ቅዱሳን ኣቦታትን ሰማእታትን ኣብ ግዜ ዕረፍቶም፣ ቃልኪዳን ከግዝሞም ከሎ፣ ዝወረደ እሳታዊ ቃል ኢዩ። እዚ ሰንሰለት እሳት እዚ ክቡር ቃሉ ተጠናኒጉ፣ ነፍሲ ወከፍ ገዳም ኣንጠልጢሉ ይርከብ።

እኔ'ኹ! ኣብ መወዳእቱኡ! ምስጢር እዚ ኣብ የማናይ መንኩብ ወላዲተ ኣምላኽ ዝኀሃረ እሳት። እዚ ጉሁር እሳት እዚ ዝፋን መነኮሳትን፣ ባሕታውያን ኣቦታትን ኢዩ።

ድንቂ ኢዩ፣ የዒንተይ ካብ ምጥማቱ ዝተላዕለ፣ ከም ምኽኽ በለ። ብፍሉይ ግርማ ኣብ የማናይ መንኩብ ንግስተ ነገስት ተደኮነ። ነፍሲ መነኮስ ክንድዚ ክብርቲ ዲያ በልኩ።

ነፍሲ መነኮስ ጌና ካብ ማህጸን ክትፍጠር ከላ ብፍሉይ ኣወላልዳ ኢያ እትወጽእ። ነፍሲ መንኮስ እንተኾይና ልክዕ ካብ ማህጸን ወላዲታ ክትወጽእ እንከላ፣ እታ ነፍሳ ካብ ርክብ ወላዲታ ተበቲኻ፣ ኣብዚ ግሩም እሳታዊ ዝፋን ኣብ የማናይ መንኩብ ወላዲተ ኣምላኽ ዝርከብ ኢያ እትላገብ።

ነፍሲ መነኮስ ጌና ክትውለድ ኣትሒዛ ምውቲ ኢያ። ንግዚኡ ካብ ፍላጻታት ሰይጣን እንክትሕባእ ተባሂሉ፣ ምስ ሰባ ትመሳሰል እምበር፣ ነቲ ኣተኩሩ ብነፍሳዊ የዒንቱ ዝጥምታስ ፍልጥቲ ኢያ።

ነፍሲ መነኮስ እሳታዊ መግባ ካብ ሰማይ እምበር ካብ ምድሪ ኣይኮነን። ነፍሳ ወትሩ ካብዚ ካብ ሰማይ ዝተዘርገሐ እሳታዊ ሰንሰለት፣ ወርቃውያን ቃል ኪዳን እግዚአብሔር ወልድ ምስ ተመገበት ኢያ።

ሰዓታ ኣኺሉ ናብ ገዳማ ምስ ተኣከበት፣ ድንቂ መንነት ርኣኹ። ብርኽቲ እግሪ መነኮስ፣ ካብ ሰድርኣ ተፈልያ፣ ናብቲ ዝተዳለወላ ገዳም ክትከይድ ከላ፣ ስጋ ዘይኮነትስ ነፍሲ ኢያ

ክትመርሕ እትጅምር። ምኽንያቱ እታ ነፍሲ ኣበየናይ ገዳም ኣሎ ስማ ንሳ ጥራይ ስለ እትፈልጥ።

ኣብቲ ዝጽበያ ገዳም ድሮ፣ ቅድሚ ምፍጣራ ስማ ቀዲሙዋ ኣብቲ ገዳም ብወርቃዊ ቀለም ተወቒሩ ስለ ዝዳሎ። ነፍሲ መነኮስ ቅድሚ ምፍጣራ ሓላዊ መልኣኻ ኣብታ እትዓብየላን እትነብረላን ገዳም ድሮ ወሪዱ ይጽበያ።

ነፍሲ መናኒ ኩሉ መከራታት ሰጊራ፣ ኣብ ገዳማ ክትረግጽ ከላ፣ ኣብ ሰማይ ፍሉይ ሓጎስን ደስታን ተዓዘብኩ። ኣብ ገዳም ኣትያ ናይ ልምምድ ግዜኣ ምስ ወደአት ድማ እታ ጸጋ ናይ ምንኩስና ንኽትቅበል ትዳሎ።

እታ ጸጋ ምንኩስና ድማ ካብ የእዳው ንጹህ መነኮስ ወይ ውን ጳጳስ ትቕበል። ኣብዚ ስርዓት እዚ ግን ይገርም ኢዩ። በቲ ዘይርአ ዓለም እንተ ርኣኹዎ፣ ድንቂ ኮነ ንየዒንተይ።

ነፍሲ ወከፍ ጸጋ ምንኩስና ካብ የእዳው ወላዲተ ኣምላኽ ኢዩ ዝወሃባ። ቅድስቲ ቅንድል ማርያም ኣብ ርእሲ ናይቲ ዝምንኩስ ወይ ውን እትምንኩስ ፍጥርቲ ተንብር እሞ፣ እሳታውያን ዝተቖለፉ መፋትሕ ናይታ ነፍሲ ይኽፈት።

እዚ ድማ ምኽፋት ጸጋ ናይታ ነፍሲ ኢዩ ማለት። ምኽንያቱ ኣብ ግዜ ምንኩስና ፍሉይ ጸጋን፣ ሓይልን ኢያ እትቕበል እታ ነፍሲ። ምኽንያቱ ንዓለም ምውት ወይ ውን ምውቲ ኢየ ኢላ ስለ እትነብር። እቲ ኣንጻራ ዝውርወር ኩናት ናይ ጸላኢ ኣዝዩ መሪርን ከቢድን ስለ ዝኾነ፣ እዚ ፍሉይ ሓይልን ጸጋን የድልያ ኢዩ።

ሓንቲ ነፍሲ ጸጋ ምንኩስና ክትቅበል ክላ፣ ኣብ ሰማይ ዓቢ ዕልልታን ደስታን ክኸውን ከሎ፣ በንጻሩ ኣብ መዓሙቕ ሲኦል ብዙሕ ንየእዛነይ ዘጽምም ኣውያት ሰማዕኩ፣ ኣሰናን ክሕርቀምን፣ እቲ ኣንጻር እዛ ነፍሲ እዚኣ፣ ንኸይትምንኩስ ተመዲቡ ዝነበረ ናይ ጸላኢ መልኣኽ ውን ክግረፍን ክጽረፍን ሰማዕኩዎ፣ ምኽንያቱ ንኸሰናኽሎ ተኣዚዙ ዝነበረ፣ ስርሑ ብግቡእ ስለ ዘይፈጸመ ተባሂሉ።

ናይዛ ናይ ርኹስ መንፈስ መግረፍቲ ግን ካልአይቲ ተንኮል ውን ኣላታ፣ ነዛ ናይ መነኮስ ነፍሲ፣ ምስ መንኮሰት ውን ደጊሙ፣ ብጭካነን ሕርቃንን ምእንቲ ካብ ገዳማ ከህድማን፣ ከባርራን፣ ከውድቓን ተባሂሉ ኢዩ ዝግረፍ ምስ ሰራዊቱ፣ በቶም ናይ ኣጋንንቲ ሓለፍቱ።

ነፍሲ መነኮስ ጸጋ ምስ ተቐበለት፣ ብየማናን ብጸጋማን ዕስለ መላእኽቲ ኣለዉ። እቶም ብየማና ዝዝርግሑ ናይ ኣርያም ሰራዊት ኮይኖም ንዝያዳ ሓገዝ ይመጹን ይሰርዑን። እንተ እቶም ብጸጋም ዝቐሙ ግን ንኸውድቑዋን፣ ካብ ጸሎታ ከባኹሩን፣ ብዝሙት ዝፈታትኑን፣ ብቒምታ ዘጸልሙ፣ ተስፋ ዘቑርጹን፣ ፍሉያትን ሓያላትን፣ ክፉኣትን ኣጋንንቲ ኢዮም።

ካብቲ ዝደነቖኒ ጸጋ መነኮስ ኣብዚ ክጠቅስ። ነፍሲ መነኮስ፣ ጸጋ ምንኩስና ምስ ተቐበለት ኣትሒዛ፣ ብፍጹም ኣብ ምድሪ ኣይትሕጸርን ኣይትእሰርን ውን።

እዚ ጸጋ ምንኩስና ክውሃባ ከሎ እዛ ነፍሲ እዚኣ፣ ወላዲተ ኣምላኽ ካብቲ ኣብ የማናይ መንኩባ ዘሎ እሳት ጌራ ስለ

እትጥምጥማ፣ እዛ ነፍሲ ናይ መነኮስ ልክዕ ከም መላእኽቲ ክትብርርን ክትንቀሳቐስን ትኽእል ኢያ። እዚ ኹሉ ግን ኣብ ዓቐን እምነት ናይ ነፍሲ ወከፍ ነፍሲ መነኮስ ይድረኽን ይምርኮስን ኢዩ።

እቲ ቀንዲ ምስጢር ናይ ምንኩስና እምበኣር እዚ ኢዩ። እዚ እሳት እዚ ካብ ዝፋን ፈጣሪ፣ በእዳዋ ሓቐፋ፣ ኣብ መንኩባ ዝጸረቶ፣ እዚ ኢዩ እቲ ዝፋን ነፍሲ መነኮስ እትሰፍረሉ።

ወላዲተ ኣምላኽ ነፍሲ ወከፍ ትርግታ ልቢ ናይ ሓደ መነኮስ ኣብ የእዛና ኢዩ። ነፍሲ መነኮስ ልክዕ ከም ፍሉይ ኣዋርቕ ስልማት ናይ ሓንቲ ድንግል መርዓት ኢዩ ንወላዲተ ኣምላኽ።

ሰራውር ጅማውትን ደምን ክዘዋወር ከሎ ናይ ነፍሲ ወከፍ መነኮስ ኩሉ ኣብ ቅድሚ የዒንታ ኢዩ'ሞ፣ እንታይ ኣሎ ዘፍርሖ። ንጸልማት ክገጥም፣ ንሞት ጠኒኑ ክኣቱ፣ ንጥምየት ክጥምጠማ፣ ንመከራ ክሰለማ፣ ንሽግር ከፍቅራ፣ ሓደ መንኮስ እንታይ ኢዩ ዝጨንቆ።

ዝፋኑ ኣብ ላዕሊ፣ ሰፈሩ ኣብ የማናይ እሳት፣ መንነቱ ኣብ ምድሪ ርስቲ መኒኑ፣ ኣብ ሰማያት መንበሪ ዝሃነጸ፣ ነፍሲ መነኮስ እንታይ ኢዩ ዝሓስሞ።

ነዚ ትዕድልቲ እዚ እትምረጽን እትፍጠርን ነፍሲ ክንደይ ዕድለኛን ምርጽትን ፍልይትን ፍጥረት ኢያ። መንበሪኣ ምስ እሳታዊት ነፍሲ ነቢይ ኤልያስ ንሓዋሩ እትነብር ነፍሲ ክንደይ ካብ ኣፍ ፈጣሪ ብዘወጸ ቃላት ተባረኸት።

ፍሉይ ፍጥረት መነኮሳን ኣብዚ ተመልከትኩ፣ ነፍሲ መነኮስ ንዝኾነ ዝገጥማ ሽግር ካብ ላዕሊ ናብ ታሕቲ ኢያ እትምልከቶ እምበር፣ ካብ ታሕቲ ንላዕሊ ኣይኮነን። እዚ ማለት ድማ ድሮ እቲ ናይ መላእኽቲ ባህርያትን፣ መንነትን ለቢሳቶ ስለ ዘላ፣ ኩሉ ክፍኣትን ውርደትን ንዕቀትን፣ ካብ ላዕሊ ብትዕግስቲ ልክዕ ከም ፈጣሪኣ ኢያ ትምልከቶ። ኩሉ ዝገብሮ ዘይፈልጥ ምኽኒት ነፍሲ ወከፍ ካልኢት ኢያ እትዝክር'ሞ ኣዝያ ዕግስቲ ኢያ።

ነፍሲ መነኮስ ኣብ ሳንዱቕ ሬሳ ኣትያ እትዘዋወር ስጋ መሰልኩዋ። ናይ ምድሪ እጃማ ኣይደልን ምስ በለት ብናይ ሰማይ እጃም እተስተንፍስ ፍጥረት በልኩዋ።

ንዓለም ኣይደልየክን ኢላ ዝቐመት ጽንዕቲ ነፍሲ፣ ክብሪ ይኹና። ዓለም ኣስናና ገቲራ፣ ግብራ ኣኪባ፣ ክፍኣታ ኣኻኺባ እትገጥማ፣ ነፍሲ መነኮስ፣ በረኸትኪ ይሕደረኒ።

ስለዚ መዓርግ ምንኩስና ኣዝዩ ልዑልን ክቡርን መንነት ናይቲ ሓያል ኢዩ። ንዓለም ሓይሉ ክገልጽ ምስ ፈተወ፣ የለኻን ምስ ተባህለ፣ ኣለኹ ኢሉ እሕሕሕ! ኢሉ ድምጹ ከስምዕ ምስ ፈተወ ፈጣሪ፣ ንነፍሲ መነኮስ ኣብ ማህጸን ደኮነ።

ሰብ ብዝብላዕን ዝስተን እምበር፣ ነዚ መኒኑ፣ ኣይደልን ኢሉ፣ ካብ መፈንጠራ ዓለም ዘምልጥ፣ ሞት ጥራይ ኢያ ኔራ እትረኽቦ። እቲ ዓለም እትህቦ ሞት ግን በቲ ፈጣሪ ዓለም ህይወት ተለወጠ።

ንዓለም ምዉት፣ ንሰማያት ግን ህያው ኮነ። ድንቂ ጥበብ ዶኮነ ፈጣሪ፣ ኣብ ማእከል እሳት እሳት ኣንበረ፣ ኣብ ጥምየት ጽጋብ ኣንበረ፣ ኣብ ውድቀት ትንሳኤ ጸሓፈ፣ ኣብ ጥፍኣት ህላዌ ሰዓረ፣ ኣይከውንን ዝተባህለ ክዉን ኮነ፣ ክብሪ ንስሙ።

ኣማኑኤል ምሳና ካብ ኮነ መን ኢዩ ኣንጻርና ዝገጥም በሉ ቅዱሳን መነኮሳን፣ ንዓለም ኣሰክሑዋ፣ መላእኽቲ ዲዮም ዋላ ሰብ ክሳብ ትብል ገበሩዋ።

ዓለም ጥበብኛ ኢየ ኣነ እንክትብል፣ ጥበበኛታት ኮይኖም ብልዕሊኣ ኮፍ ኢሎም ተራእዩ። ነታ ንዘመናት ዝሰሓቐት ዓለም፣ ደም ናይ ወልድ ዋህድ ሰትዮም፣ ስግኡ ውን በሊያም ሰሓቑዋ። ዓለም ድማ እቲ ሰሓቓ ናብ ሓዘን ተለወጠ።

ክብሪ ነፍሲ መነኮሳን ክርእይ ዝደለየ፣ የማናይ ግሩም እሳታዊ መንኩብ ወላዲተ ኣምላኽ ክርእይ ይኽእል ኢዩ። እዚ እሳት እዚ መንበሪ ሰፈር ንነፍሲ መነኮስ ካብ ተመርጸ፣ ኣይገርምን'ዶ።

ንሳ ኣብ ዝተንቀሳቐሰቶ ምስኣ ኣለዉ። ነፍሶም ወትሩ ኣብ ሰናይ ሓሳብ ናታ ምስ ተጸምደት ኢያ። ክቡራን መነኮሳን ክንደይ ምሩጻት ኢኹም።

ዓለም ግን እነሀለት፣ ካብዚ ዝፋን እዚ ከተውርደኩም ምስቲ ብጸጋምኩም ዘሎ ጸላኢ ንግሆን ምሸትን ምስ ተማኸረት ኢያ። ንስኹም ድማ ምስታ ኣብ መንኩባ ዘስፈረትኩም፣ እሳታዊት ወላዲተ ኣምላኽ ተማኸሩ።

ሓሳብ ጸላኢ ኣቓዲማ እትበታትን ንሳ ስለ ዝኾነት። ንነፍሲ መነኮስ ኣብ ቀረብኣ ምኟና ወላዲተ ኣምላኽ፣ ኣነ ዕውርቲ ባዶ ፍጥረት'ኳ ምስክር ኢየ።

ኣብዚ እሳታዊ መንኩባ፣ መን ክሰፍር ዘይተመነየ፣ ኣብዚ ነበልባል የማናይ ሓይላ ዝኾነ መንኩባ መን ከዕርፍ ዘይተመነየ። ግን ካብቲ ብዙሕ ዝተመነየ፣ እቲ ሒደት ጥራይ ረኺበ። ንሱ ድማ እቲ ዝተመርጸ መነኮስ።

ክብርን ምስጋናን ንመነኮሳን ኣቦታትና ይኹን ኣሜን!

ምዕራፍ 2

ምስጢር ስርዓተ ቅዳሴ ቤተክርስቲያን

3/9/2023

1 ህያባት ቅዳሴ ቤተክርስቲያንና

እቲ ቐደም ኣብ ኣጸድ ቅድስቲ ቤተክርስትያን ጸጋን ምሕረት ተጎልበባኒ። ሕልፊ ኹሉ ሃብታም ነበርኩ፣ ግን ልቢ ጎበዝ ኣብ ደረቱ ይብሉ ኣቦታትና፣ ሃብተይን ጸጋይን ብጽጋበይ ኣጥፋእኩዎ'ሞ፣ የእጋረየ ኣብ ክንዲ ንቕድስቲ ቤተክርስቲያን፣ ናብ ርኹስ ዘበለ የእጋረይ ተጓየያ።

ዓሰቢ ውድቀተይ ጽቡቕ ጌራ ዓለም ከፊለትኒ፣ ዝሓዝክዎ ዘበለ ኩሉ እምቢ! ኢሉ ኣፉ ኣውጺኡ ኣበየኒ። ትርጉም ናብራ ጠፍኣኒ፣ ምፍጣረይ ውን ኣጽልኣኒ፣ ኣነ ኣብዚ ዓለም ምህላወይ ኩሉ ከንቱ ኢዩ ኢለ ክሳብ ነታ ነብሰይ ናብ ኣፍ ጉድጓዳ ደፊኤ ኣብጺሐያ ኔረ።

ሕጂ ንድሕሪት ምልስ ኢለ ክሓስቦ ግን ኣዝየን ኢየን ዘባህርራኒ፣ ካብ ቅድስቲ ቤተክርስቲያነይ ወጺኤ ዝሰጎምኩወን ስጉምትታተይ።

ብሕጽር ዘበለ ቃላት ካብ ቅድስቲ ቤተክርስቲያን ወጺኻ ዝስጎም ዝኾነ ስጉምቲ ይኹን ዝኽተል እምነት ኩሉ ናብ ጫካ እንዳ ኣንጨብጨበ ዘእትወካ እምበር፣ ናብ ቦታ ዕረፍትኻ ዝመርሕ ከም ዘይኮነ፣ ኣነ ዲዳ ዓባስ ዝኾንኩ ፍጥረት ምስክር ኢየ።

ስለዚ ኣእጋረይ ናብታ ቅድስቲ ቤተክርስቲያነይ፣ ናብ ተዋህዶ ኦርቶዶክስ እምነተይ ኣቢለን፣ ብመንገዲ ንስሓ ምስ ሰጎማ ኣትሒዘን፣ እኔ'ኹ፣ ንነብሰይ ዕረፍቲ፣ ንሂወተይ ሰላም፣ ንጽምኣይ ዝሕኑል ማይ ገነት፣ ንጥምየተይ ክቡር ቃል ጎይታይ ረኺበ፣ እፎይ ኢለ ይነብር ኣለኹ።

ናብ ውሽጢ መርከብ ኖህ ድሕነትና ዝኾነት ቅድስቲ ቤተክርስቲያን ምስ ተመለስኩ፣ እቶም ኣብ ደገ ዘለዉ ኣሕዋተይ ኣምሪረ በኽኹሎም። ምኽንያቱ ኣበይ ስቓይ ኣለዉ፣ ኣብቲ ስቓይ ስለ ዝነበርኩ፣ ጽቡቕ ጌረ ኢየ ዝፈልጦ ጣዕሚ ሰንሰለቱ።

ናብ ውሽጢ ቅድስቲ ቤተክርስቲያነይ ምስ ተመለስኩ፣ ስርዓት ቅዳሴ ኢዩ ፈለማ ተቐቢሉኒ። ሰንበት መጸ ክትኣክል እንክላ ናይ ቅዳሴ ሰዓት ዘብ ዘብ እንዳ በልኩ ይኸይድ፣ ምስቶም ዝኸዱ ካህናት ኣቦታተይን፣ ድያቆናትን ኣሕዋተይን ኣሓተይን።

ሓደ እግረይ ኣብ ኣፍደገ መንግስተ ሰማያት ዝኹሕኩሕ ዘሎ ኮይኑ ኢዩ ዝሰምዓኒ፣ ናብ ቅዳሴ ኣብ ዝስጉመሉ ግዜ። ምኽንያቱ ክቡራት ኣቦታት ክትከዱ እንክለኹም፣ እሞ ድማ ምስቲ ክብረትኩምን መዓርግኩምን፣ ገለስ ኣሎ ኣብ ውሽጣ እምበር፣ ኩሉ'ዶ ከምዚ ኢሉ ዘብ ዘብ ይብል ኢዩ ኢየ ዝብል ኔረ።

ኣብ ፈለማ መድሃኔ ኣለም ኣቦይ ይኹን፣ ዋላ ውን ቅድሳቲ ድንግል ማርያም ኣብ ቤተይ ብራኢ ይርእዮምን፣ ብድምጺ ድማ ኣብ ልበይ ይሰምዖምን ነበርኩ።

ኣብ ቅድስቲ ቤተክርስቲያን ግን በጺሐ ይምለስ እምበር ሓንቲ ውን ትኹን ራኢ ይርኢ ኣይነበርኩን ኣብ ውሽጢ። ምኽንያቱ ምስቲ ናይ ነዊሕ ዓመታት ጥፍኣተይ ካብ ቀጽሪ ቤት መቕደስ፣ ሰብ ድንን ኢሉ ጸሎት ክገብር እንከሎ ኣነ ድማ ተገዲሰ ርእሰይ እንዳ ኣዘርኩ ንኹሉ ምንቅስቓሳትን ልብሲ ምእመናንን ተሃንጢየ ይርኢ ነበርኩ።

ኣብቲ ፈለማ ናብ ቤተክርስቲያን ዝኸድኩሉ ፍሉይ ነገር ርኣኹ፣ እቶም ካህን ጸሎት ምስ ተወደአ፣ ጉያ ኢሎም መኽፈልቲ ኣብ ደገ ስለ ዝነበረ፣ ክባርኹዎ ኢሎም፣ ብጥቓይ ክሓልፉ ኢሎም፣ ብፊተይ ናባይ ገጾም ሰጎሙ'ሞ፣ ልክዕ ከምዛ መስቀል ዝርኣየ ሰይጣን ሃደምኩ ካብ ጥቓኦም።

ንስሓ ኣይኣተኹን ነበርኩ'ሞ፣ ከምዚ እቲ ሓጥያተይ ኣብ ግንባረይ ዝተጻሕፈ'ሞ፣ እቶም ካህናት ድማ ከምዚ ዘንብብዎ'ሞ፣ ኣብ ቅድሚ እዚ ህዝቢ እዋይ ከዋርዱኒ ኢዮም ኢለ ኢየ ብስንባደ ዝሃደምኩ።

ብድሕሪ እዚ ድማ እቶም ካህን፣ መኽፈልቲ ናቶም ተቐረበሎም እሞ፣ ምስቶም ድያቆናትን ኣገልገልትን ርሕቕ ኢሎም ተቐረቡ። ኣብ ዙርያኦም ድማ ዘገልግላ ኣዴታትን ናብዝን ናብትን ይብላ ነበራ፣ መግቢ ሐዘን የመላልሳሎም ስለ ዝነበራ።

ከይተረድኣኒ ኣፈይ ሃህ! ኣቢለ! ክበልዕ ደለኹ። ግን እቲ ሓጥያተይ ድማ ኣብ ቅድመይ ኮይኑ ኣይትሓፍርን እንዳ በለ ከሰሰኒ። መሊሶም እቶም ካህን መግቢ ኣኣልዒሎም የኾልሱ ነበሩ ነቶም ኣብኡ ዝነበሩ ኣገልገልትን፣ ነተን ኣዴታትን።

ልበይ ስብር በለ፣ ክንደይ ሃረር በልኩ፣ ካብ ኢድ ካህን ክብልዕ፣ ኣነን ጎይታይን ጥራይ ኢና ንፈልጥ። ጻዕዳ ዝልብሶም ካህን፣ ምዕሩግ ዝመዓርጎም፣ ክብርን ሞገስን ኣብ ዙርያኦም፣ እሞ ድማ በዚ ቅዳሴ ዝወዓላ ንጹሃን ኣእዳው፣ መግቢ ከኾልሱኻ፣ ካብ ዓቅመይ ንላዕሊ ኮነኒ'ሞ።

ጉያ ኢለ ደቀይ ጠርኒፈ ኣርሒቐ ከይደ፣ የዒንተይ ጸረር ጸረር በላ። ጎይታየ! ሓንቲ መዓልቲ'ዶ 'ኾን ትህሉ ትኸውን ካብ ናይ ካህን መኣዲ ዝበልዓላ፧

ጎይታየ፣ እቲ ምኹላሶም ተተረረፈንስ እቲ ተረፎም'ዶ ትህበኒ ትኸውን ሓደ መዓልቲ እንዳ በልኩ፣ ኣሕነቕኒቐ በኸኹ።

ብድሕሪ እዚ ግን ካህነይ ሒዘ፣ ጻድቕ ኣቡነ እስትንፋሰ ክርስቶሰይ ክብሪ ይኹኖም፣ ናብ ንስሓ መርሑኒ'ሞ፣ ኩሉ ቅልል በለኒ።

ሕጂ ካህን ክርኢ እንከለኹ እንኳን ክሃድም ጉያ ኢለ ናብተን ዶው ኢሉ ዝቕድሰለን ክቡራት ኣእጋሩ ኢየ ዘወድቕ። ምኽንያቱ ኣብዛ ነፍሲ ካህን እዚኣ መን ኣትዩ ይሰርሕ፣ ሎምስ ፈሊጠዮ ኢየ።

ብድሕሪ እዚ እታ ፈለማ ኣብ ማእከል ቅዳሴ ቤተክርስቲያን ዝርኣኹዋ ራኢ እንተኾይና ከምዚ ትመስል።

ኣብ ፊት እታ መጋረጃ ቅድስተ ቅዱሳን እትስመ፣ ግን ድማ ድሕሪ ኩሉ ህዝቢ ኢየ ከቐውም ዝፈቱ ኩሉ ግዜ። ምኽንያቱ ነቲ ንጉስ ልበይ ሰፈሩን ገዝኡን ምስ ርኣኹዎ፣ ኣብኣ ኮይነ ኢየ ሃሰስ ዝብሎ ኩሉ ግዜ።

ኣብ ፊት እታ መጋረጃ እነከኹ ብርሑቕ ግን፣ ኣብ ቅድሚ ዓይነይ፣ ኪዳነ ምህረት ኣደይ መዓልቲ ኢዩ ኔሩ'ሞ፣ ነዋሕ ጽብቕቲ ሰበይቲ ነታ ነብሰይ ከም ህጻን ቀልዓ ሒዛታ ረኣኹዋ።

ጸጉሪ ርእሲ ናይታ ህጻን ግን፣ ከምዚ ዓለባ ሳሬትን ደሮናን ዝነበሮ መሰለ። እዛ ነዋሕ ሰበይቲ ግን በእዳዋ ነጋጊፋ ኣጽረየታ፣ ብድሕሪ እዚ ከምዚ በለታ።

"ሎሚ ናብ እንዳ ኣቦኺ ዝወሰደኪ መዓልቲ ኢዩ" በለታ ነታ ንእሽተይ ህጻን ከም ተምሳል ነብሰይ ዝኾነት። ብድሕሪ እዚ ናብ ልዕል ዝበለ በሪኽ ገዛ ሒዛትኒ ከደት'ሞ፣ ነዊሕ ጎበዝ መንእሰይ ዝመስል፣ የእዳዉ ኣምጺኣ ምስ የእዳወይ ኣተሓሓዘትና።

ብድሕሪ እዚ ኢየ ንመድሃኔ ኣለም ከፈልጦ፣ ክቐርቦ፣ ክዛረቦም ዝጀመርኩ። ናተይ ታሪኽ ፍልይ ዘብሎ፣ እቲ ሓቀኛ መድሃኔ ኣለም ኢየሱስ ክርስቶስ፣ ካብ ኢድ ኪዳነ ምህረት፣ ካብታ ሓቀኛ ኣዲኡ ወላዲቱ፣ ቅድስቲ ድንግል

ማርያም ኢየ ተቐቢለየ፣ ቦታ ድማ ኣብ ማዕከል ቅዳሴ ሰንበት መዓልቲ፣ ኣብ ቅድስቲ ቤተክርስቲያነይ።

ኣብታ ሰፈሩ፣ ሰፈረይ መለሰኒ። ኣብታ ንግስነቱ ናብ መንግስቱ ጸንበረኒ። ንስሓይ ተቐበሎ'ሞ፣ ምስ ኪዳን ናይ ምሕረት ናይ ቅድስቲ ወላዲቱ ጸንበረኒ።

ብድሕሪ እዚ ዝነበረ ኩነታት ሂወተይ ኩሉ ተቐያየረኒ። ምኽንያቱ ኣብ ዘዝወደቕኩሉ ኣደን ወድን ኣለዉኒ። ድኽም ክብል የእዳዎም ይድግፈኒ፣ ጭንቕ ክብል ኣብ ማእከል ቅዳሴ ናይ ገነት ማይ ሂወት ዝኾነ መድሃኒት ዝህቡኒ።

ኣብዚ ሕጂ ዘለኹዎ ኩነታት ሂወተይ፣ ሕቶታት ዝብሃል ኣብ ሂወት የብለይን፣ ጭንቀት ዝብሃል ኣሰሩይ ኣይፈልጦን፣ ኣብ ውድቀተይ ውድቀት ኣይውሰኽን ኢየ፣ ተጓዩየ ናብ ንስሓይ ይኸይድ።

ንኹሉ ጥበብን ትምህርትን ድማ ፈጣሪየይ ምስ ቅዱሳኑን ክብርቲ ወላዲቱን ኣለዉኒ። ከምዚ ኽማይ ዝተገብረሉ ዝኾነ ይኹን ፍጡር ኣብ ምድሪ ዘሎ ኮይኑ ኣይስምዓንን።

ንዓይ ዝተገብረለይ ድንቅን ብቓላት ዘይግለጽን ድማን ኢዩ። ምኽንያቱ ብፍሉይ ጥበብን ምስጢርን ንእምነተይ ብእሳት ሓጺሮ፣ ሓይለይ ድማ ኣብ ማእከል ቅድስቲ ቤተክርስቲያን ስለ ዝገበሮ፣ ብፍጹም ንጸላኢ ሕማም ርእሲ እምበር ደስታ ኣይኮንኩዎን። እዚ ኢዩ ድማ ፍረ ናይ ቅድስቲ ቤተክርስቲያነይ። ክብሪ ንዓኣ ይኹን።

ንሎሚ እምበኣር ኣብተን ብዙሕ ግዜ ዝተመላለስኩለን ስርዓተ ቅዳሴ። እተን ኣብ ውሽጢ ቅድስቲ ቤተክርስቲያነይ ዝተቐበልኩወን ራኢታት ብዓቕመይ ኣብዚ ክጽሕፍ ኢየ።

እዚ ትርጉሙ ድማ፣ ነቶም ኣብ ደገ ኣብ ፈቓድኡ ተበቲነን ዘልዋ ኣባጊዕ ጎይታይ፣ ብሃረርታ ናብ ቅድስቲ ቤተክርስቲያን ዝመልሰን። ነቶም ኣብ ውሽጢ መቕደስ እንከለና ዝደንዘዝና ኣብጊዕ ድማ መግቢ ዝኾውን ኢዩ። በዚ ድማ ንክቡራት ካህናት ኣቦታተይ ድማ ሓበንን ተስፋን ክኾነኩም ተስፋ ይገብር።

ምስጢር ቅዳሴ ቤተክርስቲያን

1 ምድላው ምድራዊ ምስጋና ናብ ኣርያም

ስርዓተ ቅዳሴ ከም ተራ ነገር ከም ንሰርያ ነዊሕ ዘመናት ኮይኑ ኣሎ ኣብቶም ዝጠፋእና ጥፉኣት ማለተይ ኢየ። እዚ ግን እቲ ቀንዲ ዘጥፍኣና ካብ ቀጽሪ ቤተክስቲያን ኮይኑ ይስምዓኒ።

ኣዴና ቅድስቲ ድንግል ማርያም ፈለማ ንሰማያዊ ሊቀ ቅዱስ ያሬድ ናብ ሰማይ ምስ ወሰደቶ፣ እቲ ሰማያዊ መግቢ ምስጋና እተዳልዎ ባዕላ ኢያ ኣርኢያቶ። ብድሕሪ እዚ ድማ ካብዚ ንስሉስ ቅዱስ ዘዳልዎ ናይ ምስጋና መግቢ፣ ሓንቲ ንጣብ ትኾውን ኣብ ምድሪ ንኸተዳሉ ምስጢር ክህበካ ኢየ፣ ኢያ ዝበለቶ’ሞ።

በዚ ኢዩ ስርዓተ ቅዳሴ ብዘደንቕ ጥበብን፣ ብዘይፍታሕ ምስጢርን ኣብ ምድሪ፣ ምስታ ሰማያዊት ኢየሩሳሌም ብሰዉር እሳታዊ ቃል ዝተጠንጠለት ኮይኑ ነዚ ኹሉ ኣርያማዊ ምስጢር ክሰርዕ ዝኸኣለ።

ስለዚ ሓደ ምስጢር ናይ ስርዓተ ቅዳሴ ቤተክርስቲያንና እምበኣር እዚ ኢዩ። ክንደይ የደንቕ፣ እቲ ዘይተጋህደ ዝነበረ ኣምላኽና፣ ካብ ኣዴና ቅድስቲ ድንግል ማርያም ብስጋ ተወሊዱ ተጋህደ'ሞ፣ ናብ ዝፋኑ ብኽብርን ጅግንነትን ደየበ።

ነዚ ከምዚ ድንቂ ሓያል ኣምላኽና ኣበይ ኮይንና ደጊምና ክንርእዮ ኢና ከይንብል ኢሉ፣ ቅድስቲ መቕደሱ፣ ክቡር ስግኡን ደሙን ኣብ ነፍሲ ወከፍ ቅዳሴ እንዳ ቐረሰ፣ ኣማናዊ ብዝኾነ ምስጢር እነህለ ገዲፉልና ኣሎ።

ኣብ ኣርያም እንከሎ፣ ኣብ ምድሪ እነዳልወሉ መግቢ፣ ናብ ዝፋኑ ይድይብ እሞ፣ ብናይ እምነት ሓይሊ፣ እታ እንኮ ሓቀኛ እምነት፣ ተዋህዶ ኦርቶዶክስ መንነት ድማ ብሓንቲ ጥምቀትና ጌርና፣ ናብቲ ሓደ ጎይታ እተብጽሓልና ጽፍሒ መድረኽ እንድይብ ነዚ ምስጢር እዚ ኢዩ ስርዓተ ቅዳሴ ኣብ ምድሪ ዝደኮነልና ጎይታና።

ቅዱሳን ካህናት ኣቦታት ኣብ ማእከል ቅዳሴ ዘሎ ጽባቐን፣ ምስጢርን፣ መንነትን፣ ኩርዓትን፣ ሓበንን፣ ደስታን ሓጎስን መንፈሳውያን የዒንትና ተዘኺፈታ ክንደይ ባህ ምበለና ኔሩ።

ሕልፌ ኹሉ ኣነ እታ ዝኸበርኩ ፍጥረት ምዃነይ ኣብ ማእከል ቅዳሴ ጽቡቕ ጌሩ ይፍለጠኒ። እቲ ምስጢር ዜማ ቅዱሳን ካህናት ኣቦታት ክተዝይምዎን ክትቕልጽዎን ከለኹም፣ ከምዚ ካብ ላዕሊ በሪኽ ጎቦ፣ ዝፈስስ ጸዕዳ ዝሕብሩ መንጫዕጫዕታ ማይ ኮይኑ፣ ግን ድማ መንገዲ እንዳ ከፈትኩም ናብ ኩልና ኣባጊዕ እተከፋፍልዎ'ሞ፣ ኣብ ረርእስና ኮፍ ኮፍ ኢሉ ከጥልለና ካብ ጽምእና ኮይኑ ኢዩ ዝርኣየካ።

ጸሎተ ቅዳሴ ካብ ኣርያም ማይ ሂወት ኣየፍስስን ኢዩ ዝብል እንተ'ሎ፣ ኣነ ብጭብጢ ከማጎቶ፣ ኣብ ትሕቲ ኣቦታተይ ኮይነ።

ስለዚ ስርዓተ ቅዳሴ ኣብ ምድሪ ዝዳሎ፣ ናብ መንበሪ ስሉስ ቅዱስ፣ እሳትን ጸሎት ቅድስትን ንጽህትን ቅድስቲ ድንግል ማርያም ብልዕሊኡ ተወሲኹዎ ዝዓርግ ቅዱስ መግቢ ኢዩ።

ቅያሩ ድማ እቲ ቅዱስ መግቢ ካብ ኣርያም፣ ማለት ቅዱስ ስጋን ቅዱስ ደምን ናይ ጎይታና ኣብ ምድሪ ይወሃበና። እቲ ንሕና እንቐሞ ቅዳሴ ድማ ምስጋና ካብ ምድሪ ይብሃል።

ካብቲ ኣዝዩ ዝምስጠኒ ኣብ ማእከል ቅዳሴ እንተሎ ካብ ኣፍ ካህናት ኣቦታት ዝወጽእ ንጣር እሳትን ሓውን ዝለበሰ ሰዉር ቃላት ኢዩ። ዓለም ብዘይ ስርዓተ ቅዳሴ ናይ ቅድስቲ ቤተክርስቲያንና እንታይ ምኾነት፧ ኣነ በዛ ባዶ ዓቕመይ ዝብሎ ምናልባት እቲ ዳግማይ ምጽኣት ኣምላኸይ ድሮ ተፈጺሙ ምሃለወ፣ ብሰንኪ ሓጥያትና በሃሊት ኢየ።

ቅድስቲ ቤተክርስቲያን እዚ ኹሉ ብንጽህናን፣ ሰማያዊ ስርዓትን ዘኾነ ስጉምታን እንተዘይትቐውም ኣብ መንገና፣ ኦሮማይ ንሶዶም ምመሰልና ንጎመራ ውን ምተካእና፣ ኣይምሃለናን ኣብ ዛንታ ውን ብሓቂ።

ካብ ኣርያም ዝፍነዉ እሳታውያን ስዉራት ቃላት ኣለዉ፣ ነዚኦም ድማ ቅዱሳን ኣቦታትና ካብ ቀደም ብመንፈስ ቅዱስ ተሓጊዞም፣ ኣንቢቦም፣ ኣብ ብራናታትን መጻሕፍትን ገዲፎሙልና ከዱ፣ ነዚ ክንበብ ድማ መዓርገ ክህነት ስለ ዘድልዩ፣ እነሀለ ኣብ ቅድስቲ ቤተክርስቲያንና ብዘደንቕ ጥበብ ዘንብቡልና ኩሉ፣ ነዚ ኢዩ ምስጢሩ።

እቲ ዘይርአ ምስጢራዊ እሳታዊ ቃላት፣ ብዜማን ብንባብን መስርዑ ሓልዩ ኣብ ቅዳሴ ካብ ኣፍ ካህናት ኣቦታት ይውርወረልና'ሞ፣ በረኸትን ሓይልን መግቢ ንነፍስናን ኮይኑ ኣብ ልዕሊ ኩላ ፍጥረት ይዓርፍ።

በዚ ድማ ናብቲ ዝቐጽል ምስጢራት ስርዓተ ቅዳሴ ወይ ውን ካብ ጸሎተ ቅዳሴ እንረኽቦም ጸጋታት ክገልጽ ክፍትን ኢየ።

ኣብዛ ምድላው ምስጋና ንዝፋኑን ስሉስ ቅዱስ እትብል ግን፣ ካብ ፈለማ ቅዱስ ያሬድን ኩሎም ኣቦታትናን ክሰርዑ እንከለዉ፣ እቲ ኣብ ሰማይ ዝፍጸም ስርዓተ ምስጋናን ጸሎትን፣ ብልክዕ ኣብ ምድሪ ኣብ ቅድስቲ ተምሳል ሰማያዊ ኢየሩሳሌም ዝኾነት ተዋህዶ ኦርቶዶክስ ቤተክርስቲያንና

ድማ ይዳሎው እሞ፣ ናብ ኣርያም ድማ በታ ምስጢረ ስላሴ እተዋህበትና እምነት ድማ ንስማይ ይዓርግ።

ምስጢረ ስላሴ፣ እታ ቐንዲ መሰረት መንጸፍ ንእምነት ኢያ። ቀሊል ቃላት ይመስል፣ በዚ መሰረት ናይ ተዋህዶ እምነት ክንጥመቕን፣ ክንኣምንን እንከለና ግን ምስ ናይ ኣርያም ዘለና ርክብን መስመርን ብእምነት ከደይበናን ከውርደናን ይኽእል ኢዩ፣ ብፍቓድ ጎይታይ መድሓኒየይን ኢየሱስ ክርስቶስ።

ስለዚ እዚ እምነት እዚ ሓያልን ምስጢራውን ድንቅን ናይ ዘልኣለም ሂወት ዘውህብን ኢዩ። ከምዚ ናይ ካልእ እምነታት ብፍርቂ ወይ ውን ብጎዶሎ እምነት ንምሉእ ሂወት ክትወርስ ኣይትኽእልን ኢኻ፣ ወይ ውን ብጎዶሎ እምነት ምሉእ ድሕነት ክትረክብ ብፍጹም ኣይከውንን ኢዩ።

ነዛ ሓቀኛ መሰረት፣ ብሓቀኛ እምነት ተነድቀት፣ እዚ መንደቓ ድማ ኣብ ዓለም ኣይረአን፣ ነቲ ዝርኢ ግን ክሳብ ሰማያት ኢዩ መናድቓ ቅድስቲ ቤተክርስቲያን'ሞ፣ ክብሪ ንቕድስቲ እምነተይን መሰረተይን መንነተይን ተዋህዶ ኦርቶዶክስ እምነተይ ይኹን ንዘልኣለም።

2 ሕብሪ ነፍሲ ምምላስ

ምስዛ ኣርእስቲ እዚኣ እትኸይድ ሓንቲ ጽሕፍቲ ኣብታ ኣባጊዐይ ኣብልዒ 4 እትብል መጽሓፍ ኣጽሒፉኒ ኔሩ ጎይታይ፣ ንመዘኻኸሪ ክትከውን ደጊመ ኣብዚኣ ከቐምጣ

ኢየ፣ ምኽንያቱ ኣዝዩ ዕሙቕ ዝበለ ምስጢራት ውን ስለ እትሕዝ ኢየ።

28/6/2023

ምስጋና ሕብረ ኣለዎ{ ቋንቋ ምስጋና}

ኮኾበ ክርስቶስ --- ስርሒይ ኩሉ ወዳዲኤ ሕጂ ኮፍ በልኩ። ሓቂ ዘረባ ዝሓለፈት ሰሙን ከባድ ፈተናን ማዕበልን ተንሲኡ ኣንጻረይ ስለ ዝነበረ ቁሩብ ክብድ ኢሉኒ ኢዩ ቀንዩ።

ሕጂ ግን ኣማሲዩኡ ቁሩብ ትንፋስ ረኺበ ተጸጊዐ ኣብታ እንዳ ጸሎተይ ህድእ ኢለ ኮፍ በልኩ። በእዛነይ ግን ''ምስጋና ሕብረ ኣለዎ'' ዝብል ድምጺ ሰማዕኩ።

ኣይተረድኣንን ጎይታየ በልኩ ዓው ኢለ። ኣነ ዘለኹዎ ኩነታት ካልእ እቲ ድምጺ ካብ ጎይታይ ዝሰማዕኩዎ ድማ ካልእ ስለ ዝኾነኒ ኢየ።

መድሃኔ ኣለም --- ሰላመይ ሕልፈ ኹሉ ምሳኺ ይኹን። ነፍሲ ወከፍ ደቓቕ ጸላኢ ዝምነዮን ዝሓስበን እንተ ኾይኑ ካብቲ ዕላማ ፍጥረትኪ ከታርፈኪ ኢዩ።

ኣነ ዝፈጠርኩኺ ብኹሉ ፍጥረትኪ ውህደት ምስጢራውያን ሕብርታት ፈጢርኪ ምስጋናን ብፍሉይ ሕብርን ኣብ ቅድመይ ክትቆሚ ኢዩ።

እዚ ክብል ከለኹ ጓለየ! ነፍስን ስጋን ብምስጢራውያን ሕብርታት ኣወሃሂደ ኢየ ዝፈጥረን። እዚ ምስጢራዊ ሕብሪ እዚ ገሊኡ በዒንቲ ናይ ስጋ ዝጥመትን ዝፍለጥን ኢዩ፣ እንተ እቲ ዝበዝሐ ምስጢር ሕብሪ ግን ዘይርአን ብእሳታዊ ቃለይን ዝቖመ ኢዩ።

ሓንቲ ነፍሲ ኩሉ ትእዛዛተይን ሕግታተይን ክትፍጽም ከላ ፍልይትን ደማቕን ኮይና ኢያ ኣብ ቅድመይ እትቐውም። እቲ ብርሃን ናይዛ ነፍሲ እዚኣ ድማ ፍሉይ ምስጋና ናብ ዝፋነይ

የዕርግ።

ሓንቲ ነፍሲ ግን ኣብ ሓጥያት ምስ እትጥሕል፣ ኩሉ እቲ ፍጥረታ ብጸሊም ሕብሪ ይሸፈን’ሞ፣ ብፍጹም ብርሃን ምስጋና ይኹን ብርሃን ጸሎት ካብኣ ኣይወጽእን ኢዩ። በዚ ድማ ዓለም ምልእቲ ተመለከትያ ጓለየ፣ ብሰንኪ ኣብ ሓጥያት ውዒላ ምሕዳራ፣ እነሀለት እንዳ ጸልመተት ትኸይድ ኣላ።

ምልእተ ጸጋ ዓለይ በዚ ኢየ ድማ ደጋጊመ ካብ ሓጥያትኪ ዝሓጽበኪ። ብርሃንኪ ክሳብ ዝዶግሕ፣ ነፍስኺ በቲ ዝፈጠርኩዋ ሕብርታት ኣወሃሂደ ክሳብ ኣርያም ዝበጽሕ ምስጋና ብርሃና።

ክፍኣት፣ ቂምታ፣ ሕርቃን፣ ተንኮል፣ ወረ፣ ሕሜታ፣ ዝሙት፣ ጭከና፣ ኮታ ኩሉ ናይ ስጋ ፍረ ዝብሃል ጸሊም ሕብሪ ንነፍሲ ዝለኽያ ኢዩ።

በዚ ድማ እታ ነፍሲ ነቲ ኣብ ውሽጢ ፍጥረታ ብእምነትን ብጥምቀትን በቲ ኣምላኽነተይን ዘንብረላ ምስጢር ብርሃን ተዶጒሉ፣ ዘመና ምሉእ ክፍኣት እንዳ ሰርሐትን ግብሪ ጸልማት እንዳ ኣበራትዐትን ትነብር።

እዛ ከምዚ ዝበደለት ነፍሲ ምኽንያት ጸሊም ጸሎሎ ምሸፋና ድማ፣ ካብ ሕገይን ርስተይ ዘሊላ፣ ናብ ናይ ጸላኢ ሕዛእቲ ብገዛእ ፍቓዳ ትኸይድ እሞ፣ ኣብቲ ናይ ሰይጣን ዓለም ድማ ከምዚ ትልከ።

ምኽንያቱ ንጸላኢየይ ፈለማ ክረግሞ ከለኹ ግርማ ብርሃኑ መንዚዐ ግርማ ጸልማት ስለ ዝኸደንኩዎ። ንሱ እቲ ዘለዎ ኢዩ ክህበኩም ዝኽእል። ስርሑን ግብሩን ኩሉ ጸሊም ብርሃን ኢዩ።

ጸሊም ብርሃን ኣሎ ብርሃን ጓለይ፣ እዚ ጸሊም ብርሃን እዚ፣ ኣብ መዓሙቕ ሲኦልን ገሃነም እሳትን ዘስፈርኩዎ ኢዩ። ግብርኹም ምስ መረረኒ፣ ሕርቃነይን ጭካነይን ዝገለጽኩሉ ስፍራ ኢዩ።

እዚ ጸሊም ብርሃን እዚ፣ ስጋ ዝመናጭት፣ ነፍሲ ዝበታትኽ፣ ኣስናን ዘሐርቅም፣ ትንክፍ ምስ ኣበለካ ጥራይ ሞት ኣበይ ኣለኺ ኢልካ ትልምን እሞ ግን ካብቲ ዝገርም ሞት ንባዕላ ነዚ ጸሊም ብርሃን ትፈርሖ ኢያ’ሞ፣ ኣይትመጸኩምን ኢያ።

እታ ክትፍጠር ኣትሒዛ ብንጹህ ሕብርታት ኣወሃሂደ ዝፈጥርኩዋ ነፍሲ ግን ንጽህትን ብልጽትን ኢያ። ብፍጹም ሕብርታታ ከይሃስስ ኢላ ካብ ፍቓደይ ኣይወጸትን።

ዝገርመኪ ጓለየ! ሓንቲ ብርሃን ኣብ ሕልናይ ነበረት። እዛ ብርሃን እዚኣ ድማ ኣዝያ ፍልይትን ጽብቕትን ነበረት። ጌና ኣብ ሕልናይ ከላ ብፍሉይ ሕብርታት ኣወቀብኩዋ። መመሊሰ ሓይለይን መንነተይን ኣንበርኩላ። ደጋጊመ ብብርሃን ሕብሪ ኣድመቕኩዋ። ከም ፍሉይ ቀባኣይ መመሊሰ ሕብርታት ስዉርን ግሁድን ቀባእኩዋ።

ብድሕሪ እዚ ካብ ሕልናይ ኣውጺኤ ብየማንይ ጎነይ ኣንበርኩዋ። ክብርቲ ፍጥርተይ ስለ ዝኾነት፣ ንኹሉ ፍጥረት ካብ ብርሃና ከም ዝወስድ ገበርኩዋ።

ንሳ ግን እምንቲ ስለ ዝኾነት ነቲ ናይ ምስጢራዊ ሕብርታት መንነታ መመሊሳ ብምስጋናን ብዝማሬን ኣወቀበቶ። ነቲ ኣነ ዝሃብኩዋ መኽሊት ምስ መኽሰቡ ዕጽፍን ዕጽፍታትን ጌራ መለሰትለይ። እቲ ኣነ ምስኣ ዝነገድኩዎ ክጥዓሰሉ ዘይኮነስ መመሊሰ ክኾርዓሉ ኢላ ብግብሪ ብንጽህናን ብሕልናን እምንቲ ኮነትለይ።

ደንጸወኒ ኣብ ምድሪ ኩላ ደልየ ደልየ ኮለል በልኩ። ኩሉ ሕብሪ መንነቱ ኣጥፊኡ፣ ሕብሪ ጸላኢየይ ተለኽዩ ከጥቅዓኒ ጀመረ። ግን ደጊመ ደጋጊመ ነታ ብየማነይ ዘስፈርኩዋ ደማቕ ምስጢራዊት ሕብረይ ይጥምት'ሞ፣ ደጊመ ከም ሓድሽ ተንሲኤ ብፍሉይ ሕብሪ ነቶም ዝጸልመቶም ፍጥረታተይ ክለኽዮም ጀመርኩ።

ደጋጊሞም ብርሃኖም ከጸልምቱ፣ ሕብሪ መንነቶም ከጥፍኡ ምስ ጀመሩ ግን ደጊመ ነታ የማነይቲ ሕብረይ ጠመትኩዋ'ሞ፣ ሃብኒ ካብቲ ኣባኺ ዘንበርኩዎ ሕብርታት በልኩዋ።

ንሳ ድማ ኣነ ናይ እግዚአብሔር ባርያ ኢየ በለት’ሞ፣ ወሰድኩ ምስጢራውያን ብርሃናውያን እሳታውያን ሕብርታት። ካብዚ ድማ ነቲ ከም ጸሎሎ ጠቐር ዝጸለመ ፍጥረተይ፣ ኣብሪሀን ኣድሚቖን ንዘልኣለም ክሓጽቦ ኢለ ተንሳእኩ፣ መሊሰ ድንን ኢለ ደመይ ኣንጠብጠብኩ።

እቲ ደመይ ድማ ካብታ የማነይቲ ኢደይ ዝነበረት ፍሉይ ምስጢራዊ ዝሕብራ ፍጥርተይ ስለ ዝነበረ ኣዝዩ ፍሉይ ብርሃንን ድምቀትን ሃባ ንዓለም።

መሊሰ ድማ ጸልማት ናይ ጸላኢየይ ደጋጊሙ ነታ ነፍሲ ናይ ደቀይ ከጸልምታ ወይ ውን ከም ማዳ ኮፍ ክብል ከሎ፣ መድሃኒት ዝኸውን ሕብርታት ኣብ ምድሪ ገዲፈ ተመለስኩ።

እዚ ሕብርታት እዚ ኣብ ቅድስቲ ተዋህዶ ኦርቶዶክስ ቤተክርስቲያን ኣብ ትሕቲ ኣደይ ወላዲተይ ኣንበርኩዎ። ነፍሲ ወከፍ ውሉደይ ኣብ ጸልማት ተኣሊኹ ጸለሎ ተተለኽየ፣ ኣብታ ቅድስቲ ስፍራይ ግን ነዚ ማዳ ጸሎሎ እዚ ነቒሉ ዘሕርር፣ ሓድሽ እሳታዊ ሕብሪ ዝዕድል ስርዓት ተኺለ ኢየ ዝተመለስኩ።

ስለዚ ሓንቲ ነፍሲ ብርሃን ዓለይ ክፈጥራ ከለኹ፣ ብፍሉይ ሕብርታት ኢዩ። እዚ ሕብርታት ድማ ነፍስን ስጋን ኢዩ። ዝርአን ዘይርአን ኢዩ። እታ ንዓይ ኣብ ዝፋነይ እተድልየኒ ሕብሪ፣ ኣባኹም ኣወሃሂደ ፈጢረያ ኣለኹ።

ኣብዚ ሕብሪ ነፍስን ስጋን እዚ ዝግበር ዝኾነ ይኹን ውቃጦ ይኹን፣ ምልክታት ድማ ነቲ ካባኹም ክቕበሎ ዝግብኣኒ ምስጋና ኣብ ኣርያም ይዓግቶ ማለት ኢዩ።

ስለዚ ነፍሲ ወከፍ ውቃጦ ኣብ ልዕሊ ስጋኡ ዘንበረ ንስሓ ክኣቱ ኣለዎ። ምኽንያቱ ኣብ ልዕሊ ስጋዊ ቆርበቱ እንታይ ዓይነት ውህደት ዝርኣዩን ዘይርኣዩን ሕብርታት ኣንቢረ ኣይትፈልጡን ኢኹም'ሞ፣ ኣብ ልዕሊ እቲ ኣነ ብሓይለይን ኣምላኽነተይን ዝፈጠርኩዎ ነፍሲ፣ የእዳውኩም እተንብሩ፣ ኣነ ኣምላኽ ኣጉዲለ'ዶ ይኸውን ኢልኩም ኢኹም።

ኣብ ስጋኹም ዝኾነ ይኹን ተግባር ኣብ ቅድመይ ፍንፉን ኢዩ። ግን ድማ ምእንቲ እዛ የማነይቲ ምስጢራዊ ሕብሪ ዝሓዘት ፍጥረተይ ግን ንኹሉ ብንስሓ ተተመሊስኩም፣ ኣብ ልዕሊ እቲ ስጋኹም

ሓድሽ ዘይርአ ምስጢራዊ ብርሃን ለኺየ ምስጋናኹም የቐጽሎ።

ካልእ ድማ ኣብ ነፍስኹም ዝግበር ተግባር ኣዝዩ ዘጉህየኒ ኣሎ። ነፍስኹም ምስጢራዊት ሕብራዊት ሰፈረይ ኢያ። ነፍስኹም ካብ ዝፋነይ ሃረር ኢለ ዝጽበያ ዓይነት ምስጋና ኣሎ። ንሱ ድማ ካብ ኩሉ ክፍኣትን ቂምታን ነጻ ምስ ኮንኩም ኢዩ።

ነፍሲ ልክዕ ከምታ ብህጻንነታ ክትውለድ ከላ ግዜ ክትምለስ ኣለዋ። በዚ ድማ እቲ ድሙቕ ናይ ሕብራዊ መንነታ ተወሃሂዱ ፍሉይ ምስጋና ናብ ሰማይ ተዕርግ ኢያ።

ናይ ዝበዝሐ ነፍሲ ደቀይ ማዳ ኣለዋ ዓለየ፣ እዚ ድማ ቂምታ ዝብሃል ጸሊም ቀለም ኢዩ። ጸላኢየይ ኮነ ኢሉ ነዛ ናይ ቂምታ ቀለም ኣዝዩ ኢዩ ዘፍቅራ። ምኽንያቱ፣ ብገዛእ ፍቓድኩም ኢኹም ነቲ ምስጢራዊ ሕብርኹም እተበላሸዉ ዘለኹም።

ነፍስኹም ቂምታ ክትሕዝ ከላ፣ ኣብ ቅድመይ ብዓቢ ጸርፍን ትዕቢትን ኢያ እትቐውም። ነቲ ድንቂ ምስጢራዊ ኣፈጣጥራይ ስለ ዘይፈለጥኩም ብዙሕ ይጉሂ፣ በዚ ድማ ኣደይ ወላዲተይ ቀስ ኢላ ተጣቢባ ናብ ንስሓን፣ ናብ ይቕረ በሃልነትን ትመርሓኩም።

በዚ ድማ እቲ ድንቂ ዝኾነ ሕብርኹም ብንብዓታ ትመልሶ።

ሓንቲ ንጽህቲ ልቢ ፍሉይ ሕብርታትን ደሚቕ ምስጢራዊ ጸሎት ምስጋና ኢያ ተዕርግ ናብ ዝፋነይ’ሞ፣ ብፍጹም ካብኣ ኣይፍለን። ኣነ ምስኣ ክውዕል ከለኹ ድማ ኩሉ ኣከባቢኣ ብብርሃን ይኸቦ።

ብርሃነይ ዝተንከፎ ድማ ካብ ሕማም ይመሓር፣ ካብ ተስፋ ምቑራጽ ይትንስእ፣ ካብ ጭንቀት የምልጥ’ሞ ጸላኢኡ ተገምጢሉ ይጨነቕ።

ብርሃን ጓለይ! ንጽህቲ ልቢ፣ ወላ ውን ከይጸለየት፣ ነፍሲ ወከፍ ደቒቕ ኣብ ጸሎት ኢያ ምኽንያቱ በቲ ብርሃና ንጸላኢየይ ስለ እተርሕቕ፣ ንሱ ተሪሒቑ ድማ ኣነ ኣለኹ ግድን ምስኣ ስለዚ ምሳይ ዝወዓለት ነፍሲ እንታይ ክትሰርሕ ከም እትውዕል ፍሉጥ ኢዩ። በዚ ኢዩ ድማ ንጽሕቲ ልቢ በቲ ብርሃናን ምስጋና ሕብራን ስለ ዝምሰጥ ምሳይ ኢዩ ምውዓላን ምዝራባን ዝበልኩ።

ንጽህቲ ልቢ ዋላ ውን ንእሽተይ ትኹን ሓጥያት ተፈጺማ፣ ምጽልማት ነፍሳ ስለ ዝፍለጣ ተጓይያ

ናብ ንስሓ ኢዩ ናብርኣ። ንስሓን ንጽህቲ ነፍስን ተፈላልየን ኣይፈልጣን ኢየን።

ካብ ንጽህቲ ልብን ነፍስን ግን ፍሉይ ምስጢራዊ ዜማ ይዓርግ ኢዩ። እዚ ድምጺ እዚ ብስጋውያን የእዛን ክድመጽ ኣይክኣልን ኢዩ። እንትርፎ ብመንፈሳውያን የእዛን።

ካብ ብፍቓደይ እትኸይድ ፍጥርተይ፣ ፍሉይ ዝኾነ ብርሃንን፣ መግብን ንዝወደቓ ነፍሳት ደቀይ ዝኸውን ኣለዋ። እዚ ኹሉ ድማ ኣብቲ ምስጢራዊ ውሕደት ሕብርታት ናይታ ዝፈጥራ ነፍሲ ዘንብሮን፣ ብጸጋ ዘዐንብቦን ኢዩ።

ስለዚ ምልእተ ጸጋ ጓለይ፣ ምስጋና ሕብሪ ኣለዎ ዝበልኩኺ በዚ ኢየ። ነፍሲ ወከፍ ፍጥረተይ እዚ በዒንትኹም እትጥምትዎ ሕብርታትን እቲ ብስጋውያን የዒንቲ ዘይጥመትን ምስጢር ሕብርታት ኣወሃሂደ፣ ንኽብረይን፣ ንዓይን፣ ንምስጋናይ ኢለ ኢየ ዝፈጥረኩም።

ስራሕኩምን ዝተጻሕፈልኩምን ገዲፍኩም ግን ኣብ ናይ ጸላኢየይ መደብን ስራሕን ካብ እትኣትዉ ዘመናት ኮይኑ ኣሎ’ሞ፣ ምእንቲ ሕብሪ

ፍጥረትኩም ክትብሉ ናብ ናይ ንስሓን ምስጋናን ኣገልግሎትኩም ተመለሱ ንዑ ደቐየ!።

ኣብ መወዳእታ ሓንቲ ፍልይቲ ቃል ኣብዚኣ ከንብር። እቲ ቐደም ንኖህ ፍቑረይ ቃልኪዳን ክህቦ ከለኹ ዘክርዎ። ቀስተይ ኣብ ደበና የንብር ኣለኹ ኢለ ኔረ። በዚ ድማ ቀስተ ደመና ተባሂሉ ብፍሉይ ሕብርታት ኣብ ሰማይ ዝርአ ትርኢት ኣሎ።

እዚ ምስጢሩ ንኹሉ ፍጥረተይ ናይ ስጋ በዘን ሕብርታት ኣወሃሂደ ዝፈጠርኩዎ ይቕረ ክብል ኢየ ማለተይ ነበረ። እቲ ተረፍ ኣብ ቀስተ ደመና በዒንትኹም ዘይርአ እልፊ ኣእላፍ ሕብርታት ድማ ንናይ ነፍሲ ሓጥያት ነበረ።

ኣብዚ ግዜ እዚ ግን እቲ ኣዝየ ኣነ ዝፍንፍኖ፣ ብፍጹም ምስ ስርዓት ፍጥረተይ ዝቃረን፣ ብግልጺ ፍርዱ ቅድሚ ሰዓት ፍርድኹም ዝፈረድኩዎ ሓጥያት ድማ ግብረ ሰዶም ዝብሃል ኢዩ።

ምልእተ ጸጋ ጓለይ፣ ኩሉ ኣብ ኣካላትኩም ዝግበር ሓጥያት ብንስሓ ናብ ሓጹር ድሕነትኩም ክመልሰኩም ቃል ኣትየ ኢየ፣ እንተ እዚ ፍንፉን ግብሪ እዚ ግን ኣንጻር የማነይቲ ፈጣሪት ቅልጽመይ ስለ ዝጸረፍ፣ ኣብ ከምዚ ግብሪ ዘላ ነፍሲ እሞ ድማ

ባህ ኢሉዋ ዝገሸት ነፍሲ፣ ናይ ንስሓ ምልክት ዘይብላ ነፍሲ፣ ድሮ ኣብ ምድሪ ከላ፣ ካብ ሱር ንግስነተይን ምሕረተይ ክትሙንቆስ ኢያ።

ምኽንያቱ ኣብ ግብሪን ኣርማን ናይ ሰዶም እንተ ርኢና ንኹለን ናይ ድሕነት ሕብርታት ኢዩ ኣልዒሉ። ብኹለን ሕብርታት ምስ ተሓወሰ ድማ ጸሊም ሕብሪ ኢየን ዝህባ፣ ስለዚ እዛ ኣብዚ ከምዚ ግብሪ ዘላ ነፍሲ፣ ብገዛእ ፍቓዳ ናብቲ ናይ ጥልቂ መዓሙቕ፣ ርሕቀቱ ዘይብጻሕ፣ ጸልማቱ ዘይቅረብ፣ መከርኡ ናይ ዘልኣለም፣ ቃንዝኡ ብቓላት ዘይግለጽ በዓቲ ባዕላ ኣትያ ኣላ ማለት ኢዩ።

በቲ ብንጽህናን ብፍቕርን ብንብዓትን ዝፈጠርኩልኩም ኩነታት ኣነ ኣምላኽኩም ጥራይ ኢየ ዝፈልጦ፣ ስለዚ ኣንጻር እዚ ድንቂ ዝኾነ ኣፈጣጥራይ እትስጉም እግሪ ድሮ ከይተበገሰት ተቖሪጻ ኣላ።

የፍቅረኩም ኢየ ደቀየ! ኣነ ንምስጋና ክብረይ ክትኮኑኒ ኢየ ፈጢረኩም። ዓስብኹም ክበዝሕ ድማ ኣብ ማእከል እሳት ሰኽተትኩኹም፣ ልዕሊ ዓቕምኹም ብፍጹም ኣይፍትነኩምን ኢየ። እዚ መከራ ዓለም ከም መከራ ዘይኮነስ፣ ከም ዕድል

መግለጺ ፍቕርኹም ኣብ ልዕለይ ተጠቒሙሉ ሓደራ።

ኣብዚ ምድራዊ ስጋዊ እሳት ኮይንኩም እትገብርዎ ጅግንነት ምእንቲ ስመይ ኢልኩም፣ ልዕሊ እቶም እተድንቕዎም ዘለኹም ሊቃነ መላእኽተይ ክብርን ግርማን ክህበኩም ኢዩ ኣብ ቅድመይ ሰዓቱ ምስ ኣኸለ፣ ከም ቅዱሳን ፍቑራን ኣቦታትኩም።

ሰላመይ ምሳኹም ይኹን ደቀየ። ሕብረ ነፍስኹም ሓልዉ ሓደራ።

ነዚኣ ትመስል እታ ጽሕፍቲ፣ ነፍሲ ብብዙሕ ምስጢራትን ሕብርታትን ዘጌጸት ኢያ፣ እዚ ድማ ንኹሉ ኣፈጣጥራና እንተ ርኢና ኣይንስሕቶን ኢና።

ስለዚ ቅድስቲ ቤተክርስቲያንና፣ ኣብ ስርዓተ ቅዳሴ ካብ ኣንደበት ካህናት ኣቦታት ዝወጽእ ፍሉይ ካብ ኣርያም ዝወረዱ ሕብርታት ነፍሲ ኣሎ'ሞ፣ በዚ ድማ ንነፍስና እቲ ግቡእ ሕብራን ክብራን መንሳን ይመልሱላ።

ኣብ ጸሎተ ቅዳሴ ብምስጢር ዝሰፈሩ ቃላት ኣለዉ ዝንበቡ። እዚኦም ቃላት እዚኦም ክንሰምዖም እንከለና፣ ዝሰምዑ ቃላት ወይ ውን ዝድመጹ ኢዮም፣ ኣብ መዓሙቕ እቶም ቃላት ግን ፍሉይ መንነትን ዝተሰወረ ሓይልን ኣለዎም።

ነፍስና ግን ብደሚቕ ብርሃንን፣ ብብሩህ ሕብርታትን ደሚቓን በሪሃን ኢያ ኣብ ቅድሚ ፈጣሪኣ ክትቀውም ዘለዋ። ናይዚ ምልክት ድማ ድሕሪ ማይ ኣይሂ፣ ንኣቦና ኖህ ዝተዋህቦ ምልክት ኣብ ሰማይ እንተ ርኢና፣ ቀስቲ ብርሃን እግዚኣብሔር ኣብ ደበና ተምሳል ኪዳን ምህረት ምስ ሰደደ፣ ቀስተ ደበና እንብሎ፣ ሕብርታት ኣብ ሰማይ ወጺኡ፣ እዚ ማለት ድማ ንኹሉ ሕብርታት ኑብስና ብግብርና ዋላ ውን እንተ ኣጥፋእናዮ ይቕረ ክብለልና ምኳኑ ኢዩ።

በዚ ኢዩ ድማ ኣብ ቅድሚ ታቦተ እሳት ናይ ጎይታይ ምስዚ ኩሉ ክፍኣትና ክንቀውም እንክለና ዘይቀዝፈና።

3 ምብታኽ ስንሰለት ብኢጋንንቲ ዝተቐለፋ ነፍሳት

ኣቤት! ቅድስቲ ቤተክርስቲያነይ፣ ጸግዐይ፣ ረዲኤተይ፣ መንነተይ፣ ክብረተይ፣ ቅልጽመይ፣ መጻኢ ሂወተይ . . . ወዘተ እንተ በልኩኽስ ይውሕደኪ እምበር ኣይበዝሓክን ኢዩ።

ብዙሕ ግዜ ካባኺ ኣንዳ ሃደምኩ ኣጉሃኹኺ፣ ንስኺ ግን ለዋህ ከም ጎይታኣ ኢኺ፣ ክብርቲ እምነተይ። ኣብ ንጹህ ማህጸን ቅድስቲ ድንግል ማርያም ዝተሰረትኪ ምስጢረይ፣ ጸላኢ ላዕልን ታሕትን ኢሉ ክረኽበኒ ዘይከኣለ ምስጢረይ ኢኺ።

ጸላኢ ደጋጊሙ ብሓጥያት ስንሰለት እንክኣሰረኒ፣ ንስኺ ድማ ደጋጊምኪ ክትበትኪ ኣረብረብክየ። ናይ በሓቂ ሰሓቕ፣ ሰማያዊ ሰሓቕ ኣብ ሂወተይ ኣብ ኣጸድኪ ምስ ረገጽኩ ሰሓቕኩ።

ድምጽኺ ጥዑም፣ ዕስለ ኣናህብ ኣብ ጥቓ ንግስቶም ዓሲሎም ዝዝይምዎ ዜማ ይጥዕም'ሞ፣ መመሊሰ ናባኺ ይቐርብ።

ብጽባቔኽን ግርማኽን ስልማትክን ካብቲ ሓቂ ወርቅን ክቡር ዑንቁታትን ኢዩ'ሞ፣ ነዛ ንኽጥምተኪ ኢለ መመሊሰ ናባኺ ይቐርብ።

ኣብ ከርስኺ ዝተተኽለ ከርሲ ንጽህቲ ቅድስቲ ወላዲተ እሳት ስለ ዝኾነ፣ ካብ ከርስኺ ዝወጽእ እሳት፣ ንጸላእተይ መቐለፊ፣

ንዓይ ድማ ናይ ናጽነተይ ምስጢር፣ ናይ ዓወተይ ኣኽሊል ኢዩ።

ኣብ ናብራና ብእነጥፍኦ ጥፍኣትን ውድቀትን ድኻምን፣ ሰራዊት ኣጋንንቲ ኣብ ነፍስናን ስጋናን ሓይሊ ይረኽቡ'ሞ፣ ዝበዝሕ ግዜ እንገብሮን፣ እንዛረቦን፣ እንሓስቦን ኩሉ ብትንትን ይብለና። ኣብ ሓጺር ግዜ ክንበጽሖ ዝሓለንናዮ ሸቶ፣ ነዊሕ ዓመታት ይወስድ ኮይኑ።

ነዚ ከምዚ ዝኣመሰለ ውድቀታትን ጸገማትን ሓቂ ዘረባ ደጋጊምካ ኣብ ጸሎተ ቅዳሴ ሙቛም ከድልየና ኢዩ። ምኽንያቱ ኣብ ግዜ ቅዳሴ ናብ ክቡር ስግኡን ደሙን እንተ ኣብጽሓና፣ እዚ ሓደ ዓቢ ዓወት ኢዩ ኣብ ልዕሊ ጸላእትና።

እንተ ዘይበጻሕና ግን ናብዚ ዓውት እዚ በጺሕና ክሳብ እንዕወት፣ ኣብዛ ናይ ጸሎተ ቅዳሴ ዘላ ምስጢር መኣዲ ክንበጽሕ ግን ደጋጊምና ክንቃለስ ኣለና።

ሰይጣን ርጉምን ተንኮለኛን ኢዩ፣ ተንኮሉ ልዕሊ ዓቕምናን፣ ካብቲ ንግምቶ ንላዕልን ኢዩ። ተጣቢቡ ይኣስረና'ሞ፣ ኣምላኽ ድማ ተጣቢቡ ይፈትሓና።

ስለዚ ኣብ ማእከል ቅዳሴ ንጎይታናን መድሓኒናን፣ ንጉሰ ነገስት፣ ሓያል ኣምላኽና ኢየሱስ ክርስቶስ ክዕጅቡን፣ ከም ግርማ ክኽልልዎን ዝመጹ ብርቱዓት ወትሃደራት ናይ ኣርያም ይመጹ'ሞ፣ ኣብ ነፍስና ንዘኣሰረና ሰንሰለት ናይ ዝተፈላለዩ ጥበበኛታት ኣጋንንቲ ይበታትኹዎ።

ብናይ ስጋ የእሙሮና ዘይኮነስ ብናይ ልብና ወይ ውን መንፈሳዊት ኣእሙሮና ስርዓተ ቅዳሴ እንተ ተኻፊልናዮ፣ ኣብ መወዳእታ ቅዳሴ ከምዚ ከቢድ ጾር ካብ እንግድዓና ዝወረደልና ኮይኑ ኢዩ ዝስምዓና። ገጽና በሪሁ፣ ጾርና ቀሊሉ ኢና እንወጽእ ካብ ቅድስተ ቤተክርስቲያንና። ኣብ መወዳእታ ድማ ኣላ ሰናይ ቓል ናይ ጎይታይ፣ ብሰላም እተዉ ይብለና'ሞ ሊቀ ካህናት ጎይታይ፣ ብሰላም ድማ ገዛኻ ትምለስ።

4 መልሲ ልመና ነፍሳት

ሓደ ካብቲ ዘደነቖኒ ሰማያዊ ተግባር ኣብ ማእከል ቅዳሴ እንተሎ እዚ ኢዩ። ኣብ ግዜ ስርዓተ ቅዳሴ ናይ ቅድስተ ቤተክርስቲያንና፣ ናይ ውልቂ ዝኾነ ይኹን ጸሎት ኣይፍቀድን ኢዩም ዝብሉ ኣቦታትና።

ናይዚ ድንቂ ትርጉም ድማ፣ ካብ መጽሓፍ ቅዱስ ዝበሎ ቃል እንተ ኣልዒልና። ሰማያዊ ኣቦና፣ ከይሓተትናዮ ዝምልስ ለዋህ ኣቦናን ኣምላኽናን ኢዩ። ስለዚ ኣፍና ከፊትና ክንነግሮ ዝብል ጎደሎ እምነት ምእንቲ ከይህልወና ኢየ።

ሓቂ ዘረባ ካብ ሰኑይ ክሳብ ዓርቢ ዘሎ መዓልታት ናይ ውልቅና ሽግርና፣ መከራና፣ ኩሉ ጎይታና ክገብረልና እንደልዮ ነገራት፣ ኣብ ገዛና እንተ ንነግሮ ተመራጺ ኢዩ።

ኣብዚኣ ከይጸሓፍኩዋ ክሓልፍ ዘይደሊ ነጥቢ ኣላትኒ። ኣነ ዝኾነ ነገር ልመና ይኹን ጸሎት፣ ብቅድስቲ ድንግል ማርያም ስም ይኹነለይ ኢለ ኢየ ዝጅምር።

ብዙሕ ሕቶታተይ ወይ ውን ልመናታተይ፣ ኣብቲ ትኽ ኢለ ንጎይታይ ዝሓተትኩዎ ግዚያት መልሲ ክውሃበኒ ከሎ ብልክዕ ኣይነበረን።

ልመናይ ኩሉ ንቅድስቲ ድንግል ማርያም፣ ንኪዳነ ምህረት፣ ንባእታ ማርያም ኣብ ዝነግረሉ እዋናት ግን ሰማይን ምድርን'ኳ የእዛነን ጽን ኣቢለን ከም ዝሰምዓኒ ጽቡቕ ጌሩ ይፍለጠኒ።

ቅዱሳን ኣቦታትና ዝሓለፉ ኩሎም ነዚ ምስጢር እዚ ካብ መንፈስ ቅዱስ ምስ ተቐበሉዎ፣ በዚ መሰረት ኢዮም፣ ቅዳሴ ክፍልሙ እንክለዉ ክቡር ስማ ዝጽውዑ። ነፍሲ ወከፍ ቅዳሴ ብተኣምረ ማርያም ዝጅምር ድማ ናይዚ ምስጢር እዚ ክፋል ውን ስለ ዝኾነ ኢዩ።

ስለዚ ኣብ ግዜ ቅዳሴ፣ ክንቀውም እንክለና፣ ብፍላይ ቀዳምን ሰንበትን እንተኾይኑ፣ ንምስጋና ክንቀውም ኣለና ሓደራ። እቲ ንጉሰ ነገስት ዝኾነ ፈጣሪና፣ ምስ ቅድስቲ ኪዳነ ምህረት ወላዲቱን ምስ ኩሎም ቅዱሳንን ሰማእታትን መላእኽትን ኣብ ቅድሜና ክቐውም እንክሎ፣ ቋንቋናን ቋንቋኡን ምእንቲ ክንሰማማዕ፣ ቋንቋ ምስጋና ኢዩ ዝፈቱ'ሞ፣ ብሕልናና ስለ ዝገበረልና እምበር ስለ ዝጎደለና ከይንሓስብ ሓደራ።

የእዛንና ጸሎት ናይ ካህናት ኣቦታት እንዳ ሰምዓ ከስተማቕርኦ ኣለወን፣ ትርጉም ኣይኮነን እቲ ምስጢሩ፣ እቲ ምስጢር ንነፍስና ብህድኣትን ብሓጎስን ነተን ብእዝንና ዝመጻ ዘለዋ ትርጉመን ዘይንፈልጠን ቃላት ሱቕ ኢልና ነሕልፈላ።

ነፍስና ጽቡቕ ጌራ ክትምገቦ ከላ ስለ እትፈልጦ ትርጉሙ፣ ንሹዑ ዘይኮነስ ካብ ብርቱዕ ፈተና ክንድሕን እንክለና ክርድኣና ኢዩ እቲ ናይ ቅዳሴ ትርጉም።

ብድሕሪ እዚ ኣብ ቅድሚ ጎይታይ ብሕጉስ መንፈስ እምበር ብምምራር ወይ ውን ምስልቻው ዘይኮነ ክንቀውም እንክለና፣ ኣብ ፊትና ድማ ቅድስቲ ወላዲቱ የእዳዋ በብሓደ ምልክት እንዳ ገበረት፣ ንወዳ ኣብ ክንዳና፣ ብዘይንሰምዖ ድምጺ ትነግሮ ኢያ።

ሓደ ግዜ ጽቡቕ ጌረ ይዝክሮ ኢየ፣ ወላዲተ ኣምላኽ ነቲ መጋረጃ ናይ ቅድስተ ቅዱሳን ዘርጊሖም ምስ ከፈቱዎ ካህናት ኣቦታት፣ ኣብ ልዕሊ እቲ ታቦት፣ ልክዕ ከምዛ ናይ ኪዳነ ምህረት ስእሊ ኣድህኖ፣ ህጻን መድሃኔ ኣለም ሓቒፋ እንከላ ዘላ፣ ከምኣ ማዕሪጋ ምስ እኽሊላ ኮፍ ኢላ፣ ጎይታይ ግን ብጎና ኮይኑ ዶው ኢሉ ነበረ'ሞ፣ የእዳዋ በብሓደ ንነፍሲ ወከፍ በጊዕ፣ ኣብቲ ቅዳሴ ዝነበረ፣ እንድ ኣመልከተት፣ ወደይ እዚኣ'ባ ርኣያ፣ ነዛ ሰሙን ዘላ ፈተና ከመይ ጌራ ኢያ ክትሰግራ፣ በጃኻ'ባ ነዛ ፈተና እዚኣ ኣልዕለላ። ትብሎ ነበረት

መሊሳ ድማ እዋይ ወደይ፣ ትርእዮ'ዶ ኣለኻ እዚ ወደይ፣ ትማሊ ሽምዓ ወሊዑ ክበኪ ኢዩ ሓዲሩ፣ በጃኻ ንጉስ ናይ ነገስታት ዝኾንካ ወደይ፣ እታ ስርሒ ሃቦ. . . እንዳ በለት፣ ናይ ነፍሲ ወከፍና ጸገምን ሽግርን ናብ ወዳ ተቕርቦ ነበረት።

ወዳ መድሃኔ ኣለም ድማ ኣብ ማእከል ቅዳሴ፣ ሓንቲ ቃል ጥራይ ኢዩ ዘውጽእ ዝነበረ፣ ንሳ ድማ "ኣደየ ንስኺ እንተ ኢልኪ ድኣ ሐራይ ይኹን ከምቲ ዝበልክዮ" ይብላ ነበረ።

ኣብ ገሊኦም ድማ "ኣደየ እዛ ነፍሲ እዚኣ ጨካን ኢያ፣ ወይ ውን ዓሌታዊት ኢያ፣ ብፍጹም ኣይምልሰላን ኢየ" ክብል ድማ ኣብ ክልተ ኣጋጣሚታት ሰሚዐዮ ኣለኹ።

ስለዚ ኣብ ማእከል ቅዳሴ ቅድስቲ ቤተክርስቲያንና ከምዚ ዝመስል ድንቂ ዝኾነ ምስጢር መልሲ ናይ ጸሎትና ይፍጸም ኢዩ። ምኽንያቱ እቲ ንጉሰ ነገስት፣ ኣማኑኤል ዝሰሙ፣ ያሁዌ ዝተባህለ፣ ኩሉ ዝርኢ መድሃኔ ኣለም ኢየሱስ ክርስቶስ ኣምላኽና፣ ባዕሉ ኣብ ማእከልና ዝቐመሉ ምስጢር መኣዲ ሂወትና ስለ ዝኾነ።

5 ንፍሉይ ፈተና ዝዕደሉና እሳታውያን መላእኽቲ

ኣብ ግዜ ቕዳሴ እልፌ ኣእላፍ እሳታውያን መላእኽቲ ካብ ኣርያም፣ ንንጉሰይን ንንግስተይን ዓጂቦም ኢዮም ዝወርዱ። ብዝሖም ክቑጸር ኣይክእልን። ደቀቕትን ገዘፍትን፣

እሳታውያንን ንፋሳውያንን ጥዑም መኣዛ ዘለዎምን ግሩማትን መላእኽቲ ኢዮም።

ኣብ ግዜ ቅዳሴ ነታ ብእምነት እትቐውም ነፍሲ፣ ነታ ፍርሓት እግዚኣብሔር ዘለዋ ነፍሲ፣ ልባ ከተንጽህ ለይትን ቀትርን እትጽዕር ነፍሲ፣ ካህናትን መዓርጋትን እተኽብር፣ ሕግን ስርዓትን እግዚኣብሔር ባህታኣ ዝኾነት ልቢ፣ ሓላዊኣ ብፍጹም ኣይታኽሰን ኢዩ።

ነዚ መልሲ ድማ ብፍሉይ ኣብ ማእከል ቅዳሴ ነዛ ነፍሲ እዚኣ እልፊ ኣእላፍ መላእኽቲ ካብቲ ዝመጽእ ተንኮልን ፈተናን ጸላኢ ንኽናግፋዋ ኣቐዲሞም ዓሲሎማ ክሳብ ዝተወሰነ ግዜን ፍቓድን ንኽጸንሑ ምስኣ፣ ናብ ቤታን ህይወታን ይኸዱ።

ኣቐዲሙ ዝተፋሕረልና ጉድጓድ ኣምላኽና ይፈልጦ ኢዩ። ነዚ ጉድጓድ ድማ ንጸላኢና መታን ኣብታ ዝፈሓራ ክነቑቶ ጎይታና፣ ነቲ ኣቐዲሙ ሎሚ ምስ ጎይታይ ዝተማኸረ ዘበለ፣ እልፊ ኣእላፍ መላእኽቲ ኣግዚሙ ይሰደና ካብ ቅዳሴ።

እዚ ኹሉ ምስጢራዊ ተግባር እዚ ካብ ማእከል ቅዳሴ ጸሎት ዝርከብ በረኸትን ህያባትን ኢዩ። ነዚ ኣነ'ኳ በዘን ዕዉራት የዒንተይ ዝረኣኹዎን ዘስተማቐርኩዎን ኢዩ'ሞ፣ እኔኩ ይምስክር።

6 ብሓጥያት ዝመረተት ነፍሲ ምጽራይ

ምስጢር ነፍሲ ከም ምስጢር ወርቂ እንተ ሓሲብናዮ። ሓዊ ንወርቂ ጠቓሚኡን መድመቒኡን ኢዩ። ናትና ናይ እምነትና እሳት ወይ ውን ሓዊ ድማ፣ ካብ መንፈስ ቅዱስ ኣቦና ዝንፍሓልና መጽረይና ዝኾነ እሳት ኣለና።

እዚ እሳታዊ ንፋስ እዚ ድማ ኣብ ማእከል ስርዓተ ቅዳሴና፣ ካብ ኣንደበት ካህናት ኣቦታትና ብስርዓት ኢዩ ዝፍልፍል። ምኽንያቱ ካብ ኣንደበቶም ዝረሰኑ ቃላት እሳት ክነጥሩን፣ ኣብ ኣየር ድማ ክባርዑን ብዙሕ ግዜ ጠሚተ ኣለኹ።

ነቲ ንጉሰ ነገስት ሒዞም፣ ማለት ክቡር ስጉኡን ክቡር ደሙን ሒዞም ክወጹ እንከለዉ፣ ዝቕድሱዎ ጸሎት ብፍሉይ ሃል ሃል ዝብል ሓዊ ካብ ከናፍሮም ብንጹር ኢዩ ዝርአ። ዝበዝሐ ግዜ ኣብ ነፍሰይ ተሓቢኦም ዝጸንሑ ሰራዊት ጸላኢ፣ ነዚኣ ክጥምቱ እንከለዉ ብንን ኢሎም ዝጠፍኡ ብዙሕ ግዜ ኣጋጢሙኒ ኣሎ።

ብዝኾነ ነገር ዓቕለይ ጽብብ ኢሉኒ እንተ ቐንዩ፣ ድሓን እንዳ ራጂ ክንከይድ ኢና፣ ኩልኹም ኣንጻረይ ዝዓጠቕኩም ሰራዊት ጸላኢ ኢየ ዝብል። ምኽንያቱ ኣብ ቅድስቲ ቤተክርስቲያነይ ዝእጎድ እሳት፣ ንኹሉ ኣብ ዘለዎ ስለ ዘርክበሉ፣ ዝሕባእ ወይ ውን ዝኽወል የለን።

ስለዚ እዚ እሳት እዚ ንዅሉ ዝመረተ ክፋል ነፍሰይ፣ ነቲ መራት ግብርታት ኣብ ልዕሊ ነፍሰይ ዝተላገበ ኣምኪኹ፣ ንነፍሰይ ናብቲ ናይ ፈለማ ንጽህና ዝመልሳ ሓይሊ ኣለዎ።

7 ምኽፋት ዝተቐለፈ ጸጋታት ነፍስና

ሓደ ካብቲ ቀንዲ መጥቃዕቲ ናይ ጸላኢ ኣብ ነፍስና እንተ ኾይኑ፣ ኣብ ጉዳይ ዝተዋህበና ጸጋታትና ኢዩ። ቅድስቲ ቤተክርስቲያንና ካብ ፈለማ ብንእስነትና፣ ኣብ ግዜ ጥምቀትና እትህበና ድንቂ ዝኾነ 7 ጸጋታት ንነፍሲ ወከፍና ኣለና።

እዚ ጸጋታት እዚን ኣብታ ናይ ኣቡነ እስትንፋሰ ክርስቶስ መጽሓፍ ጽሒፈየን ኔረ፣ ንመዘከርታ ግን ኣብዚ ከንብረን ኢየ።

በቲ ካልኣይ ምስጢር ድማ ኣብዚ ስርዓተ ጥምቀት 7 ጸጋታት ካብ ሰማያዊ ኣቦና ይውሃበና። ስሉስ ቅዱስ እዚ ጸጋ እዚ ኣብ ግዜ ጥምቀትና ክህቡና ከለዉ ነታ ነፍሲ ኣብ ስጋ ኣትያ ተወሃሂዳ፣ ብሓደ ኀይታ፣ ብሓደ እምነት፣ ብሓደ ጥምቀት ምስ ተሓትመት፣ ነቲ ኣብ ሰማይ ተዳልዩላ ዘሎ ዘለኣለማዊ ዝተራሕወ ማዕጾ መእተዊ ዝኾና ፈተና ክትሰግር ግድን ኢዩ።

ናብዛ ዘልኣለማዊት ሰማያዊት ቤት ድማ መስቀል እግዚአብሔር ወልድ ሒዝካ ኢያ እትእቶ። ነዛ ከባድ ስቓይን ሓላፍነትን ናይ መስቀል ድማ ዘድልዩና 7 ጸጋታት ይሕተመልና።

በዚ ኢዩ ድማ ጎይታና በሉ ኣነስ ኣብ ክንዳኹም ሞይተ ኢየ ግን ዘፍቅረኒ እንተሎ መስቀለይ ተሰኪሙ ይስዓበኒ፣ ንዓለም ድማ ስዒረያ ኢየ ዝበለና።

ናይ ዘመንና ክርስትና ግን በሉ ሞይተልኩም ኢየ ንስኹም ግን ደቅሱ ኣጆኹም፣ መስቀልኩም እዛ ናተይ ትኣክል ኢያ፣ ንዓለም ድማ ስዒረልኩም ኢየ የዕርፉ ዝተብሃልና ኢና ንመስል እሞ፣ ፍርቂ ኣካልና ሓዊ እንዳ ነደደ፣ መስቀልና ኣጋዲምና ኣብ ከቢድ ድቃስ ነሀለና ንርከብ።

ስለዚ ጉዕዞ ሓንቲ ነፍሲ ካብ ሰማይ ተበጊሳ፣ ብስጋ ተሸፊና፣ ንፍቕሪ ኣምላኻ ዝኸውን ፈተናን መከራን መስቀል ሓሊፉ ክትመውት እሞ፣ እቲ ሞታ ድማ ብስም ጎይታናን ኣምላኽናን መድሓኒናን ኢየሱስ ክርስቶስ ህያው ክትከውን ኢዩ።

ነዚ መንገዲ እዚ ኢዩ እምበኣር 7 ጸጋታት እንዕደል ኣብ ግዜ ጥምቀትና። እዘን 7 ጸጋታት በብግዚኤን ኣብታ ስሉስ ቅዱስ ዝፈቐዱወን ዝኽፈታ ኮይነን። ካብታ ቀዳመይቲ ክሳብ ሻውዐይቲ ድማ ብንብዓት፣ ብስቓይ፣ ልዕሊ ኹሉ ድማ ብፍቕሪ ነታ መስቀልና እንተ ተሰኪምናያ፣ ኣብ በበይኑ መድረኻት ኣብ ሂወትና እንዳ ተኸፍታ ክሳብ ገነት ክንኣቱ ይመርሓናን ይሕልዋናን።

ትን ኢሳ 11

1. <u>መንፈስ ጥበብ</u> --- እዚ ጸጋ እዚ ነቲ ስዉርን ግሁድን ዝኾነ መንነትን፣ ኣምላኽነትን፣ ሓይልን፣ ኣፈጣጥራን፣ ክውንነትን፣ ህላዌን፣ መጸኢን. . . ኮታ ንኹሉ ኣንፈት መንገድናን ህይወትናን ዝሕብረና ጸጋ ኢዩ።
2. <u>መንፈስ ምኽሪ</u> --- እዚ ጸጋ እዚ ድማ ንብዙሓት ኣብ ዙርያ ዘለዋ ነፍሳት ብርሃን ዝህብ ኢዩ። እታ ፍቕሪ ውን በዛ ጸጋ እዚኣ ፍጽምቲ ክትከውን ትሕግዘካ ኢያ። እዚ ጸጋ እዚ ኣብቲ ጸልማት ግዜ ውን ከም ብርሃን ኮይኑ ንህዝብታት ናብ ናይ ሰማይ ኣንፈት ክመርሕ ዝኽእል ውህበት ኢዩ። በቲ ሓደ

ድማ ምስ ዝተንስአ ማዕበል ወይ ውን ወረ ወይ ውን ሕሜታ ኣይትነቅልን፣ እንታይ ድኣ ኣገደስቲ ዝብሃሉ ስጉምትታትን ውሳኔታትን ክትወስድ ዝሕግዝ ጸጋ ኢዩ።

3. <u>መንፈስ ፍልጠት እግዚአብሔር</u> --- እዚ እቲ ዓለም ብጥበባ ክትበጽሖ ኢላ ሰማይን መሬትን ደልያ፣ ላዕልን ታሕትን እትብለሉ ዘላ ጸጋ ኮይኑ። ኣምላኽና ግን ኣብዛ ቅድስቲ ቤተክርስቲያንና ብእምነት ዝውሃብን ዝኽፈትን ጥበብን ጸጋን ኢዩ። ፍልጠት እግዚአብሔር እቲ ዝለዓለ ሃብቲ ኣብ ልዕሊ ዝኾነ ይኹን ኢዩ።

4. <u>መንፈስ ፍርሓት እግዚአብሔር</u> --- ነቲ ልዑል ምፍላጥ ማለት ድማ ፍርሓቱ ማለት ኢዩ። ፍርሓቱ ድማ ንተኣዛዝነትን እምነትን ዝመርሕ ጸጋ ኢዩ። ከምቲ መጀመርታ ጥበብ'ሲ ፍርሓት እግዚአብሔር ኢዩ ዝብል ክቡር ቃሉ። ስለዚ እዛ ጸጋ እዚኣ ኣዝያ ኣብ ትሕቲ ጽላል ፍቓዱን መንገዱን ከተንብረካ እትኽእል ኢያ።

5. <u>መንፈስ ሓይሊ</u> --- እዚ ጸጋ እዚ ድማ እቲ ኣብ ሸኽም ናይ መስቀል ዘድልየና ሓይሊ

ይህበና። መስቀል ኩሉ ግዜ መከራ ኢያ። ከምቲ ጎይታና ዝበለና ኣብ ዓለም ከለኹም ብዙሕ መከራ ኣለኩም ዝበለና ኢዩ። ስለዚ ነዚ ድማ ጽንዓት ኣብ እምነትና፣ ጽንዓት ኣብ መስዋእትና፣ ጽንዓት ኣብ ፍቕርን ምስክርነትን ጎይታናን መድሓኒናን ኢየሱስ ክርስቶስ ዘድልየና ዘበለ ኩሉ ይህበና።

6. <u>መንፈስ ለውሃት</u> --- እዚ ጸጋ እዚ ነታ ኣምላኽ ብፍቕሪ ተሳሒቡ ዝመጸና፣ ንሕና ድማ ብምሉእ ፍቕሪ ንኹሎም ፍጡራቱ ክንነብር ኢሉ፣ መንፈስ ለውሃት ኣብ መዓሙቕ ነፍስና የንብር። በዚ ጸጋ ናይ ለውሃት እዚ ዋላ ውን ንማሕረዲ ከም በጊዕ እንተ ወሰዱና ምእንትኦም ክንጽልይ ድማ ይሕግዘናን ይምህረናን።

7. <u>መንፈስ ምርድዳእ</u> --- እዚ ጸጋ እዚ ኣብ ዓለም ከለና ብድፍረት ናይ ጎይታና ስራሕ ከይንሰርሕ ይሕግዘና። ሓደ ካብቲ ኣዝዩ ፍንፉን ስራሕ ኣብ ቅድሚ እግዚአብሔር እንተ ኾይኑ ፍርዲ ኢዩ። ሓደን በይኑ እግዚአብሔር ፈራዲ ክነሱ ባዕልኻ ንሓውኻ ይኹን ንብጻይካ ምፍራድ ማለት ንገዛእ

ርእስኻ ውን ብጭካነ ምፍራድ ማለት ኢዩ። ስለዚ ነዚ ፍርዲ እዚ ወይ ውን ፍንፉን ግብሪ ከይትፍጽም ምእንቲ እዚ ናይ ምርድዳእ ጸጋ ይወሃበና እሞ፣ እቲ ተሸጊሩ ወይ ውን በዲሉና ዘሎ ሓውና ሃዲእና ክንረዳድኦ ይሕግዘና።

ስለዚ እዞም ኩሎም ጸጋታት ብስዉር ካብ ግዜ 40 መዓልትና ወይ ውን 80 መዓልትና ይውሃቡና እሞ፣ ነታ ተራር መንገዲ ጌና ብንእስነትካ መስቀልካ ተሰኪምካ ከም ጥበበኛ ኣስኒቓ እተጓዕዘካ ህያብ ኢያ።

ስለዚ በዚ ኹሉ ዘይተሰነየ መንገዲ ወዲ 30 ዓመት ኢየ ክጥመቕ እንተ በልካ፣ ቅድሚኡ ዘሎ ዓመታትካ ርግጸኛ ዲኻ ናብ ጣኦት ወይ ውን ካልኦት ዘይክርስትያናውያን ሃይማኖታት ከም ትስዕብ ኣይገብረካን'ዶ እቲ ጸረ መስቀል ዝኾነ ጸላኢ።

ከይተጠመቕካ ድማ መስግስቲ ኣምላኽ ክንኣቱ ከም ዘይንኽእል ኣስሚሩላ ኣሎ ጎይታይ። እሞ እታ ዕለት ሞትካ ድሕሪ 30 ዓመትካ ዲያ ኮይና ናትካ

ብፍሉይ ተነጊርካ። ቅድሚ 30 ዓመት መገሻታት በዚሑ ዘሎ ከይከብድ ኢለ ኢየ።

ወይ ውን እቲ ብ30 ቅርሺ ንጎይትኡ ዝተሻየጦ ኣብ 30 ዓመት ኢሉ ኣቐዲሙ ክሸጠካ ደልዩ ከይከውን። ኣዚኣ ኣዝያ ጥበብ እተድልያ ጉዳይ ኢያ ህድእ ኢልካ ሕሰበላ።

ኣብ መወዳእታ ድማ ጎይታይ መድሃኔ ኣለም ኢየሱስ ክርስቶስ ንምንታይ ኣብ መበል 30 ዓመት ተጠሚቑ ክጽሕፍ። ልቢ ጎይታና መድሓኒናን ኢየሱስ ክርስቶስ ኣዝያ ንጽህቲ ኢያ ዝነበረት። ንጽህንኣ ጌና ወዲ 30 ዓመት ከሎ ልክዕ ከምዚ ሕጂ ዝተወልደ ህጻን ኢያ ዝነበረት። ኣዝዩ ለዋህ፣ ነባዒ፣ ፈቃር፣ እንኳን ዝተሸገረ ፍጡሩ ሰብ ዝብሃል ርእዩ፣ ዝተሸገረት ገረብ ተርእዩ'ኳ ብንብዓት የዒንቱ ትኽ ኣቢሉዋ ይሓልፍ ነበረ።

በዚ ኢዩ ድማ ዓቢ ወዲ 30 ዓመት ከሎ ጌና ከም ህጻን ነበረት እታ ልቡ። ወዲ 30 ዓመት ምስ ኣኸለ ግን ናብ ፈተናን፣ ቃልስን፣ መስቀልን ገጹ ይኸይድ ስለ ዝነበረ ሓይሊ መንፈስ ቅዱስ ከም ዘድልየና ንኽሕብረና ኢዩ ዝተጠመቐ።

ጌና ብዙሕ ምኽንያታት ኣለው፣ እንተ ድኣ ወዲ 30 ዓመት ክጥመቕ ኢየ ከም ጎይታይ ኢልና፣ ብንጽህና ንወዳደሮ ኣለና ማለት ኢዩ እሞ ድፍረትና ግድን ዋጋ ኣብ ግዜ ፍርዲ ክዳለወሉ ኢዩ።

ስለዚ ክቡር ንኡስ ሓው፣ ሃብቲ ኣቦኻ ነዚ ይመስል፣ ንዓ ተመለስ። ተመለስ ማለት ተናሳሕ ማለት ኢዩ። በዚ ድማ ሓድሽ ቀለቤትን፣ ክዳንን፣ ኣሳእንን ክዳለወልካ ኢዩ።

ክቡራት ኣቦታት ካህናት ድያቆናት ስለ እቲ ኮለል ዝበልኩዎ ደጊመ ይቕረ ይሓትት። ጸጋ በረኸቱ የብዝሓልኩም፣ በረኸትኩም ይሕደረኒ።

ኣምላኸ ጻድቅ ኣቦይ እስትንፋሰ ክርስቶስ ይኽበር ይመስገን!

ኣሜን

ስለዚ ነዚ ዝተዋህበና ጸጋታት እዚ ኹሉ ጸላኢ ቀንዲ ቱክረት ሂቡ ኣብ ምዕፋንን፣ ምእሳርን ኢዩ ዝሰርሕ። ምእንያቱ ኣብ ነፍሲ ወከፍ ጸጋና፣ ፍሉይ ሓይልን በረኸትን ጥበብን ስለ እንቕበል። ነዚ ኹሉ ጸጋታት ድማ ኣብ ቅድስቲ ቤተክርስቲያንና መጺና ኢዩ ዝኽፈተልናን እንጥቀመሉን።

በዚ ድማ ጸላኢ ናብ ቅድስቲ ቤተክርስቲያንና ከይንመጽእ ብብዙሕ ክዕንቅፈናን፣ ከሰናኽለናን ነሀለና ንርኢ። ምኽንያቱ ኣብ ነፍሲ ወከፍ ቅዳሴ እንታይ ዓይነት ካብ ጸጋና ይኽፈት፣ ጸላኢን ንሕናን ኣይንፈልጥን ኢና፣ ጎይታናን ቅድስቲ ወላዲቱን ግን ጽቡቕ ጌሮም ኢዮም ዝፈልጡ።

እዚ ጸጋ እዚ ድማ በእዳው ቅድስቲ ድንግል ማርያም ኢዩ ዝኽፈተልና፣ ካብቲ ጸጋ ምኽፋቱ ንላዕሊ ድማ ነቲ ጸጋና ንኽትከፍቶ፣ ኣብ የእዳዋ ዘሎ ስዉር መኽፈቲ መፋትሕ ኢያ እትጥቀም'ሞ፣ በእዳዋ ክንትንከፍ ካበይ ኮነልና።

ኣነ ካብ ሂወተይ ዘጋጠመኒ ኣብዚ ከም ኣብነት ከንብር። መዝሙር ኣዝየ ኢየ ዝፈቱ፣ ኣይፈልጥን ስለምንታይ። ድምጺ ስለ ዘይብለይ ግን ደፊረ ክዝምር ኣብ ቅድስቲ ቤተክርስቲያንና ኣይክእልን ኔረ።

ሓደ ሰሙን ኣይፈልጥን፣ ድምጺ ጎሮሮይ ተፈለየኒ፣ ተንሲኤ ውን ኣብ ቤተክርስቲያን መዝሙር ዘመርኩ። ኣነ ብውሽጠይ ጌረዮ ነበርኩ ለውጠይ፣ እቶም ምሳይ ዝነበሩ ኣሕዋተይ ግን ኣስተብሃሉለይ'ሞ ዝኾነ ሰናይ ቃል ኣሰምዑኒ። ብድሕሪ እዚ ኢየ ዝፈለጥኩ እቲ ናይ ዝማሬ ጸጋይ፣ በእዳው ቅድስቲ ድንግል ማርያም ከም ዝተኸፍተለይ።

ስለዚ ኣብ ማዕከል ቅዳሴ ካብ እንረኽቦም ህያባት፣ ነዚ ይመስል። በቲ ሓደ ድማ፣ ጥዑም ድምጺ ዝነበሮም ካህናት ኣቦታት ሃንደበት ይጠፍእ'ሞ፣ ሞራሎም ውን ከይተረፈ ይትንከፍ ኢዩ። ናይዚ ብግልጺ እንዛረበሉ ጉዳይ ኣሎ፣ ጸጋ

ከም ዝሰለብ ወይ ውን ከም ዝሰረቐ፣ ጋህዲ ዝኾነ ሽግር ኢዩ ዘሎ ኣብ ዙርያና።

ስለዚ ክቡራት ካህናት ኣቦታተይ፣ ንጸጋ ብንብዓት ኢያ እትሕሎ በሃሊት ኢየ። ስለዚ ኣጆኹም ካህናት ኣቦታተይ፣ ከምዚኣ ጸገም እንተ ኣጋጢማ፣ ቅድሚ ቕዳሴ ዘላ ለይቲ ብንብዓት ንኀይታይን ንኣደ ኀይታይን ተማሒጽንኩም ትሓድሩ'ሞ፣ ኣብ ማእከል ቅዳሴ ንጽባሒታ እታ ዝተቐለፈት ጸጋኹም ክትፈትሓ እንከላ ክትፍለጠኩም ኢያ።

7 ምፍታሕ ነፍሳት ካብ ሲኦል

ኣብ ማእከል ቅዳሴ ዝፍጸም ምስጢር ኀይታይ ንየዒንትና ከፊቱ ሓንቲ ግዜ እንተ ዘርእየና፣ ኣነ ርግጸኛ ኢየ ካብ ቅድስቲ ቤተክርስቲያንና ብፍጹም ኣይምወጸናን ኔርና።

ክቡር ስጋን ክቡር ደምን ናይ ኀይታይ ካብ ሰፈሩ ወጺኡ ንኣባጊዑ ክውሃብ እንከሎ፣ ሒደት ብስጋ ዝርኣያ ነፍሳት ክቕበልኦ እንከለዋ ኢና እንርኢ። በዚሑ እንተ ተባህለ 200 ወይ 300 እስኪ ንበል።

ኣብ ነፍሲ ወከፍ ቅዳሴ ግን እልፊ ኣእላፍ ዝኾና ነፍሳት ኢየን ነዚ ክቡር ስጋን ክቡር ደምን ዝወስዳ። እዚ ክብል እንከለኹ ብነፍሲ ኢየ ዝዛረብ ዘለኹ።

ነፍሲ ወከፍ ቅድስቲ ቤተክርስቲያን ክትህነጽ እንከላ፣ ኣብ በረኸ ቦታ ኢና እንርእያ። ናይዚ ተምሳል ድማ ተምሳል ቀራንዮ ጎልጎታ ኢዩ።

ኣብ ቅድስቲ ቤተክርስትያንና ምስጢራውያን ዘይርኣያ መዓጹን፣ ብናይ ስጋ ድማ ዝርኣያ መዓጹን ኣለዉዋ። እተን ናይ ስጋ መዓጹ ድማ፣ ብሸነኽ ምብራቕ እታ እግዚአብሔር ዝኣትወላ መስኮት ጥራይ ዘላታ፣ ማዕጾ ግን ዘይብላ ክትከውን እንከላ፣ እታ ሓንቲ ድማ ሰብኡት ዝኣትዉላ፣ እታ ሓንቲ ድማ ኣንስቲ ጥራይ ዝኣትዋላ እንብለን ኢየን። ነዘን ሰለስተ ናይ ስጋ ድማ፣ ሓንቲ ማዕጾ ወይ ድማ ካህናት ጥራይ ዝጥቀሙላ፣ ካብ ቤተልሄም ዝመላለሱላ ማዕጾ ኣላ።

ብዝያዳ ግን እዘን ናይ ሰዉራን መዓጹ ስርሐን ክዛረብ። ሓንቲ ብሸነኽ ምብራቕ ዘላ ማዕጾ፣ እዚኣ ኣብ ግዜ ቅዳሴ ንጉሰ ነገስት መድሃኔ ኣለም ኣቦይ፣ ምስ ቕድስቲ ወላዲቱን እስታውያን መላእኽቱን ሰማእታቱን ጻድቃን ኣቦታትን ክመጽእ እንከሎ ዝጥቀመላ ኣፍደገ ኮይና።

እታ ብሸነኽ ምዕራብ ዘላ ድማ ንምሕረት ወይ ውን ቅጽዓተን ዝወድኣ ነፍሳት ካብ ሲኦል ወጺኤን፣ ናብ ማእከል ቅዳሴ ዝሰርዓላ ኣፍደገ ኢያ። ካብዛ ምዕራብ ዝተሰምየት ማዕጾ መመጺኤን ቅዳሴ ተኻፊለን፣ ክቡር ደምን ክቡር ስጋን ወሲደን ድማ ናብታ ምብራቓዊት ኣፍደገ እትብሃል፣ ናብ ገነት ብምሕረት ዝገሻላ ማዕጾ ኢያ።

እታ ብሸነኽ ደቡብ ዘላ ኣፍደገ ድማ ዘዝተታሕዙ ሰራዊት ጸላኢ፣ ተተሓኒቖም ናብ ሲኦል መዓሙቕ ሰፈሮም ዝእሰሩላ ኢያ።

እዚኤን ኩለን ኣብ መሰረት ቅድስቲ ቤተክርስቲያን ዝርከባ መዓጹ ኢየን። ቅድስቲ ቤተክርስቲያን ክትስረት ወይ ውን ክትስራሕ እንከላ፣ ብራኢ ወይ ውን ብምልክት፣ ማለት በቲ ንጣብ ደም ጎይታይ ዝዓረፈሉ ኢዩ ዝኸውን። ከምዚ ንገሌና ዝመስለና፣ ኣብ ዝኾነ ኣዳራሻት ወይ ውን ቦታታት ተረኺበ ኢልካ እትእከበሉ እምነት ብፍጹም ኣይኮነትን።

መሰረት ቅድስቲ ቤተክርስቲያን ከምቲ ኣብ መጽሓፍ ቅዱስ ዝብሎ፣ ደጌታት ሲኦል ውን'ኳ እንተኾኑ ኣይከናውጹዋን ኢዮም ዝተባህለት ኢያ።

እዚ ማለት ድማ እቲ እሳታዊ ሓይላ ኣብ ልዕሊ መዓሙቕ ሲኦል ዝርከብ ደጌታት ኢዩ ዝትክል፣ በዚ ድማ ነፍሲ ወከፍ ስርዓተ ቅዳሴ ይኹን፣ ስርዓት ቅድስቲ ተዋህዶ ኦርቶዶክስ ቤተክርስቲያን ንመዓሙቕ ሲኦል ዓቢ ግርፋት ኢዩ።

ኣብ ማእከል ቅዳሴ እምበኣር እዞም ካብ ሲኦል ብምሕረት ዝፍትሑ ናፍሳት ከም መስገሪት ናብ ናይ ገነት ማዕጾ ኢያ እትኾኖም። ብዘይ እዛ ቅድስቲ ቤተክርስቲያን እዚኣ ክሳብ ሰማይ ዝበጽሕ መሳልል እምነት ዝተዘርገሐ ስለ ዘየለ፣ ንድሕነት ነፍሳት ውን ከይተረፈ እተማልድን፣ ክትፈትሕ ስልጣን ዝተዋህባን ውን ኢያ። ክብሪ ንቅድስቲ ቤተክርስቲያነይ ይኹን። ኣሜን!

8 ድሕነት እንስሳታትን ኣዝርእትን

ሓደ ካብቲ ክፋል በረኸት ካብ ናይ ቅዳሴ ጸሎት በረኸትና እምበኣር፣ ጥዕናን ምሕረትን በረኸትን ኣብ ልዕሊ ጥሪትናን ዘራእትናን ኢዩ።

ቅድስቲ ቤተክርስቲያንና ንምሉእ ዓለም ኢያ እትጽሊ፣ ናይዚ ምኽንያት ድማ እቲ ቀደም ዝተሰርዐ ስርዓተ ቅዳሴ ንኹሉ ፍጥረታት ዝኸውን በረኸትን ሓይልን ካብ ኣርያም ከም ዝወርድ ኮይኑ ኢዩ ተሰሪዑ።

ካብታ ማህረምቲ ደወል ኣትሒዛ፣ ክሰባ እታ እተዉ ብሰላም እንበሃለላ ህሞታ፣ ኩላ ነናታ ምስጢርን መንነትን ኣላታ። ስለዚ ሓረስቶት ኣቦታትና ግድን ኣብ ስርዓተ ቅዳሴ ይቑሙ ነበሩ'ሞ፣ ነፍሶም ሓይሊ ትረክብ ኣብ ግዜ ምሕራስ ግራውቲ ይኹን፣ ምጉሳይ እንስሳታት።

በቲ ሓደ ድማ ብርሃን ናይ ነፍሶም ድማ ነቶም ኣብ ግራቶም ዝዓሰሉ ኣጋንንቲ ይኹን፣ ኣብ እንስሳታት ዝኣቱ ጸላኢ ድማ መባረሪ ይኸውን።

ከም ኣብነት እንተ ርኢና ኣቦታትና ኣብራሃም፣ ኣቦና ኢዮብ . . . እንተ ወሲድና፣ ብሃብቲ እንስሳን ጥሪትን ሃብታማት ነበሩ፣ ናይዚ ምስጢር ድማ ንእግዚኣብሔር ኣምላኽ ኩሉ ግዜ ምስ ሰዉእሉ ኢዮም።

ሓይሎምን ምስጢሮምን ዋላ ውን እቲ ሃብቶም ኣብ ኣምላኽን ፍርሓት እግዚኣብሔርን ዝተሞርኮሰ ስለ

ዝነበረ፣ባርኾትን ቅዳሴን ኣምላኽ ድማ ክሳብ ኩብቶምን ግራውቶምን ወሪዱ ይረድኦምን የሰስነሎምን ነበረ።

ካልእ ድማ ኣብዛ መጽሓፍ ይኹን ኣብተን ካልእ መጻሕፍተይ ብዝያዳ ኣብ ነፍሲ ወከፍ ቅዳሴ ዝቖምኩሉ ዝርእዮ ዝነበርኩ ራኢታት ጽሒፈዮ ኣለኹ። እዚ ኣብ ላዕሊ ዝጠቐስኩዎ ሒደት ነጥብታት ኢዩ።

ልዕሊ ኹሉ ግን ኣብ ውሽጢ ቅድስቲ ቤተክርስቲያንና ከምዚኢልካ ዘይቑጸር ምስጢርን ሃብትን ኣሎ። ኩሉ ግዜ ነዚታት እንዳ ሓሰብና ብፍቕርን ፍርሓትን ክንቀውም ኢዩ እቲ ባህገይ።

ሓደ መዓልቲ ኣብ ሓንቲ ቤተክርስቲያን ክሳለም ኢለ ሰዓት ፋዱስ ኣከባቢ ይኸውን ከድኩ። ካብቲ ዝገርም ድምጺ ቕዳሴ ሰማዕኩ'ሞ፣ ጌና ዝቕደስ ዘሎ መሲሉኒ ነበረ። ብዙርያኣ ነታ ቤተክርስቲያን እንተ ኸድኩ ግን ወዮ ቤተክርስቲያን ሰዓት ኣኺሉ፣ ድሮ ቕዳሴ ተወዲኡ፣ ገገዝኡ ኢዩ ከይዱ ሰብ።

የእዛነይ ግን እዚ ጥዑም ድምጺ ቕዳሴ ካብ ውሽጢ እቲ ቤተክርስቲያን እንዳ ኣደይ ማርያም ይሰምዕ ነበርኩ። ብድሕሪ ኣዚ እቲ ሓላዊ መልኣኸይ በለኒ፣ ለይትን መዓልትን ቅዳሴ ኣይቋረጽን ኢዩ ኣብ ነፍሲ ወከፍ ተዋህዶ ኦርቶዶክስ ቤተክርስቲያን በለኒ።

ኣብ ሰማይ ይኹን ኣብ ምድሪ ሓንቲ ስርዓት ኣሎ። እዚ ስርዓት እዚ ድማ ምስጋና ኣምልኾትን ንስሉስ ቅዱስ ኢዩ። ነዚ ተግባር እዚ እትፍጽም ድማ ቅድስቲ ቤተክርስቲያንና ኢያ።

እቲ ናይ ስጋ ስርዓተ ቅዳሴ፣ ማለተይ እቲ ብስጋውያን የእዛንናን ስጋውያን የዒንትናን ክንሰምዖ እንኽእል ቅዳሴ፣ 3 ወይ ውን 4 ሰዓት እንተበዚሑ ኣቢሉ ይከናወን እሞ፣ እቲ ናይ ኣርያም ቅዳሴ ግን ብፍጹም ስለ ዘይቋረጽ፣ ይቕጽል ኢዩ።

ስለዚ ድማ ካህናት ኣቦታትና፣ ዋላ ንገዝኦም እንተ'ኸዱ ቅዳሴ ተወዲኡ ኢሎም፣ እታ ነፍሲ ካህናት ኣቦታት ግን ብፍጹም ኣብ ኣርያም ይኹን ኣብ ምድሪ ካብታ መቕደስ ኣይትፍለን ኢያ። ነቲ ሰማያዊ ቅዳሴ ኣብታ ውሽጢ መቕደስ ኮይና ኢያ እትቕጽሎ።

ምኽንያቱ ጸጋ ክህነት ምስ ተቐበሉ ኣቦታትና፣ ከምቲ ጎይታይ ዝበሎ ኣብ ቤት ኣቦኦም እምበር ኣብ ካልእ ቤት ስጎኦም ጥራይ ኢዩ ዝርአ፣ እምበር ነፍሶም'ሲ ኣብ ቤት ኣቦኣ ኢያ እትነብር።

9 ምፍታሕ ዝተኣሰሩ ሓለውቲ መላእኽትና

እዛ ነጥቢ እዚኣ ሓዳሽ ወይ ውን ከመይ ጌሩ ይኸውን ከይንብል ካብ መጽሓፍ ቅዱስ ነጥብታት ክንወስድ ኢና። ምኽንያቱ ኣብ መጽሓፍ ዳኒኤል ምዕራፍ 10 – 13

13

> **እቲ መስፍን መንግስቲ ፋርስ ግና ዕስራን ሓደን መዓልቲ ተቓወመኒ። እንሆ ኸኣ፣ ሚካኤል፣ ካብቶም ኣውራታት መሳፍንትስ ሓደ፣ ንምሕጋዘይ መጸ፣ ኣነውን ኣብኡ ምስቶም ነገስታት ፋርስ ተረፍኩ።**

እዚ ብግልጺ ይነግረና ከም ዘሎ፣ ን21 መዓልታት እቶም ሰራዊት ኣጋንንቲ ኣብ ኣየር ዝነበሩ ወይ ውን ናይ ኣየር ኣጋንንቲ፣ ነዛ መልእኽቲ ንነቢይ ዳኒኤል ከይትበጽሖ፣ ዓፊኖም ከም ዝሓዝዎን ከምዝተኸራኸርዎን እሞ፣ ሊቀ መላእክት ቅዱስ ሚካኤል መጺኡ ከም ዝረድኦን ብግልጺ ይሕብረና ኣሎ።

ስለዚ ኣብ ቅድስቲ ቤተክርስቲያንና ሓደ ሓደ እዋን ብእንፍጽሞ ሓጥያት፣ እሞ ድማ ንስሓ እንተ ዘይኣተና፣ ሓለውቲ መላእኽትና ሰፍራ ካብ የማናይ ሰፈሮም ይለቁ

እሞ፣ ኣርሒቕ ኣቢሎም ድማ ናብ ሰፈሮም ንኽምለሱ፣ ኣንጻር ናይ ጸላኢ ሰራዊት ለይትን ቀትርን ይቃለሱ።

ስለዚ ኣብ ግዜ ቅዳሴ በቲ ዝውሃብ ስርየትን፣ ጸሎተ ቅዳሴን፣ ናይ ዝበዛሕና ሰራዊት ጸላኢ ስለ ዝእሰሩ፣ በዚ ድማ ሓልወቲ መላእኽትና ናብ ሰፈሮም ይምለሱ'ሞ፣ ጨኒቑና ዝቐነየ፣ ጠፊኡና ዝቐነየ፣ ተጸሊኡና ዝቐነየ፣ ሓዊና ቀሊሉና ንምለስ።

ሕጂ ሕሰብ ኩብሎ ግን ሰላም ንዓኺ ቅድስቲ ቤተክርስቲያነይ፣ ሰላም ንዓኺ ተዋሕዶ ኦርቶዶክስ እምነተይ፣ ሰላም ንመንነትኪ ይኹነለይ።

ሓይልኺ ካብ ኣርያም ክሳብ መዓሙቕ ኢዩ ዘንቀጥቅጥ። ኣሚኑ ንዝቐርበኪ መንነትኪ ፍሉይን ድንቅን ኢዩ። ካባኺ፣ ኣባኺ፣ ናባኺ፣ ምዃነይ ክንደይ ሓበነይ ደረት የብሉን።

ዕድመይ ተወዲኡ ናብ መንጸፍ ሲኦል ከይወረድኩ ጣዕምኺ ኣብ ማእኸል እሳት እንከለኹ ተኸፍተለይ። እሳትኪ ሕልፊ እዚ እሳት ዓለም ምስ መከርኣ ዝኸበበትኒ ይሕይል'ሞ፣ እኔኹ እሳት ዓለም ሓንቲ ክገብረኒ ኣይከኣለን።

ቅድስቲ ቤተክርስቲያነይ ግብርኽን ሓይልኽን መንነትክን ኣቦኽን ንጉስክን ንግስትኽን ኣርያምክን ዝፋንክን ምስ ረኣኹ ንሞት ነዓቕኩዋ። ሞት ክንደይ ዓበይትን ሓያላትን ዘብረኽረኸ ሞት፣ ኣነ ግን ነዓቕኩዎ። ከምቲ ምድራዊ ሓይልኽን ምስጢርክን ዝኸፈትክለይ፣ ሰማያዊ ሓይልኽን

መንነትክን ክርእዮ ሃረፍኩ'ሞ፣ ንሞት ዘሃድመላ ዘነበርኩ፣ መዓልታተይ ከም ጥንስቲ ከም ዘቐጽር ገበርክኒ ቅድስቲ ቤተክርስቲያነይ።

ብርሃን ናብ ዓለም ዘመጸ፣ ኣብ ማህጸንኪ ዝዓቖርክዮ፣ ገንጺልኪ ምስ ኣርኣኽኒ፣ ናብ ብርሃንኪ ወትሩ ተመላለስኩ። ብርሃን የዒንተይ ኣባኺ ተኸፍተ።

ክፉእን ጽቡቕን ኣፍለጥክኒ። ይቕረ ምባል ምሃርክኒ፣ ናይ ምሕረትኪ ዕምቀት ኣርኣኽኒ። ሕልፈ ኹሉ ክብሪ ካህናት ኣቦታተይ ኣጥዓምክኒ።

ንሲኦል ገረፍክያ ቅድስቲ ተዋህዶ ኦርቶዶክስ ቤተክርስቲያነይ፣ ብቓል ኪዳን ቅዱሳን መመሪጽኪ ገረፍክያ። ብደም ሰማእታት ዘተሓጽረ ሓጹርኪ መመሪጽኪ ንሲኦል ገረፍክያ።

ዓለም ብድድ በለት፣ የእዳዋ ዘርግሐት ኣብ ልዕሌኺ፣ ድንን ኢልኪ፣ ብዘይ ድምጺ ንዓለም ሰዓርክያ። ንስኺ እምነተይ ኢኺ።

የእጋረይ ናባኺ ዘመላለሳ ሓሚመ ኣይኮንኩን እንታይ ድኣ ዝዓወራ የዒንተይ ኣባኺ ተኸፍታለይ፣ ዕዳ ንእስነተይ ሰፍ ዘይብል ሸኽሙ፣ ኣባኺ ተኸፍለለይ፣ ዋሕስ ስኢነ ዝነበርኩ ንስኺ ግን ዋሕስ ዘልኣለም ኮንክኒ።

መንነተይ ኣብ ቅልውላው ኣቲዩ፣ ሓንሳብ ካብ ህበይ፣ ሓንሳብ ካብ ላባላተሪ ኢኺ መጺኺ ኣንዳ በሉ ርእሰይ

ኣዘሩለይ፣ ንስኺ ግን እቲ ቦኽሪ ኣቦይ ኣዳም፣ ካብ መጋረጃኺ ቦሎኽ ኣቢልኪ ኣውጺእኪ ኣርኣኽኒ። መንነተይ ኣፍለጥክኒ፣ ክቡር ስመይ ንስኺ ዝሃብክኒ፣ መሰረቱ ክሳብ ኣርያም ተንጠልጢሉ ድማ ብኽብሪ ኣርኣኽኒ።

ንዝሃጠመ መንነተይ ሰማያዊ ልብሲ ኣልቢስኪ ሰበ ገበርክኒ። ክብሪ ነፍሰይ ሕልፊ ኹሉ ምኳኑ መሃርክኒ። ንስኺ ቅድስቲ ቤተክርስቲያነይ ኢኺ።

ካብ ቀጽርኺ ብፍጹም ኣይርሕቅን፣ ደጊም ናብ ጫካ ገጸይ ኣይምለስን፣ ስቓየይን እህህታይን ቀንጢጥኪ ሓጎስ እተልብስኒ ንስኺ ናተይ ኣኽሊል እንከለኺ፣ ብፍጹም ናብ ባርነተይ ኣይምለስን ኢየ።

የፍቅረኪ ኢየ ቅድስቲ ቤተክርስቲያነይ።

12/7/2023

ቅዱስ ጴጥሮስን ቅዱስ ጳውሎስን

<u>2 ካብ ዜማ ቅዳሴ፣ ናብ ምድሪ ዝፈሰሰ ማይ ገነት</u>

ኮኾብ ክርስቶስ ---

ድሮ ቅዳሴ እሞ ድማ ብብዙሕ ናፈቐያ ዝቐነኹ ቅዳሴ ኢያ ኔራ። ግን ድማ ጸላኢ ኣብ ኣጋ ወጋሕታ ብዙሕ ክማኽረለይ ሰማዕኩዎ። ሓዛ! ሓዛ! ጥራይ ዝብል ድምጽታት ኣብ የእዛነይ ኣቃልሐ።

ብድሕሪ እዚ እልፊ ኣእላፍ ዝኾኑ ሰራዊት ጸላኢ ከም ጻጸ! ኮረር እንዳ በሉ ንነፍሰይ ክሕዙዋ ከለዉ ተፈለጠኒ። ገሊኦም

ብኣፈይ ዝኣተዉ ኮይኑ ተሰምዓኒ፣ ገሊኦም ብሕቑይ፣ ገሊኦም ብኹብዲ እግረይ። ጸኒሑ ግን ኣብ ከባቢ ኩብደይ መራፍእ ተዘርኣኒ።

ብድድ እንተ በልኩ ተምላስ ኣምለሰኒ'ሞ፣ ጉያ ኢለ ናብ ሸንቲ ቤት ኣተኹ። ግን መሊሱ ገደደኒ! ሓይለይ እንዳ ርኣኹዎ ሞተኒ። ግን ስነይ ነኸስኩ! ብፍጹም ካብዛ ቅዳሴ'ስ ኣይተርፍን! ኢለ ብድምጺ ኣውጺኤ ተዛረብኩ።

ብድሕሪ እዚ ተመሊሰ ናብ ዓራተይ ደየብኩ። ግን ርእሰይ ኣብዛ ዓራት ክድርብያን፣ እቲ ከባቢ ዓራተይ ድማ ብዝነፍሩ ደቀቕቲ ጽንጽያ ዝመስሉ ኣጋንንቲ መልአ። ሓቂ ዘረባ ልበይ ፍርሕ በለት።

ጎይታየ! ኢለ ደለኹዎ፣ ክርእዮ ግን ኣይክኣልኩን። ቅዱስ ሚካኤል ኣቦይ ሎምስ! ደርቢኻኒ'ዶ! በልኩ። ግን ብፍጹም ክረድኣኒ ዝመጸእ ዘሎ ኮይኑ ኣይተሰምዓንን።

ብድሕሪ እዚ እዚኣ ብእምነት ዝሰግራ ግጥም ኣንጻር ጸላኢየይ ኢያ ማለት'ዩ ኢለ ደምደምኩዎ። ብድሕሪ እዚ ናብ ወላዲተ ኣምላኽ ቅድስቲ ድንግል ማርያመይ ጥራይ ምህዳም መረጽኩ።

ኣደየ! ሓይለይ እምበር ደኺሙኒ! በጃኺ ርድእኒ እንዳ በልኩ ናይ እምነት ጸሎተይ ጀመርኩ። ኣብ መንጎ ግን ሕልናይ ይምለስ'ሞ፣ ንሊቃነ መላእክት ኩሎም እንዳ ጸዋዕኩ ምስ ሰራዊት ጸላኢ ክገጥም ጀመርኩ። ናይ ኣርያም ሰራዊት ክጽውዕ ከለኹ ቃንዛይ የዕርፍ ነበረ።

ቁሩብ ቀም! ኣቢለ ደቀስኩ፣ ብድሕሪ እዚ መሊሰ ተምላስ ኣምለሰኒ፣ ድሓን ዝጸንሐት ነብሰይ ድማ መሊሳ ድኽም ኢላ ነዛ ምትንሳእ ኣበየትኒ። ከም ብሓድሽ ደጊመ ወላዲተ ኣምላኽን፣ ሊቃነ መላእኽትን፣ ስም ሰማእታትን እንዳ ጸዋዕኩ፣ ማይ ጸበል ናይ ኣቡነ ኣረጋዊ ኣቦይ ውን ነበረኒ'ሞ እንዳ ሰተኹ በእጋረይ ዶው በልኩ።

መሊሰ ግን ብፍጹም ካብዛ ናይ ሎሚ ቅዳሴ'ስ መሬት ትገምጠል እምበር ኣይተትርፈንን ኢኻ በልኩ። ከምዚ ክብለ ከለኹ ብውሽጢ ጨጎራይ ሓዊ ድፍእ በለኒ። ናይዚ ምልክት ድማ እቲ ጸላኢ ኣሰሩ ነበረ'ሞ፣ ማይ ጸበል ናይ ኣቡነ ኣረጋዊ ጌረ ድማ ድፍእ! ኣበልኩሉ፣ ጸላኢ ሰራዊቱ ኣኪቡ ናብ ከባቢ ሕቆይ ተሰቕለ። በዚ ድማ ቁሩብ ዕረፍቲ ረኺብኩ።

እዚ ክብል ከለኹ ግን ንዓይ ሓይሊ ዝኾነኒ፣ መድሃኒት ዝኾነ ክቡር ስም መድሃኔ ኣለመይን፣ ስም ስሉስ ቅዱስን፣ ስም ወላዲተ ኣምላኽን፣ ክቡር ስም ሊቃነ መላእክትን፣ ክቡር ስም ንጹሃን ሰማእታትን፣ ጻድቃናትን ክጽውዕ ከለኹ ነበረ።

ንዓይ ሓይሊ ሂቡ፣ እዚ ኹሉ ክቡር ኣስማት ናይ ኣርያም ግን ኣንጻር ጸላኢ ብርቱዕ ኩናት ኣብ ነፍሰይ ኮይኖም ይገጥሙ ነበሩ። ሓደ ሓደ ምልክታት ክህብ ኣብዚ።

ሰራዊት ናይ መድሃኔ ኣለም ኩሎም፣ ኣንጻር ጸላኢና ይቃለሱ ምህላዎም መጀመርታ፣ ርእሰና ይድንዝዝ፣ ብዙሕ ሓሳባት ሕውስውስ ይብለና፣ የዒንትና ይፈዝዝ፣ የእጋርና

ምንም ነዊሕ መንገዲ ከይከዳ ድኽም ኢለን፣ ተሓሊኽን ኣብ ሓደ ቦታ ኮፍ ይብላ።

ኣብ ኣካላትና ድማ ሃንደበት ረስኒ ምስ ዘውስኽ፣ ኣብ ከባቢ ሕቖና ገለ ዝተሸከምናዮ ነገር ዘሎ ኮይኑ ይስምዓና'ሞ፣ እንተ ሓዝናዮ ወልሓንቲ ሸኽም ዘይብልና፣ ኮፍ እንተ በልና ግን ከምዚ ጀሪካን ማይ ዝተሰከምና ኮይና ክስምዓና ከሎ።

ቀልጢፍና ሕርቓ ሕርቓ ዘብለና እንተኾይኑ፣ ውሽጥና ሃንደበት ንድድ ይብል'ሞ፣ መሊሱ ምልስ ዝብል እንተኾይኑ፣ እዚ ኹሉ ኩነታት ኣብ ሰላም ዘለናሉ እዋን ዝመስል ምልክታት ኮይኑ።

እቲ ቀንድን ፍሉጥን ግዜ ድማ፣ ኣብ ግዜ ሕማምና ኢዩ። ኣብ ግዜ ሕማምና ፍሉጥ ኢዩ ነፍሲ ወከፍ ደቒቕ ጸላኢ፣ ናብ ሕማምና እምበር፣ ንዑኡ ሰጊርና ከነመስግን ኣይደልን ኢዩ።

ስለዚ ንእሽተይ ናይ ስጋ ውን ትኹን ሕማም፣ ጸላኢ ግን ሰራዊቱ ኣኽቲቱ ከባዝሓን፣ ካልእ ክፋል ኣካላትና ክተናኽፍን ባህጉን ሰራሑን ስለ ዝኾነ ግድን ኢዮም ሰራዊት ኣርያም ኣንጻር ኣዚ ርጉም እዚ ዝቃለሱ።

ስለዚ ኣብ ግዜ ሕማም ሓደራ ካብ ናተይ ድኽመት ተምሃሩን ተኣረሙን፣ ናብ ሕማምኩም ዘይኮነስ ናብ ምስጋናን ቅርበት ናብ ጎይታናን ነድህብ። ኣምላኽና ኣብ ዝኾነ ይኹን መድረኻት ፍቕርና ክንገልጸሉ ኢዩ ባህ ዝብሎ፣ ከምዚ ከማይ ድኽምትን ሓጥያተኛን ግን ንንእሽቶይ

ሕማም፣ ብዛዕባኣ ክሓስብ ዘጥፋእኩዎ ግዜ ኣዝዩ ውሑድ ኣይኮነን።

ኮለል ክፈቱ መዓት እንዲየ፣ ይቕረ ግበሩለይ። ካብ ኣፍ ዓሻ ድኣ እንታይ ክርከብ ይኽእል ኣንትርፎ ኮለል። ደጊም ተጸመሙኒ።

ብድሕሪ እዚ ስነይ ነኺሰ ማኪና ተሰቐልኩ፣ ጉዕዞይ ድማ ምስ ኣሕዋተይ ናብ ቅድስቲ ቤተክርስቲያን ኣምራሕኩ። ግን ዝገርም ነገር ኣብዚኣ ከቐምጥ።

ቅድስቲ ቤተክርስቲያን ኣብ ሓደ ቦታ ዲያ ኮፍ ኢላ ዘላ ዋላስ ንሳ ውን ትነፍር ኢያ። እምነት ንዒ እንዶ ንሓንሳብ ውረዲ ሓግዝኒ፣ እቲ ዘርኣኽኒ ኣነሰ ኣመንኩዎ፣ እቶም ደቒኪ ግን ከመይ ጌረ ከእምኖም ኢየ። ጥበብኪ ሃብኒ እምነት በጃኺ፣ ነዚ ዘመን ደንግጽሉ። ካባኺ ተፈሊና ዝረኸብናዮ መከራ ዘክሪ በጃኺ።

ድሮ ቅዳሴ ዝነበረ መዓልቲ ተኣኪበ ምስ ኣሕዋተይ ናይ ኣምልኾት ስግዳን ይሰግድ ነበርኩ። ኣጋጣሚ ኮይኑ ኣነ ይመርሕ ስለ ዝነበርኩ፣ ኣንደበተይ ብዙሕ ዓይነት ናይ ምስጋና ቃላት እንዳ ወጸ ይሰግድ ነበርኩ።

ግን ድማ ናብ ናይ ቅዱሳን ናይ ጸጋ ስግዳን ምስ በጻሕኩ፣ ኣብ ቅድሚ የዒንተይ ንኽኣምኖ ዘጸገመኒ ትርኢት ደው በለ። ህንጻ ቤተክርስቲያን፣ ልክዕ ከምዚ ናይ ኣጉዶ ቕርጺ ዘለዋ ጽብቕቲ ኮይና። ክልተ ክንፊ ናይ መላእኽቲ ድማ

ኣለዋ እታ ቤተክርስቲያን። ግን ኣብ ህዋ ኣብ ቅድሚ የዒንተይ ቀመት።

ንዓይ ውን ኣይትረስዕኒ በለትኒ። ኣነ ድማ ከመይ ማለት በልኩ። ኣነ ቅድስቲ ቤተክርስቲያን ውን ኣብ ስግዳንኪ የእትውኒ'ሞ፣ ሓለዋይን ሓይለይን ክትርእዩ ኢኺ ምልእተ ጸጋ ኳለይ በለትኒ።

ብድሕሪ እዚ ቅድስቲ ተዋህዶ ኦርቶዶክስ እምነተይ ይሰግደልኪ ኣለኹ፣ ቅድስቲ ቤተክርስቲያነይ ይሰግደልኪ ኣለኹ፣ ቅድስቲ ተዋህዶ ኦርቶዶክስ እምነተይ ሓደራ ነፍሰይ ኣባኺ የማዕቁባ ኣለኹ. . . ወዘተ እንዳ በልኩ ስግዳነይ ቀጸልኩ።

ስግዳነይ ክሳብ ዝውድእ ተጸበየትኒ እታ ክልተ ክንፌ ዘለዋ ኣጉዶ እትመልስ ቤተክርስቲያን። ኣኽናፊይ ክልቲኡ መጻሕፍ ቅዱስ ኢዩ፣ ብሉይን ሓዲስን፣ ኣኽናፊይ ደም ሰማእታት ኢዩ። ኣነ ቅድስቲ ቤተክርስቲያን ኣብ ማህጸነይ ዝሓዝኩዎ ምስጢር ዝበጽሖ ክሳብ ሕጂ የለን'ሞ፣ መንነተይ ጌና ኣብዚ ዘመን እዚ ንጣብ ክኸፍት ኢየ፣ ኢላትኒ ተሰወረት ካብ ቅድሚ የዒንተይ።

እዚ ኹሉ ድሮ ማለት ትማሊ ዘጋጠመኒ ኢዩ። ሎሚ ድማ ኣብ መንገዲ ኣብ ማኪና ድይብ ምስ በልኩ፣ ሰራዊት ኣጋንንቲ በብሓደ ተተሰሪዖም ከኸብቡንን፣ ክወግኡንን ከለዉ፣ እዛ ክንፌ ዘለዋ ኣጉዶ ትመስል መስቀል ዘላታ

ቤተክርስቲያን ኣብ ደበና ኮይና፣ ተጸመሚ ጓለየ! ኣብታ መቕደሰይ ምስ ረገጽኪ ሓይሎም ክደክም ኢዩ።

ናይዛ ኹላ ስቓይኪ ግን ዋጋን ዓስብን ኣላታ። ኣጆኺ! እንተ ተጸሚምኪ ድማ ሓንቲ ዓባይ ምስጢር ካብ መዓሙቕ ምስጢረይ ከፌተ ክህበኪ ኢያ። እዚ ድማ ፍቓድ ንጉሰይን፣ ጎይታይን መድሃኔ ኣለም ኢየሱስ ክርስቶስ ኢዩ። ግን ክሳብ እታ መቕደሰይ እትረግጺ ብትዕግስትን፣ ብምስጋናን፣ ንዓይ ይግብኣኒ ኢዩ እዚ ስቓይ እዚ እንዳ በልኪ ጽንዒ በለትኒ።

መንገዲ እህ! እህ! እንዳ በልኩ፣ የዒንተይ ተዓሚቱ፣ እንዳ ተቖንዘውኩ፣ ኣብ ውሽጢ ክርሰይ ድርብራብ ሓዊ ዝድፍኣኒ ዘሎ እንዳ መሰለኒ በጻሕኩ።

ነፍሰይ ግን ብፍጹም ኣሰራ ውን ሰኣንኩዎ። ስጋይ ድማ ቀስ ኢላ ተደጊፋ ኣብታ ኣፍደገ ቤተክርስቲያን በጽሐት። ብድሕሪ እዚ ቅዳሴ ጥዑም ድምጺ ካህናት ኣቦታት ተቐበልኒ'ሞ፣ በርታዕኩ። ዋላ ኣብዚ ውሽጢ ቤተክርስቲያን ተሞትኩ፣ ጽድቂ ኢዩ፣ ብፍጹም ሓጥያተይ ኣይትርእዮን ኢኻ ትኸውን ጎይታይ እንዳ በልኩ ብውሽጠይ ዘረባ ጀመርኩ።

ከምዚ እንዳ በልኩ ከለኹ ግን ሓላዊ መልኣኸይ ኢዩ መስለኒ፣ ሰይፉ ሃል! ሃል! እንዳ በለ! ልክዕ ኣብ ብርቱዕ ቃልሲ ከምዘጸንሖ ፍሉጥ ኢዩ፣ ሞት! የለን! ምልእተ ጸጋ ጓለይ በለኒ፣ ግን ሰሓቕ ሰሓቐ።

ብድሕሪ እዚ ብገጸይ ኣብታ ምድሪ ተደፊአ ተንብርከኽኩ። ግንባረይ ኣብቲ ዝሑል መሬት ናይቲ ቤተክርስቲያን ደርበኹዎ። ከምዚ ኢለ ንነዊሕ ጸናሕኩ ከይተንሳእኩ፣ ምኽንያቱ ሓይሊ ዝብሃል ኣይተረረፈንን በቲ ተምላሰን፣ ኣብ ውሽጠይ ዝነበረ መውጋእትን።

ብድሕሪ እዚ ኣብ ቅድሚ እግዚኣታ! ዘላ ሓንቲ ዜማ ናይ ቅዳሴ ኣላ። ኣነ'ኳ ኣይፈልጣን ኢየ። ግን ነዋሕ ኢያ እቲ ዜማኣ። የእዛነይ ከፊተ ሰማዓኩዋ፣ ብልበይ ድማ ክትጥዕም በልኩ። ልክዕ ከምዚ ምስ በልኩ፣ ብመንበስበስታይ መን ምዃኑ እንድዒ፣ ሓንቲ ኢድ ተንከፈትኒ'ሞ፣ ዝተኸፍተ ኮይኑ ተሰምዓኒ መንበስበስታይ፣ ኣነ ግን ጌና ኣብቲ ምድሪ ብገጸይ ኢየ ተደፊአ ዘለኹ።

ብመንበስበስታይ ግን እቲ ናይቶም ካህን ዜማ ከም ማይ ጀሮቕሮቕ እንዳ በለ ኣተወ። ካበይ መጺኡ እዚ ማይ እዚ በልኩ። ግን ርግጸኛ ኢየ፣ ነቲ እሳት ዝጸንሐ ነብሰይ፣ ንውሽጢ ሓለፈ እዚ ማይ እዚ። ክዝሕል፣ ክገልጾ ኣይክእልን።

ብጎሮሮይ ኣይሓለፈን ግን ድማ ጎሮሮይ ከምዚ ብዙሕ ማይ ሰትየ ዝጸገብኩ ኮንኩ። ከርሰይ ቀስ ኢሉ እዚ ማይ እዚ ሓለፈ'ሞ፣ ከርሰይ መለአ። መሊሱ እዚ ማይ እዚ ናብ የእጋረይ ገጹ ወረደ። ብስርዓት እዚ ማይ እዚ ኣብ ምሉእ ኣካላተይ ተዘርገሐ። ልክዕ ኩላ እታ ነፍሰይ ብውሽጢ ማይ ከምዝመልአ ጀሪካን መልአት'ሞ፣ እታ ኣቓዲማ ነታ

መንበስበስታይ ዝኸፈተታ ኢድ፣ ነታ መንበስበስታይ ዓጸወታ።

ክትዓጽዋ ከላ ግን ሓላዊ መልኣኸይ ፍግም ኢሉ። ኣደ ጎይታይ፣ ስለ ዝረዳእክናን ነዚ ካብ ለይቲ ዝተቓለሰናን ጸላኢ ዝሰዓርክልናን ንሰግደልኪ ኣለና ኢሉ፣ ምስ ኩሎም ሰራዊቱ ሰገደላ'ሞ። ግልብጥ ኢላ ተመሊሳ ክትሰጉም ከላ ጥራይ ብሩሃት የእጋራ ጠመትኩ በዒንተይ።

ነብሰይ ብድድ በለት፣ ስጋይ ግን ጌና ከም ዘላታ ኣላ። ነብሰይ ብድድ ምስ በለት፣ ንወላዲተ ኣምላኽ ተመልከተኩዋ፣ ብነፍሳውያን የዒንተይ። ኣብ ማእከል ቅዳሴ መመሪጸ ሰባት መንበስበስትኦም እንዳ ከፈተት ነቲ ናይቶም ካህን ዜማ፣ ናብ ማይ ተቐይሩ በእዳዋ ማይ ትመልኦም ነበረት።

ሓላዊ መልኣኸይ ድማ መመሪጸ ኣይኮነን ምልእተ ጸጋ ኳለይ፣ እዚ ማይ እዚ ዝተናስሐን፣ ካብ ቂምታ ነጻ ዝኾነን፣ ብእምነት ዝቖመን፣ ንቕድስቲ ቤተክርስቲያን ብገንዘብ ዘይሸጠን፣ ብእምነት ዘይዘበለን ኢዩ. . . ዝቕድሓሉ ዘሎ። እዚ ድማ ዝሰተ ማይ ናይ ነፍሲ ኢዩ በለኒ።

ከመይ ማለት ኢዩ ኢለ ሓተትኩዎ። ንሱ ድማ በለኒ፣ ምልእተ ጸጋ ኳለይ፣ ነፍሲ ወከፍ ቅዳሴ ዝዝየም ዜማ ይኹን ጸሎት፣ ገሊኡ ናብ ማይ፣ ገሊኡ ድማ ናብ መግቢ ይቕየር ኢዩ። ናይዚ ምስጢር ድማ፣ ወላዲተ ኣምላኽ ኢያ ኣብ ሰማያት መግቢ ስሉስ ቅዱስ እተዳልዎ ኩሉ።

እዚ ድማ ምስጋና፣ ልመና፣ ምህለላ፣ ዜማ፣ ቅዳሴ ኩሉ። ብዘይብኣኣ ናይ ፍጡራን ኩሉ ተግባርን ኣምልኾትን ምስጋናን ልመናን ናብ ማዕጾ ስሉስ ቅዱስ ኣይሓልፍን ኢዩ። ምኽንያቱ ንጽህና ስለ ዘድልዮ።

ሊቃነ መላእኽቲ ውን ኣብ ቅድሚ ጎይታይ ክቖሙ እንተኾይኖም ነጸላ ምሕረት ግድን ካብ ወላዲተ ሰማያዊ እሳትን ብርሃንን ንጉስን ፈጣርን ዝኾነት ቅድስቲ ድንግል ማርያም የድልዮም ኢዩ።

በዚ ድማ ፈጣርን ፍጡርን መፈላለይ ምልክት ይኸውን እዚ። ኣብዚ መፈላለዩ ቀጽሪ እዚ ድማ ዝተዘርግሐ ናይ ድሕነት ረቂቕ ነጸላ ኣሎ። ስለዚ እዚ ኣብ ሰማይ ዝዓርግ ኩሉ ምስጋና ይኹን ልመና፣ ወላዲተ ኣምላኽ ከምቲ ዝግባእ ጌራ ናብ ዝፋን ስሉስ ቅዱስ እተዕርጎ ውን ንሳ ኢያ። ብድሕሪ እዚ እቲ ናብ ስሉስ ቅዱስ ዝቐረበ ውህበት ካብ ፍጡራን ኩሉ፣ ተመሊሱ ንምድሪ ይኹን፣ ንኹሉ ሰዉርን ግሁድን ፍጥረት በረኸትን ሓልይን ኮይኑ ይወርድ።

ስለዚ ካብቲ ሰማያዊ ስርዓተ ቅዳሴ እዚ፣ ኣብ ምድሪ ድማ ንሰማያዊ ሊቅነት ዝተዓደለ፣ ኣዝያ እተፍቅሮ ቅዱስ ያሬድ ሂባ ኣብ ምድሪ ሰርዓቶ። እዚ ስርዓተ ቅዳሴ እዚ ኣብ ምድሪ ዘሎ ብዙሕ ህያባት ኣለዎ።

ሓደ ካብኡ ድማ ኣብቲ ዝተሰርዐ ቃላትን ዜማን እዚ ብዙሕ መግብን ማይን ነፍሲ ኣለዎ። ኣብ ነፍሲ ወከፍ ቅዳሴ ድማ

መግቢ ነፍስን፣ ዝስተ ማይ ነፍስ ተቐይሩ ንደቂ ይረድእ፣ ልክዕ ከምቲ ሰማያዊ ስርዓተ ቅዳሴ።

ከምዚ ኢለ ተዛሪበ ከይወዳእኩ፣ እቶም ኣብ ነፍሰይ ኣትዮም ክቃለሱ ዝሓደሩ ሰራዊት ጸላኢ ኣውያት ጀመሩ፣ ክንከይድ ክንከይድ በሉ። ካብታ ሰጊደያ ዝጸናሕኩ ተንሲኤ ጉያ ኢለ ናብ ሽንቲ ቤት ከድኩ መሊሰ።

ኩብደይ ተሃወኸ፣ ተገማጠሉ፣ እቲ ማይ ኣይከኣልናዮን በሉ፣ ንግሆ ዝፍክሩለይ ዝነበሩ፣ ዝወግኡኒ ዝነበሩ ኣንጊሆም፣ እቲ ናይቶም ካህን ዜማ ቅዳሴ፣ ናብ ማይ ዝተቐየረ ከም እሳት ሓዊ ወግኦም፣ ሓይላ ምለስዎ በሎም ቅዱስ ሚካኤል ኣቦይ፣ እንዳ ተፈለጠኒ ሓይለይ ከምታ ብጥዕይተይ ዝነበርኩዋ ዶው በልኩ።

ብዙሕ ዝመደቡለይ መደብ ነገሩኒ፣ ሆስፒታል ከደቅሱኒ፣ መዓልቲ መሪጾም፣ ዓራት መሪጾም፣ ነርስ መሪጾም፣ ይገርም ኢዩ ብሓቂ። ኩሉ መደቦም እዛ ዝተሳተፍኩዋ ቅዳሴ ቤተክርስቲያን ስብርብር ኣበሉቶ።

ብተምላስ ጌሮም ሰላሕ ኢሎም ተኣሲሮም ከዱለይ። ገጸይ ተሓጻጺበ ብድድ ኢለ እንዳ ዘለልኩ ናብ ቅዳሴይ ተመልሰኩ። ቅዳሴ ተወደአ፣ ዘመርኩ፣ ንስሉስ ቅዱስ ዘመርኩ። መንግስተ ሰላሴ ንዘልኣለም፣ ዝፋነ ሰላሴ ንዘልኣለም፣ ቅድስተ ሰላሴ ንዘልኣለም፣ ቃለ ሰላሴ ንዘልኣለም፣ ቅዳሴ ሰላሴ ዘልኣለም . . . እንዳ በልኩ ዘመርኩ ከምታ ባህገይ።

ንገዛይ ድማ ብሰላም ተመለስኩ። ንዓይ መን ክትንክፈኒ ይኽእል። ኩሉ ይትረፍ እሞ ቅድስቲ ቤተክርስቲያነይ ኣብ ዝሃለኹ ሃልየ'ኺ ብድድ ኢላ እትረድኣኒ ፍጥርቲ ናይ ስሉስ ቅዱስ ኢየ።

ክንደይ ይደንቕ እዚ ታሪኽይ፣ ከመይ ጌሩ ኢዩ ፈጢሩኒ፣ ኣብ የዒንተይ'ኮን እንታይ ኣንበረ ጎይታይ። ቅዳሴ ዜማ ካህን ኣብ ነፍሰይ ማይ እተስትየንስ እታ ንግስቲ ከመይ ኢዩ ሓይላ። መላእኽቲ ፍግም ኢሎም ዝሰግዱላስ ከመይ ዓይነት ንጽህና ኢዩ ዘለዋ።

ከም ሓጥያተይ ዘይኮነስ ከም ምሕረቱ ዘንብረኒ ጎይታይ'ሲ ኣነ መን ኢየ። ሰብ መን ኢዩ፣ ብኽንድዚ ምስጢር ከሊልካ እትከናኸኖስ፣ መን ኢዩ ሰብ። ንሓደ መልኣኽ ኢሉ ካብ ዝፋኑ ኣይወረደን፣ ንሓደ ሰብ ክብል ኣኽሊሉ ኣብ ዝፋኑ ኣንቢሩ፣ ኣኽሊል እሾኽ ኣብ ርእሱ ዝሰኩዕ፣ ኣምላኽ። መን ኢዩ ሰብ። ንሓደ ሰብ ኢልካ ቅዳሴ እትሰርዕ'ሲ፣ ከመይ ኢዩ ነገሩ።

ስርዓተ ቅዳሴ መን ይበርብሮ፣ መግብኻ ምስጢርካ፣ ነዚ ንጹህ መግቢ እዚ ነዊሑና በልና፣ ርኹስ መግቢ ኣብ ኣፍና ለሚድና። ኣብ ማእከል ቅዳሴ ዝፍጸም ስርዓት መን ይፍለጦ። መን ብእምነት ይጸግዓካ።

መጋረጃ ይኽፈት ይዕጾ፣ ኣነ ባሃም፣ መንደቕ ጥራይ መሰለኒ፣ እሳታውያን ክንፌ ሱራፌልን ኪሩቤልን ክልብልበና'ዶ ኣለዎ ክፍለጠና።

ብደናግል ካህናት ዝርገጽ ንጹህ ሰፈር ከመይ ኢዩ፣ ነበልባል እሳት መንፈስ ቅዱስ ዝወርደሉ፣ ክቡር እሳታዊ ስጋን፣ ክቡር እሳታዊ ደምን ዝቐድሓሉ ሰዉር፣ ብስጋ ዘይርአ ሰፈር'ሲ፣ እሳቱ'ዶ ሓንሳብ ይፈኑ፣ ይመላልጠና ክርድኣና ክብደቱ።

ዜማ ቅዳሴ፣ ካብ ኣንደበት ካህን እንታይ ወጸ፣ መግብን ማይን ነፍሲ ተወርወረ፣ ብድምጺ ዜማ ጥራይ ካብ ኣርያም ማይ ወረደ። ብድምጺ ጎሮሮ ካህን ጥራይ ሰንሰለታት ተበታተኹ፣ ምኽንያቱ ድምጺ ካህን ድምጺ መድሃኔ ኣለም ስለ ዝተወሃሃደ።

ድምጺ እቲ ሊቀ ካህናት፣ ኣብ ነፍሲ ወከፍ ቅዳሴ ቤቱ ተወሃሃደ'ሞ፣ እቲ እሳት ክድህሰሱዎ ኣየንደዶምን፣ እቲ ቅዱስ ሰፈር ክረግጹዎ ኣይበታተኾምን፣ ምኽንያቱ ኣቐዲማ እታ ጥበበኛ ግን ድማ ለዋህ ከም ርግቢት ዝኾነት ወላዲተ እሳት፣ በእዳዋ ንካህናት ስለ ዝሓብኣቶም፣ ኣብ ነፍሳ ስለ ዝሰወረቶም።

መስቀሉ ዘፍቅር ቅዱስ ካህን፣ ክንደይ ዓቢ መግቢን ዝሰተ ማይ ገነተን ኣብ ጎሮሮኡ ኣሎ። ንሱ ብጾምን ብጥምየትን ንኹሎም ደቁ ብዜምኡ ጥራይ ኣድሪሩ፣ ካብ ብዙሕ መደባት ኣጋንንቲ ዘድሕን ክንደይ ምሩጽ ካህን ኢዩ።

ክብሪ ንዓኹም ይኹን ካህናት ኣቦታትና። ድምጽኹም ግን እነህለ ኣነ ሓጥያተኛ ዃልኩም'ኳ ምስክር ኢየ። ፈልፋሊ ማይ ገነት ኮይኑ ብመንበስበስታይ ኣትዩ፣ ካብ ሕክምናን መከራን ከም ዘድሓነኒ።

ቅድስቲ ቤተክርስቲያንነይ ጌና ዘይጀመርኩ፣ ሓጹርኪ ክነድቆ ኢየ። ጌና ኣይጀመርኩን ዘለኹ፣ ጌና እተን ኩለን እሾኽኪ ነቚለ ከልዕለልኪ ኢየ። ኣነ ጠላም ኢየ'ሞ፣ ሓደራ ከይጠልመኪ ሓግዝኒ። የፍቅረኪ ኢየ ቅድስቲ ቤተክርስቲያነይ፣ ንስኺ ኢኺ ራኢየይ ንስኪ ኢኺ ሓይለይ፣ ንስኺ ኢኺ ቤተይ፣ ንስኺ ኢኺ ምስጢረይ ንዘልኣለም።

ወላዲተ ኣምላኽ ክብሪ ንዓኺ ይኹን። ክቡር መስቀል ጎይታይ ክብሪ ንዓኻ ይኹን ንዘልኣለም ኣሜን።

3. ባእታ ማርያም ኣብ ማእከል ቅዳሴ

ኣንጊሀ ካብ ድቃሰይ ብጥዑም ዜማ ዝጥዕም ተበራበርኩ። ሰንበት መዓልቲ ነበረ። እቲ ጥዑም ድምጺ ዝሰማዕኩዎ፣ ቅዳሴ ናይ ቅዱስ ሚካኤል ቤተክርስቲያን ነበረ።

እንታይ እዋነይ ኣብኡ በጺሐ፣ ኣነን ቅድስቲ ወላዲተ ኣምላኽን ጥራይ ኢና ንፈልጦ ሓቂ ዘረባ። ናብ ውሽጢ ቅድስቲ ቤተክርስቲያን ኣተኹ'ሞ፣ ኣብታ ኩሉ ግዜ ዝብህጋ ሰፈር ደው በልኩ፣ ማለተይ ኩሉ ግዜ ፊት እታ መጋረጃ ቅድስተ ቅዱሳን እትሰመ ኢየ ዝኸውን። ምኽንያቱ ንጉስ ልበይ ክወርድን ክድይብን ክርእዮ ሃረር ስለ ዝብል።

ብድሕሪ እዚ ኣብ ውሽጢ እቲ ቤተክርስቲያን ቅድስቲ ድንግል ማርያም ብእጋራ እንዳ ረገጸት ኣብ መንጎና ዘወርወር ክትብል ጀመረት።

ኣነ ድማ የዒንተይ ፈጢጥ ኣቢለ፣ እማየይ! በልኩዋ ብትሑት ድምጺ። ንሳ ድማ ፍሽኽ ኢላ ጠመተትኒ፣ ሕብሪ ልብሳ ግን ኣዝዩ ተቐየረኒ'ሞ፣ ብልበይ ንምንታይ ድኣ ሎሚ ተቐይሩ ክዳና እንዳ በልኩ ኢየ ዝጸዋዕኩዋ።

ንሳ ግን ኩሉ ሕሹኽታ ናይ ልቢ ይኹን ናይ ሓሳብ ስለ እትሰምዕ፣ እዚ ልብሰይ እዚ ናይ ባእታ ማርያም ቃልኪዳን ዝሓዘ ልብሰይ ኢዩ በለትኒ።

ብዕለተ 21 ማለት ናይ ኣደይ ማርያም መዓልቲ እትለብሶ ልብሲ፣ ብውሽጢ ቀይሕ ሕብሪ ዘለዎ፣ ብሰምያዊ ሕብሪ ብላዕሊ ዝተጎልበበ ልብሲ ኢዩ።

ብዕለት 16 ማለት ኪዳነ ምህረት እትለብሮ ልብሲ ድማ ኣዝዩ ዘደንቕን፣ ክትገልጾ ቃላት ዘይርከቦን ኢዩ። ጻዕዳ ልብሲ ኮይኑ፣ ሰምያዊ ሕብሪ መሸፈኒ ዘለዎ፣ ብከዋኽብትን ክቡር ዑንቅታትን ዝጌጸ፣ ኣብ ርእሲ እቲ ልብሲ ድማ እሳታውያን ወርቃውያን ቃላት ናይ ቃልኪዳን ዝዓለቡሉን ኢዩ።

ብዕለት 3 ማለት ባእታ ማርያም ግን ካብ ብርሃን እሳት ዝተሰርሐ፣ ልብሲ ኮይኑ፣ ሓሓሊፉ ሃል! ሃል! ዝብል እሳት ኣለዎ፣ ግን ምጽዕዳዉ ብቃላት ኣይግለጽን ኢዩ። ብርሃኑ ኣዝዩ ዝዶጉሕ፣ ጎይታይ እንተ ዘይፈቒዱ ብፍጹም ክትርእዮ ዘይትኽእል ዓይነት ልብሲ ኢዩ።

በዚ ኢየ ድማ እቲ ዓይነት ልብሳ ኣዝዩ ዝገረመኒ'ሞ፣ እንታይ ኢዩ ኢለ ዝሓተትኩ። ስለዚ እዚ ልብሲ እዚ ምስ ለበሰቶ፣ ናይ ባእታ ማርያም ተባሂሉ ዝተዋህባ ቃልኪዳን ሒዛ ኢያ ምስኣ ዝወረደት።

ኣብ ማእከል እቲ ቅዳሴ ድማ ናብ ሓንቲ ኣደ ቀልዑት ጽግዕ ኢላ፣ በእዳዋ ኣብ ከባቢ ኩብዳ ዳህሰሰት'ሞ፣ ኣብ የዒንተይ ሓደ ህጻን ኣብ ማህጸን እታ ኣደ ዝነበረ ኣርኣየትኒ። እቲ ህጻን ኣብ ማህጸን ናይዛ ኣደ ዝነበረ ወዲ ተባዕታይ ኮይኑ፣ ግን ድማ ዕትብቲ ናይቲ ቐልዓ ኣብዚ ከባቢ ኣፍንጬኡ ተጠምጢሙዎ፣ በእዳዋ ጌራ ባእታ ማርያም ፈቲሓ የዕረየትሉ።

ምልእተ ጸጋ ጓለይ እዚ ህጻን እዚ ኣቡነ ተክለ ሃይማኖት ሰማያዊ ካህን ዝኾነ ወደይ፣ ብናቱ ንብዓት ኢዩ ተጠኒሱ፣ ጸላኢ ግን ንኽቐትሎ ኢሉ፣ ኩሉ ግዜ የእዳዉ ምስ ወርወረ ኢዩ። እዛ ትርእይያ ዘለኺ ኣዲኡ ግን ብፍጹም ካብ ቅዳሴ ርሒቓ ኣይትፈልጥን ኢያ'ሞ፣ ወትሩ ሓለዋና ኣብ ዙርዩኡ ኢዩ። ዝኾነ ከቢድ ነገር እንተ ኣጋጢሙዎ ድማ ኣብታ እትመጸላ ቅዳሴ ኩሉ ግዜ፣ እሳታውያን መላእኽቲ ኣኽቢቦም ተቓሊሶም ኣብ ማእከል እዚ ቅዳሴ ሰራዊት ጸላኢ ይማረኹ'ሞ፣ ካብ ኩሉ ሕማሙ ይድሕን። በለትኒ።

ድሒራ ድማ ናብ ካልእ ጽብቐቲ ንእሽተይ መንእሰይ ጓል ገጻ ሰጎመት ባእታ ማርያም፣ የእዳዋ ኣብ ከባቢ ኩብዳ ቀስ ጌራ ዳህሰሰት። ኣነ ግን ወልሓንቲ ኣይርኣኹን።

ምልእተ ጸጋ ጓለይ፣ እስኪ ሕጂ ደጊምኪ ርኣይ በለትኒ። ኣነ ድማ የዒንተይ በቲ ቃላታ ጥራይ በርሀ'ሞ፣ እንተ ርኣኹ ክንዲ ፍረ ስርናይ እትኸውን ንጣብ ነገር፣ ግን ድማ ትርግታ ልቢ ዘለዋ እትመስል ርኣኹ።

እንታይ ኢዩ ድኣ እዚ በልኩዋ'ሞ፣ ባእታ ማርያም ሰሓቖትኒ። ዝገርመኪ ጓለየ! እዛ እትርእይያ ዘለኺ ጓለይ፣ ነፍሰ ጾር ምዃና ጌና ኣይፈለጠትን፣ እዛ ኣብ ማህጸና ዘላ ህጻን ሎሚ መበል 40 መዓልታ ኢዩ። ኣብዚ ማእከል ቅዳሴ ኢያ ኣሃዱ ኢላ እታ ትርግታ ልባ ክትሃርም ዝጀመረት። ድንቂ ታሪኽ ኢያ ክትውንን፣ ብዙሓት ተጻረርቲ ክትንስኡዋ ኢዮም ነዛ ቖልዓ፣ መወዳእታ ግን ንሰመይ ጸይራ ኢያ ኣብ የእዳወይ ናብ ዝፋነይ ክትከይድ። በለትኒ።

ኣነ ድማ ባእታ ማርያም ዓይነይ ኩሉ ድሮ ትፈልጥዮ ኢለ ብልበይ ደንጸወኒ። ባእታ ማርያም ኣደይ ግን ኣየ ምልእተ ጸጋ ጓለይ ወደይ ዝዘርኦ ስርናይ፣ ኣበይን ናበይን ጽቡቕ ጌረ ኢየ ዝፈልጥ፣ ምኽንያቱ እቲ ስርናይ ምስ ዘርኦ ወደይ፣ ከም ብርቱዕ ሓላዊ ግራት፣ የዒንተይ ከየዕረፍኩ ፍረ ዝሕሉ ኣነ ኢየ፣ ምስ ቅዱሳን መላእኽተይን ሰራዊተይን። በለትኒ

ኣነ ድማ ኣደየ መዓረይ፣ እቲ መከራ ዝበልክኒ ናይዛ ጌና ክንዲ ስርናይ እትኸውን ቆልዓ እንታይ ኢዩ፤ ኢለ ሓተትኩዋ።

ባእታ ማርያም --- እዛ ህጻን ክትጥነሰ ከላ፣ ኣቦኣ ውላድ ክወልድ ድልየት የብሉን ኣብዚ እዋን፣ ኣዲኣ ግን ንኹሉ

እቲ ዝወረደ ክትቅበል ስለ ዘለዎ፣ ድሕሪ ክልተ ሰሙን ገጻ ቀስ ኢላ ክትፈልጥ ኢያ። ብድሕሪኡ ከቢድ ግዜ ይጽበያ ኣሎ ነዛ ቆልዓ። ኣቐዲመ በእዳወይ ስለ ዝባረኽኩዎ፣ ጸላኢ ድማ ስለ ዝርኣየ፣ ኣብ ርእሲ እቲ ኣቦኣ ኮይኑ ክነስድዳ ኣለና ክብል ኢዩ። ኣነን ቅዱሳን መላእኽተይን ድማ ሹዑ ክንቃለስ ኢና።

ነታ ኣዲኣ ወላዲታ ተሰፋ እንዳ ሃብናን፣ ነቲ ፍቓዳ ናብ ሰናይ እንዳ መራሕና ክንቃለስ ኢና። ምኽንያቱ እቲ ቀንዲ ከቢድ ክስገር ዘይክኣል ካብ ግብርኹም ፍቓድኩም ንመን ተረክቡዎ ኢዩ። ስለዚ ነዛ ህጻን ኣነ ባእታ ማርያም ክሳብ ናብ የእዳወይ ብዓወት እትምለስ መዓልታዊ ኣብ ቃልሲ ኢየ ክርከብ።

ኮኾብ ክርስቶስ --- እዋይ! ባእታ ዓይነይ ይገርም ግን፣ ነፍሲ ወከፍ ህጻን ክትሕልውን ክትቃለሲን፣ ንሕና ግን ብፍጹም ዘይንፈልጦ፣ ይቕረ ግበርልና።

ባእታ ማርያም --- ሕጂ ድማ እዛ ዘርእየኪ ነፍሰ ጾር ጓል ርኣይያ'ሞ፣ በዒንትኺ ዝርኣኽዮ ክትምስክሪ ድማ ተዳለዊ በለትኒ። ብድሕሪ እዚ ሓንቲ ነፍሰ ጾር ምኻና ምስ ነገረትኒ ኢየ እምበር ኣይፈልጥኩዋን ፈለማ ገጻ ንየዒንተይ ወሰደተን። ከባቢ 3 ወርሒ ዝኸውን ጥንሲ ጾይራ ኔራ፣ ኣብ ውሽጢ ዘሎ ህጻን ግን ተጻዒሩ ይጭነቕ ከም ዘሎ ተፈለጠኒ።

እማየይ! እንታይ ኢዩ ድኣ ኮይኑ እዚ ህጻን በልኩዎ። ባእታ ማርያም ግን የእዳዋ ንውሽጢ እቲ ኩብዳ ሓሊፉ፣ ማይ

ዝመስል ካብ ኩብዲ የእዳዋ ናብ ውሽጢ እቲ ሰውነቱ የእተወትሉ'ሞ፣ ካብ ጭንቀቱ እንዳ ርኣኹዎ ሰላማዊ ኮነ።

እታ ኣዲኡ ድማ ኮፍ ኢላ ኢያ ዝነበረት ኣብ ማእከል ቅዳሴ'ሞ፣ ብድድ ኢላ ቅዳሴኣ ቀጸለት። ኣነ ድማ እዋይ ኣብ ሰብነትኪ እንታይ ይፍጸም ኣሎ እንተ ትፈልጢ ክንደይ ብሓጎስ ምስ ዘለልኪ በልኩ።

ባእታ ማርያም --- ምልእተ ጸጋ ዓለይ ሕጂ'ኸ ተረዲኡኪ'ዶ ስርሐይ። ዝበዝሑ ህጻናት ማይ ይጸምኡ፣ ልቦም ይዕፈን፣ ዕትብቶም ይቑጸርም፣ ኣእጋሮም ይጥወ. . . እዚ ኹሉ ግን እግሪ እግረን እንዳ ኸድኩ ብቃልኪዳነይ መሰረት መዓልታዊ ካብ ነፍሰ ጾር ኣይፍለን ኢየ።

እቲ ዝበርትዐ ሓይለይ ግን ኣብ ውሽጢ ቤተይ ኢዩ ዘሎ፣ ዝበዝሕ ስርሐይ ኣብ ማእከል ስርዓተ ቅዳሴ ኢዩ። እቲ ፈልፋሊ ማይ ካብ ናይ ቅዳሴ ዜማ፣ እቲ መግቢ ንህጻናት ውን ካብ ዜማ ናይ ቅዳሴ እንዳ ኣዋሃሃድኩ፣ ጸላኢ እንዳ ተቓለስኩ፣ እነህለኹ ኣብ ማእከል ቅዳሴ ቀይመ ኣለኹ።

ብርሃን ዓለይ፣ ነፍጸ ጾር ካብ ቅዳሴ ክትርሕቕ የልብላን፣ ሓደራ ንገርለይ ንኹለን ደቀይ። በዒንትኺ ዘርኣኹኺ ድማ ንኹለን ንገርየን ሓደራ። ኣነ ባእታ ማርያም ኣደ ኩሉ ውዱቕ፣ ኣደ ኩሉ ውጹዕ፣ ኣደ ኩሉ ተስፋ ዝቖረጸ፣ ኣለኹ ኣነ ባእታ ማርያም ኣዴኹም።

ኪዳነይ ልብሰይ መንነተይ ንኹሉኹም ደቀይ ኢዩ። ስርሐይ ምስጢራዊ ኢዩ፣ ንእሽተይ ኢያ እንዳ በልኩም ናይ ዓቢ

ዝሰርሕ ባዕለይ፣ ዓባይ ኢያ እንዳ በልኩም ድማ ንታሕቲ ወሪደ ዝሰደምም ስራሕ ዝሰርሕ ኣነ ባዕለይ ባእታ ማርያም።

ነገስታት ዝቐብእ፣ ተምሳል ንጹህ ነቢይ ሳሙኤል ኣነ ባዕለይ፣ ንግሆ ንቕድስና ዝተወፈኹ፣ ሰማያዊን ዘልኣለማውን ዝኾነ መግበይ፣ ባእታ ማርያም ኣዴኹም ኢየ።

4. ሰማእታት ግብጺ

ኮኾብ ክርስቶስ --- ሰንበት ንግሆ ኢዩ። ኣቐዲመ ተንሳእኩ፣ ቅዳሴ ስለ ዘይነበረና ሎሚ፣ እታ ቤተክርስቲያን ናይ ቅዱስ ግዮርጊስ ኣዝየ ናፈቕኩዋ'ሞ ኣብዚ የዒንተይ ሱቕ ኢሉ እቲ ቤተ መቕደስ ይመላለስ ነበረ።

ተንበርኪኸ ጸሎተይ ጀመርኩ። ኣቤት! ጎይታየ ቤትካ ክንደይ ናፍቖቱ ይብርትዕ ኢለ ምስጋናይ ጀመርኩ። ምኽንያቱ ሓይሊ ቅድስቲ ቤተክርስቲያንና ካብቲ ብኣፍና እነልዕሎ ንላዕሊ ስለ ዝኾነ ኢየ።

ኣብ መንጎ ጸሎተይ ግን ብቕድሚ የዒንተይ ደበና ዝመስል ጋህ በለ። ኣብታ እንዳ ጸሎተይ ተንበርኪኸ ከለኹ፣ ከምዚ ነቲ መንደቕ ጋህ ኣቢሉ ዝመስል ኢዩ እቲ ደበና ጾውዝበለ።

ኣብ ርእሲ ኣቲ ደበና ግን ጎይታይ እንዳ ሰጎመ ናባይ ገጹ ጠመትኩዎ። ኣቤት ናተይ ንጉስ! በለት ልበይ። ኣነ ግን እቲ መንደቕ ናበይ ከይዱ፣ እቲ መንደቕ ተተኸፊቱ ድማ

ጎረባብተይ ክህልዉ ኣለዎም ግድን፣ እምበር ሰማይ ምስ ደበንኡ ድኣ ከመይ ኢዩ ዝኸውን ዘሎ ኢለ ተገሪምኩ።

ጎይታይ ድማ የእዳዉ ሰደደለይ! ኣነ ድማ!

ኮኾብ ክርስቶስ --- ጎይታየ! ናበይ ኢና ድኣ፧

መድሃኔ ኣለም --- ምልእተ ጸጋ ጓለይ፣ ኣነ ኣምላኽኪ ናብ ዝወሰድኩኺ፣ ምኽንያቱ ንስኺ ናተይ ስለ ዝኾንኪ። ኣነን ንስኽን ብናይ ስቓይ እምነት ተራኺብና፣ ስለዚ መን ኢዩ ክፈልየና ዝኽእል ንዓይን ንዓኽን፧ ንስኺ ናተይ ኢኺ።

ኮኾብ ክርስቶስ --- ጎይታየ ይቕረ ግበረለይ፣ ግን ገሪሙኒ ኢየ ኩሉ ነገርካ።

መድሃኔ ኣለም --- ኣነ ዘገርም ኣምላኽ ስለ ዝኾንኩ ኢዩ። ኣነ ኣምላኽ ናይ ዘይሕሰብ ኢየ። ኣነ ኩሉ ዝኽእል ኣምላኽ ኢየ። ምሳይ ኣይከውንን ዝብል ቃል ኣይሰርሕን ኢዩ። ንዘኣምን ኩሉ ይክኣል ኢዩ ጓለየ።

ቤተክርስቲያንካ ናፊቐየ'ዶ ኣይበልክንን። ስለዚ ናይ ቅዱስ ግዮርጊስ ቤተክርስቲያን ኣላ ኣብ ሓንቲ ኣዝየ ዘፍቅራ ሰፈር ክወስደኪ ኢለ ኢየ።

ኮኾብ ክርስቶስ --- { ከምዚ ምስ በለ ኣነ ከይርኣኹዎ ጸኒሐ እምበር ቅዱስ ግዮርጊስ ኢዩ ቀዲሙዎ መጺኡ፣ ዘይርኣኹሉ ዝጸናሕኩ ምስጢር ድማ ፍቓድ ጎይታይ ኣይነበረን።

ነታ ናፍቖት ቤተክርስቲያን ናይ ቅዱስ ግዮርጊስ ኢለ ዝጸለኹዋ ግን ባዕሉ ቅዱስ ግዮርጊስ ኢዩ ተቐቢሉዋ'ሞ፣

<u>ንጎይታይ ለሚኑ ኢዩ ናብዛ ዘወሰዱኒ ቤት መቕደስ ዘወሰዱኒ።</u>

<u>እቲ ጸኒሐ ዝርኣኹዎ ምስጢር ግን ጎይታይ ቅዱስ ግዮርጊስ ኢሉ ብ ኣንደበቱ ምስ ጸውዐ፣ እቲ እሳታዊ ቃል ጎይታይ ኣብ ቅድሚ የዒንተይ ከም ዝቐውም ገበሮ። በዚ ኢየ ድማ ዝረኣኹዎ ንቅዱስ ግዮርጊሰይ።}</u>

ብድሕሪ እዚ ቅዱስ ግዮርጊስ ብፈረሱ ቀዲሙና ንነዊሕ ገጹ ናብ ደበናታት ብናህሪ እንዳ ጋለበ ተሰወረና፣ ጎይታይ ግን የእዳወይ ሓዘን'ሞ፣ ኣብቲ ደበና ረገጽኩ። ኣነ ድማ ኣብታ ናይ ኣስመራ ናይ ገዛውትና ናይ ቅዱስ ግዮርጊስ ቤተክርስቲያን'ዶ ድኣ ይኸውን ኢለ ሓሰብኩ።

ጎይታይ ድማ ድንን ኢሉ ማሙሸ! እቲ ሓሳብኪ ዋላ ይሰምዖ ኢየ'ሞ ብሓሳብ ኣይትቐድምኒ፣ ንዒ ተመለሲ ኢሉ ሰሓቐ። ኣነ ድማ እዋይ ጎይታይ! ረሲዐዮ እንዲየ ኩሉ ኢኻ'ባ ትሰምዕ በልኩዎ።

ኮኾብ ክርስቶስ --- ብድሕሪ እዚ ኣብ በረኻ ምድረ በዳ ዝመስል ቦታ በጻሕና። ኣኻውሕ ዝመስሉ ጎቦታት ድማ ነበሩ። እቲ ሓላዊ መልኣኸይ ድማ እዚ ኣብ መንጎ ሱዳንን ግብጽን ዘሎ ምድረ በዳ ኢዩ በለኒ።

ዓበይቲ ጸለምቲ ኣኻውሕ ዝመስሉ ኣእማን ዝተቐመጡትላ ስፍራ ምስ በጻሕና ድማ ደው በልና። እዚኣ ናይ ቅዱስ ግዮርጊስ ቤተክርስቲያን ኢያ በለኒ ጎይታይ።

ኮኾብ ክርስቶስ --- ጎይታይ! ኣየናይ ማለት ኢዩ ኣይተረድኣንን። እዚ ኣኻውሕ ዲዩ ዋላ፣ ኣየናይ፣ ኣነስ ብፍጹም ኣይተረድኣንን ይቕረ ግበረለይ በልኩዎ።

መድሃኔ ኣለም --- ግዮርጊስ ፍቑረይ! ኣርእያ ድሓን በሎ።

{ ብድሕሪ እዚ ቅዱስ ግዮርጊስ ሰለስተ ግዜ ብፈረሱ ነቲ ኣኻውሕ ኮለሎ እንዳ ጋለበ'ሞ ወዮ ኣኻውሕ ሓፍ ኢሉ መስቀል ምልክት ዘለዎ ኮይኑ ቀመ፣ ገሊኡ ድማ ከም ሓጹር ኮይኑ ብኸቢብ፣ ነቲ ሰፈር ኣኽበቦ።

ካብቲ ትሕቲ እቲ ኣኻውሕ ግን ኣሰከሬን ናይ ሰባት ዝምስል ፋሕ ኢሉ ነበረ'ሞ ተለጋገቡ ዓይነት ዶው በለ። ግን ዶው ክብል ከሎ ኣሰከሬን ዘይኮነስ ጻዕዳ ልብሲ ካብ ላዕሊ ክሳብ ታሕቲ ተኸድኑ፣ መሊሶም ድማ ብርሃን ካብ ነብሶም ወጸ'ሞ ነቲ ሰጋ ዘይነበሮ ሰፍራ ኣካላቶም ኩሉ ብርሃን ከም ስጋ ኮይኑ ተክአ። ብድሕሪ እዚ ጻዕዳ መላእኽቲ ኢዮም ዝመስሉ ኩሎም።

ኣብ ቅድሚኦም ድማ ኣቡነ ኣንጦንዮስን ቅዱሳን ናይ ግብጽን፣ ኣቡነ ገብረመንፈስ ቅዱስን፣ ናይ ዕጣን መዕጠኒ ሒዞም፣ ኣብ መንኩቦም ድማ ናይ ወርቂ መስቀል ብጸጋማይ ኢዶም ተሰኪሞም፣ ርኣኹዎም። ግን ድማ ልክዕ ከምቲ በዓል ኣቦይ ቀሺ ኣብ ናይ እንዳ ቅዱስ ግዮርጊስ ዝቕድስዎ ዜማ ዝጥዕም ይቕድሱ ነበሩ።

ግን እታ ሓንቲ ፍልልያ፣ እታ ቅዱሳን ካህናት ኣቦታትና ቅድስተ ቅዱሳን ኢሎም መጋረጃ ዝሸፍኑዋ ሰፈር፣ መጋረጃ

ኣየነበራን ምኽንያቱ ኣደይ ማርያም ህጻን ቀልዓ ሓቝፋ ኣብ ፊቶም ኮፍ ኢላ ኔራ።

ኣብ ክንዲ መጋረጃ ግን ክልተ መላእኽቲ ግን ድማ 6 ብጸጋም፣ 6 ድማ ብየማን ክንፌ ዘርግሖ፣ ክልተ ካብ ክሳዶም ንላዕሊ፣ ክልተ ድማ ንታሕቲ ጌሮም ዘርጊሖሞ ስለ ዝነበሩ፣ መጋረጃ ዘይኮነስ እቲ ክንፎም ከም መጋረጃ ይመስል ይዝርጋሕን ይዕጸፍን ነበረ።}

መድሃኔ ኣለም --- ምልእተ ጸጋ ኳለይ እዚኣ እታ ዘፍቅራ ቤተክርስቲያን ናይ ቅዱስ ግዮርጊስ ኢያ። እዞም ኣዕጽምቲ ዝርኣኽዮም፣ ለይትን ቀትርን ኣብ ትሕቲ ምድርን ልዕሊ ምድርን ኮይኖም ብጸሎት ምስ ቀሙለይ ኢዮም። መዓልታዊ ድማ ኣብ ትሕቲ እዚ ኣኻውሕ እዚ ስርዓተ ቅዳሴ ይፍጸም።

ዘሸግሩኹም ኣጋንንቲ ኣብዚ ተሳሒቦም መጺኦም ይግረፉ ኳለየ። { እንዳ በለኒ ከሎ፣ እዞም ኣዕጽምቲ እዚኦም'ከ ናይ መን ኢዮም ኢለ ብውሽጠይ ሓሰብኩ። ጎይታይ ድማ ይሰምዓኪ ኣለኹ ኳለየ! ከይነገርኩኺ ድኣ ኣበይ ክትገድፍኒ። } በለኒ'ሞ ኣፊይ በእዳወይ ሓዝኩዋ።

መድሃኔ ኣለም --- እዚኦም ብግዜ መግዛእቲ ቱርኪ፣ ጸላኢ ነዞም መንእሰያት እዚኦም ሓርዩ ሓርዩ መረጾም። ንእምነት ቅድስቲ ቤተክርስቲያንይ ብፍሉይ መስዋእቲ ኣጽኒዖም ዝሓዙ ኢዮም። ካብ ምድሪ ኤርትራ ድማ ኮብኩቦም ኣምጽእዎም እንዳ ኣጋፍዑ። ብድሕሪኡ ኣብዚ ሰፈር ምስ በጽሑ ነቲ ንሕና ንሰግደሉ ሰገዱ በልዎም'ሞ፣ ኣይፋልናን፣ ክሳድና ትበተኽ እምበር ማዕተብና ኣይንበትኽን በሉ።

በዚ ድማ ንኹሎም ነዞም 300 ክሳዶም ኣብዚ ሰፈር እዚ ሰየፋዎም። ምስ ሞቱ ድማ ደሞም ጃሕ! ጃሕ! እንዳ በለ ከሎ ገዲፎሞም ከዱ።

ብድሕሪኡ ድማ ሊቀ ሰማእት ዝኾነ ፍቑረይ ግዮርጊስ ነፍሶም ናብ ዝፋኑ፣ ኣኽሊል ሰማእትነት ሂቡ ወሰዶም። ንሶም ግን ለመኑዎ። ኣብ ላዕሊ ዝፋን ኮይኖም፣ መጻኢ ወለዶ ተመለከቱዎ።

ነዚ ሕጂ ዘለኹሞ ዘመን ርእዮም ኣምሪሮም በኸዩ'ሞ፣ በጃኻ ኣብታ ሰፍራ ኮይንና ክንልምን ኣውርደና በሉዎ'ሞ፣ በዚ ኢዩ ኣነ ድማ ነቲ ልመንኦም ተቐቢለዮ።

ንጣብ ደመይ ምስቲ ናቶም ዝፈሰሰ ደም ሓወስኩሉ። ብድሕሪ እዚ ማሕተም የማናይ ኢድ ቅድስቲ ወላዲተይ ኣንበርኩሉ'ሞ፣ ቅዱስ መቕደሰይ ቀየርኩዎ።

ስለቲ ትብዓቶም፣ ኣብ ሰቓይ ሓዊሮም ኣብ ሰቓይ ውዒሎም ከለዉ፣ ኣፎም ከፊቶም ዘይመለሱ፣ ተጸሚሞም እምነቶም ዝዓቀቡ ድማ፣ መንፈስ ቅዱሰይ ነቲ ኣዕጽምቶም ውን ኣፍቀሮ'ሞ ካብ ኣዕጽምቶም ኣይፍለን በለ። ኣቦይ ኣዝዩ ኣፍቀሮም ፍሉይ ቃልኪዳንን ማሕተምን ሃቦም።

ስለዚ ነፍሶም ወትሩ ከምቶም እሳታውያን መላእኽተይ፣ ኣብ ቦታ ጅግንነታ ኮይና ቅዱስ! ቅዱስ! ቅዱስ! ኣብ ሰማይን ኣብ ምድርን ኢላ ትሰግድ። ነዚ ፍሉይ ክብሪ ድማ በጽሑ።

ኮኾብ ክርስቶስ --- ኤርትራውያን ኮይኖም ክንድዚ ጅግንነት ኣብ እምነት ምስ ርኣኹ ሕጉስ በልኩ። ኣዝየ ኮራዕኩ ምኽንያቱ ኣብ ገጾም ዝርአ እምነት ብፍሉይ ኣብ ልበይ

ስፍራ ኣለዎ። መንእሰያት ኮይኖም፣ ከመይ ጌሮም በቲ ናይ ሽዑ ዝነበረ፣ ምዕባለን ጥበብ ዓለምን ዘይተጠልፉ ገረመኒ።

መድሃኔ ኣለም --- ምልእተ ጸጋ ዓለይ ናይዞም ሰማእታት እዚኦም ፍሉይ ዝገብሮ ሓደ ነገር ክነግረኪ ኢየ። እቲ ንጣብ ደሞም ኩሉ ነቲ ካብ ሃገር ወጺኡ ክሒዱ ዘሎ ወለዶ መማለዲ ኢዩ።

እዚ ናይዞም ክቡራት ሰማእታተይ ደም እዚ፣ እቲ ሃገር ሰጊሩ፣ እምነቱ በቲ'ኹ፣ ንዓለም ተመሳሲሉ ዝሰገረ፣ መምለሲ መስገሪ ናብ እምነት ዝኸውን ዋጋ ኢዮም ከፊሎም'ሞ ብዙሕ በቶም ማዕተቦም ዝበተ'ኹ ኣይትጨነቒ።

ግብሪ እቶም ማዕተቦምን ማሕልኦምን ዝበተ'ኹ ዘይኮንኩ ዝርኢ፣ ናይዞም ንጹሃት ደቀይ ምእንታ'ኹም ዝልምንዎ ኢየ ዝርኢ'ሞ ኣጆኺ ዓለየ! እቲ ሎሚ ዝነጥር ዘሎ፣ ቀሪቡ ኢዩ እቲ መንገዲ ከብቅዕ። ምኽንያቱ ንስጋ ዶብ ስለ ዘለዎ። ስጋ ኣብ ኣፍደገ ሞት ተትርእያ ዓለይ።

ኣንበሳ ክትመስል ዝል ዝል ትብል ዘላ፣ ኣብ ቅድሚ ሞት ግን ኢድ ኣደይ ወላዲተይ ስለ ኣቐዲማ ዘይትሕዝ ፣ እቲ ተስፋ ዘይብሉ ሓሰ'ኻ ኢያ ትመስል ኩላ።

ስለዚ ዓለየ! ክንደይ ካብ ደቀይ ኢዮም ሰሃራ ክሰግሩ ከለዉ፣ ማዕተብኩም ብተ'ኹ ተባሂሎም ዝበተ'ኹ። ስለዚ ን'ኹሎም ንዓይ ክጥዕመኒ፣ ኣነ ምእንቲ ከዕርፍ ኣቐዲመ ሰራዊተይ ነህልዉ ሰዲደ ኢየ ኔረ'ሞ፣ ሰ'ክፍ ኣይብለንን ኢዩ።

እቲ ተንኮል ጸላኢየይ ኣንጊሀ ይፈልጦ ኢየ። ንዓይ ምስ ደቀይ ክፈልየኒ ክንደይ ግዜ ሓ'ኽ ዘይበለ። ኣነ ድማ

ቀዲመዮ መንጸፍ ድሕነት ስለ ዘንጽፍ ደቂሰ ኢየ ዝሓድር። ክብሪ ንኹሎም ሰማእታተይ፣ ኣብ ንኡስ ዕድሚኦም ንእስነቶም ዝወፈዩ።

ስለዚ ማዕተብ ተበተኽካ ጸላኢየይ፣ እነሀለ በረኻታተይ፣ ኣብ ክንዲ ማዕተቦም ክሳዶም ዝተበትከ ሰማእታተይ፣ ኣብቲ ንስኻ ክትረኽቦን ክትርእዮን ዘይትኽእል ኣኻውሕ ሰዊረ፣ ቅዱስ! ቅዱስ! ቅዱስ! ኣብ ሰማይን ምድርን ተባሂሉለይ ይስገደለይ ኣሎ።

ምልእተ ጸጋ ጓለይ፣ እዚኣ እያ እታ ናይ ቅዱስ ግዮርጊስ ሰውርቲ ቤተክርስቲያን ዝበልኩኺ። ሎሚ ኣብዚ ቅዳሴ ተሳቲፍኪ ኣለኺ'ሞ እነሀለኪ ናፍቖት ቤተይ ኣውጽኢ በለኒ።

ቅዳሴ ምስ ተወድአ ጻዕዳ ዝመስል ባኒ ዝመስል፣ ካብ ሰማይ ኣብ መትሓዚ ወረደ'ሞ፣ በእዳዉ ጎይታይ ኣብልዓኒ። ግን ባኒ ይመስል እምበር ምኽኽ ይብል ኣብ ኣፍካ። ኣይትሓዝን ኢዩ ኣይድህሰስን። ጋዝ ዲዩ ዋላ እንታይ እንድዒ።

ኮኾብ ክርስቶስ --- መኽፈልቲ ዝብሃል እዚ ዲዩ ጎይታይ! በልኩዎ

መድሃኔ ኣለም ኣቦይ --- እንዳ ሰሓቐ! እወ ጓለየ! ናይ ሰማይ መግቢ ኢዩ። ንሕጂ ግን እቶም ዝከራኽሩ ይከራኽሩ'ሞ ምስጢሩ ካልእ ግዜ ክነግረኪ ኢየ። እቲ ጥበበኛ በሃሊ ጥበቡ ምስ ወድአ።

እቲ ናይ እምነት መርከቡ ተሰይራቶ ናብ ይሁዳ ክማኸር ዝኸደ ውሉደይ ክሳብ ዝምለስ። እቲ'ኳ ኣነ ኣፈይ ሐዘ

ክነሰይ፣ ብዙሕ ዝዛረብ ዘሎ፣ ኣነ ዘይፈልጦ ውሉደይ ክሳብ ሰዓት ሞት ትመጾ ጓለየ።

ሰላመይ ምሳኺ ይኹን ብርሃን ጓለይ፣ ኣነ የፍቅረኪ ኢየ።

ምዕራፍ 3

መልእኽቲ ካብ ሰማያት

1 ኣብ ዝፋነይ ኣኽብርኩኹም

መድሃኔ ኣለም

መስቀለይ ምስ ሓይላን፣ መለኮታን፣ ስልጣናን ኣሰከምኩኹም፣ በዚ ድማ የዕሩኽተይ በልኩኹም። ኣነ ንዓኹም ልክዕ ከም ባርያን ገዛእን ዘይኮንኩስ፣ ከም መማኽሪኹምን ሓውኹምን ውን ኮንኩ።

ኣነ ባዕለይ ዝለኣኽኩኹም፣ ኣነ ብፍጹም ተጸጊመ፣ ወይ ውን ጎዲሉኒ ዘይፈልጥ፣ ዕድመይ ኣይሓልፍን፣ ስመይ ብፍጹም ዘይትንከፍ፣ እሳተይ ሕልፊ ኹሉ መሸንበባ፣ ንፋሰይ ልዕሊ ኹሉ ዝነፍስ፣ ኣነ ባዕለይ ኣለኹኹም፣ ኣነ ከለኹ መን ክትንክፈኩም ይኽእል፧

ብጅግንነት ኩሉ ፈጺመ፣ ዓወት ኣብ የእዳውኩም ኣጨቢጠ ናብ ዝፋነይ ደየብኩ። ኣብ ዝፋነይ ድማ ድንቂ ዝኾነ ክብርን ኣኽሊልን ኣዳልየልኩም ኣለኹ።

ኣነ ኣብ ዝፋነይ ዘኽብረኩም፣ ደቂ ዝፋነይ ስለ ዝኾንኩም ኢዩ፣ ኣነ ሕልፊ ኹሉ ኣፍቀርኩኹም፣ መግለጺ ፍቕረይ ድማ፣ እቲ ጽባሕ ምስ ረኸብኩምኒ፣ ኣብ ክብርኹም ምስ የእተውኩኹም፣ ብዘይ ዝኾነ ሕፍረት ምእንቲ ክትቀሙ ኣብ

ቅድመይ፣ ንእሽተይ መከራን ፈተናን እነሃለ ኣብ ምድሪ ኮይነ ሂበኩም፣ ንሳ ድማ ልበይ ብዛዕባ ኣባጊዐይ ኣይደቀሰን።

እተን ኣዝየ ዘፍቅረን ኣባጊዐይ ኣብ ፈቐዶ ጎቦታት ፋሕ ኢለን እነህለዋ ይጽውዓኒ። እዚኣ ኢያ እታ ኣብ ልበይ ዝዓበየት እተኸብረኒ ኣገልግሎት ።

ስለዚ ጓሶት ክትኮኑኒ ዘተንሳእኩኹም፣ እነሆ ኣብ ዝፋነይ ኣኽበርኩኹም፣ ንስኹም ድማ ኣብቲ ዝሓሰርኩሉ ዓለም ኣኽብሩኒ።

ኣነ በዒንቲ ዘይተራእየ፣ ብሕልና ውን ዘይተሓሰበ ክብርን ዝፋንን ኣዳለውኩልኩም፣ ንስኹም ድማ ኣብዛ ዘሕሰረትኒ ዓለም፣ መንነተይን ድምጸይን ባህገይን ሒዝኩም ኣሕስሩዋ።

ኣለኹ ኣነ፣ ግድን ውን ክመጽእ ኢየ። ዝጾንሖኩ እንተ መሰለ ኣይትታለሉ፣ ኣነ ዝበልኩዎ ዝፍጽም እንኮ ኣምላኽ ኢየ። ሕጂ ውን ደጊመ ዝብለኩም፣ ዝነዓቕካኒ ንቓሕ፣ ተዓጢቕካ ተጸበየኒ፣ ዝሓተካ ኣለኒ፣ ንስኻ ውን ክትምልሰለይ ተዳሎ።

ኣብ የዛንካ የለን ኣምላኽ ዝብሃል እትብለካ ዘላ ዓለም፣ ከም ዝመጽእ ግን ጽቡቕ ጌሩ ኢያ እትፈልጥ፣ ምኽንያቱ እቲ ኣመንዝራ ግብራ፣ ክገልጾ ምኳነይ ብዘይ ዕረፍቲ እነህለት እንዳ ላህለህት ትሃድም፣ ኣርኪበ በእዳወይ ክትንክፋን፣ ከምክኻን ኢየ፣ እቲ እትምክሓሉ ዘላ ደማ ውን ንኣኻልብ ክህቦም ኢየ።

ስለዚ ጓሶተይ ኣነ ዕረፍቲ ይኹን ሰለምታ ንየዒንተይ ኣይሃብኩወንን እሞ፣ ሕልፊ ኹሉ ግን ናትኩም ስምረት፣ ናትኩም ፍቕሪ የድለየኒ ኣሎ ኣብዚ ዘመን እዚ።

ድምጸይ እነህለ! ኣቤይ ኣለኻ ከይትብሉኒ'ኳ መርመርዎ ፊደላተይ ኩለን በብሓደ። ምርር ምስ በለኒ፣ ዘመን ኣእዛንኩም ምስ ደፈነለይ፣ እኔኹ ከምቲ ኣብ ቤተልሄም ኣብ ቁሪ በይነይ ምስ ቅድስቲ ወላዲተይን እንስሳታትን ድምጸይ ዘሰማዕኩ፣ እነኹ ሕጂ ውን ካብ ቤተልሄም ንእሽቶ ሰፈር ድምጸይ የስምዕ ኣለኹ።

ኣብ ቅድሚ የዒንትኹም ልዕል ዝበለ ግብሪ ከምቲ እትጽበዩዎ ኣይክገብርን ኢየ፣ ምኽንያቱ ነዚ ጸልማት ዘመን እንትርፎ ቃለይ ካልእ ምስክር የብለይን።

ክቡር ቓለይ እነህለ፣ ካብ መዓሙቕ ልበይ ዝነቐለ፣ ከም ወሓዚ ማይ በብቑሩብ ይፍልፍል ኣሎ። ኣድህቦኹም ሃብዎ ሓንሳብ፣ ክቡር ቃለይ ናብ ቦታ ዕረፍትኹም ክወስደኩም ኢዩ።

ጓሶተይ ዘሕለፍኩዎስ እምበር ብቓላት ኣይግለጽን ኢዩ። ዓመት መጸ፣ እህህታይ ኣብ ሰራውር ደምኩም ይኽዕዎ እንዶ የለኹን። ጭካነ እንዳ ነገሰ ይመጽእ ኣሎ። ሕጂ ሓግዙኒ፣ ቅድሚ ኹሉ ንዓይ ንፈጣሪኹም ስርዑ፣

ህይወትኩም ልዕለይ ኣይተፍቅሩዋ፣ ከተፍቅሩዋ ክትብሉ፣ ስጋ ከይትሕብለኩም። ንስኹም ናተይ እምበር ናይ ካልእ

ኣይኮንኩምን። ህይወትኩም እንተ ኣፍቀርኩማ፣ ክትስእኑዋ ኢኹም ኣብ ግዜ ፍርዲ።

ኣነ ልዕሊ ኹሉ ክፍራሕን ክፍቀረን ዝግብኣኒ፣ ስም ደቅኹም፣ ስም ናብራኹም፣ ብዝሒ ገንዘብኩም፣ ምሩጽ ክዳውንትኹም ቀቅድመይ እንዳ ተሰርዐ፣ ኣቐናእኩምኒ።

ኣነ ኣምላኽኩም ቀናእኩ፣ ኣዝየ ቀናእኩ፣ ተሓቢኤ ንድሕሪት ገጸይ ነባዕኩ። ምስ ኩሉ ኣፍኩም ከፊትኩም እንዳ ኣዕለልኩም፣ ንዓይ ግን ግዜ ሂብኩም ስለ ዘየዕለልኩምኒ ቀናእኩ ኣዛዚኹም።

ዳዊት ድርብይ ኣቢልኩምለይ ብድድ ኢልኩም ትኸዱ'ሞ፣ ልበይ ዕላላ ከይወደአት ምሳኹም፣ ስብር ትብል ኣላ። ሕልናኹም ካብ ትድቅስ ነዊሕ ኮይኑ፣ ልብኹም ሽቐልቀል ካብ ዘይትብል ነዊሕ ጌሩ።

ልቢ ቅዱስ ጴጥሮስ እታ ዘፍቅራ ዝነበርኩ፣ ብደቂቕን ብገዚፍን ትሻቐል ነበረት፣ ኣነ ኣምላኽ ክነሰይ እንዳ ፈለጠት ግን ከይደክም ብዛዕባይ ትሓስብ ነበረት።

ልቢ ቅዱስ ጴጥሮስ ወደይ፣ ዳግማይ'ዶ ከውርደኪ፣ ዳግማይ'ዶ ክሰደኪ ልበይ ከተዕርፍ ቁሩብ። ልቢ ቅዱስ ጴጥሮስ ናፈቐኪ። ኣጸምው ኣቢልኪ ትሓልይለይ ዝነበርኪ፣ ለውሃት ልበይ ልዕሊ ማንም ትፈልጥየ ዝነበርኪ ልቢ ጴጥሮስ ፍቑረይ፣ ክሰደኪ'ዶ ደጊመ። ብዛዕባ ልበይ ዝሓስብ ምስ ሰኣንኩ ክሰደኪ ደጊመ፣ ዳግማይ ክትድብስኒ።

እግሪ ጴጥሮስ ባርያይ ደጊመ'ዶ ከተንስኣኪ፣ ንሓንቲ በጊዕ ከተጥምቑ ኢልኪ፣ ሰለስተ መዓልቲ ትጎዓዚ ዝነበርኪ፣ ደጊመ'ዶ ክሰደኪ።

የማነይቲ ኢድ ጴጥሮስ ወደይ ደጊመ'ዶ ክሰደኪ፣ ንስኺ ዝተንከፍክዮ ዘበለ፣ ኣዕጽምቲ ይገጥም ነበረ፣ ጽላሎትኪ ዝተንከፎ ዘበለ መቓብራት'ኳ ከይተረፉ ሬሳታት ፈንቂሎም ይወጹ ነበሩ። በጃኺ ደጊመ ክልእከኪ የማነይቲ ኢደይ ዝኾንኪ፣ የማነይቲ ኢድ ጴጥሮስ እሙን ባርያይ።

ነፍሲ ጴጥሮስ ወደይ ክልእከኪ ደጊመ፣ ከም ልበይ ዝኾንኪ፣ ኣብ ዘውረድኩኺ ትወርዲ፣ ኣብ ዘንበርኩኺ ትነብሪ፣ ንኽብረይ ልዕሊ ክብሪ ነፍስኺ ዘኽበርኪያ።

ጴጥሮስ ፍቑረይ እንግድዓኻ ክሰዶ'ዶ ፈልየ። ደጊመ ክሰዶ፣ እቲ ነታ ከባድ መስቀለይ ሓንሳብ ምስ ሰቐለ፣ ብፍጹም ዘየውረዳ። እንግድዓኻ ንነዊሕ ዘመናት ኣብረየኒ፣ ጴጥሮስ ወደይ።

ኣነ እነከለኹ ኣብ ቅድመይ ሓንቀቕካ፣ ኣነ ምስ ከድኩ ግን ጽላሎተይ ልክዕ ዝኾንካ ጴጥሮስ ወደይ ብዛዕባኻ ብዙሕ ምስ በልኩ።

ሕጂ ግን ከቢዱኒ ጴጥሮስ ወደይ፣ ንዓ ውረድ ክብሪ መንነትኩም ሓብሮም ንጓሶተይ። ንዓኹም ዘዳልውኩዎ ክብሪ ንዓ ሓብሮም፣ ከም ከውሒ ኣብ ልዕሊኻ ዝሰረትኩዎ ስፍራይን ምስጢረይን ስልጣነይን።

የዒንት'ኻ የዒንተይ ዝጥምቶኦ ጥራይ ይጥምታ ነበራ፣ ልብ'ኻ ንረብሓይ ጥራይ ትሓስብ ነበረት፣ ሂወትካ ናተይ ጥራይ ነበረ። ኣብ ዝጸዋዕኩ'ኻ ኣቤት! ኣለ'ኹ ጎይታይ! እምበር፣ ኣይትጥዕመንን ኢያ ኢልካኒ ኣይትፈልጥን።

ሓዳርካ ድሕረይ ሰራዕካዮ'ሞ፣ ቀዲሙ'ካ ኣብ ዝፋነይ ሰፈሩ ኣሳፊሑ ጸንሓካ፣ ክቡር ባርያይ ጴጥሮስ ዓርከይ፣ ትርግታ ልብ'ኻ ጎይታይ! ትብል ነበረት። ንስ'ኻ ን'ኹሉ ሓይለይ ኣብ ምድሪ ገዲፈዮ ን'ክድይብ ደረ'ኽካኒ፣ ምእንቲ ኩሎም እቶም ዝ'ኽሕዱንን፣ ዝሸጡንን ከቢድ መስዋእቲ ከፊልካ ከድካ።

ብሕልፊ ነቶም መስቀለይ ገምጢሎም፣ ጽባሕ ዘመን ዝሸጡኒ ጓሶተይ ክትብል፣ ኣብ መስቀለይ ተገምጢልካ፣ ደምካ ደፋእካዮ። ደምካ ዛረየ ጴጥሮስ ፍቑረይ፣ ብሳላ ኣብ መስቀሊ'ኻ ዝፈሰሰ ደምካ፣ እነህለት ነቶም ዝሸጡኒ ጓሶተይ ብትዕግስቲ ድንን ኢለ ይልምን ኣለ'ኹ።

ግፍዒ ኣብ ልዕሊ መስቀለይ ዝያዳ ክበዝሕ እንከሎ፣ እሳት ካብ ልበይ በጨ'ቕ ይብል'ሞ፣ ነታ ስ'ቕለት መስቀልካ ምስ ዘንጠብጠበ ደምካ ጓሲስካ ኣብዚ ቕድሚ ዓይነይ ትቐውም'ሞ፣ ልበይ ነቶም ሸየጥተይ ዘይኮነስ፣ ነቲ መስዋእት'ኻን ፍቕር'ኻን ኣብ ልዕለይ ርእያ፣ ካብ ሕርቃና ትሃድእ።

ሓደራ ለብሙ ጓሶተይ፣ ሕሉፍ ከቢድ መስዋእቲ ዝ'ከፈሉልኩም ኣቦታትኩም ዘክሩ፣ ካብ ገድሎምን

ጽንዓቶምን መንገዶምን ኣይተዝብሉ፣ ንስጋኹም ከይትከናኸኑ'ሞ፣ ሓደራ ናይ ሰማይ ክብርኹም ከይትስእኑ።

ኣኽሊልኩም ኣብ ዝፋነይ ምስ ክብሩ እነሀለ ተዳልዩ። ኣብ ምድሪ ክብሪ ይኹን ውደሳ እንተቐረበኩም፣ ኣብ ሰማይ ዘሎ ኣኽሊልኩም ኣውሪድኩም ከም ዝሸጥኩሞ ዘክሩዎ።

ካብ ውደሳን ናእዳን ብፍጹም ህደሙ፣ እዚ ድምጺ እዚ ኣብ ዝፋነይ ምስ ደየብኩም እምበር ኣብ ምድሪ ከለኹም ዝህበኩም የብለይን።

ኣነ ኢየ ጀማሪ ጉዕዞኹም፣ እኔኹ ተሰቒለ ኣብ ቅድሜኹም፣ ብመንፈስ ጀሚርኩም ብስጋ ከይትቕጽሉዎ። ካብቲ ፈለማኹም ዳሕራይኩም ከይገድድ።

ንስሓኹም ንኅሮሮይ ከም ዝሑል ማይ ዘጥልል ኢዩ። ንንስሓ ጉየዩ፣ ኣነ ድማ ሓይለይን ይቕሬታይን ክፍት ኢየ። ተሓቢእኩም በዲልናካ በሉኒ፣ ኣብ ጋህዲ መስቀልኩም ክባርኾ ኢየ።

በታ ኣነ ዝብህጋ መንገዲ ድማ ክመርሓኩም ኢየ። ናተይ መንገዲ ብሰቓይን ውርደት ኢያ እትልለ፣ መወዳእታኣ ግን ዓወትን ህይወትን ኣላታ።

ስልጣነይን መንነተይን ኣምላኽነተይን ኣብ ውሽጢ ልብኹም ካብ ፈለማ ተኺለዮ ኢየ። ንስኹም ናተይ ኢኹም፣ ኣነ ድማ ናትኩም ኢየ። ሰላመይ ምሳኹም ይኹን

2 መንፈስ ቅዱስ

ከም እሳት ካብ ዝፋነይ እንዳ ተሓንበብኩ ኣብ ዙርያኹም ዓሰልኩ። ኣነ ስለ ዘኽበርኩኹም ብፍጹም ሕሰረት ኣብ ጥቓኹም ኣይቀረበን። ምስ ሓይለን እሳተይን ዝወዳደር እንተሎ’ ግን ሓንቲ ሰም ውን ትኹን እንተ ትጠቕሱለይ ክንደይ ባህ ኢሉኒ ምገጠምኩ።

ሕገይን ስርዓተይ ብእሳት መሸንቦባ ዝሕሉ ኣነ ኢየ። ካብ ሕገይ ንጣብ ውን ትኹን ብፍጹም እትጉብጥ ወይ ውን እትቕየር የላን።

ኣነ ነቲ ዝተመነኹሞ ዘመን እንክመስል ሱቕ! በልኩ። ካብ ስቕታይ ግን ካልእ ምርጫ ምሓሸ። ኣብ ስቕታይ ዘሎ ናይ ዘመናት ግርፋት፣ ኣብ ቅድሚኹም ተገቲሩ እነህለ።

ነፍሲ ወከፍ ዘመን ብለውሃትኩምን ርህራሄኹምን፣ ምሳይ ብዘለኩም ርክብን ኢዩ ዝግለጽ’ሞ፣ እነህለ ምሳይ ዘለኩም ርክብ ብግልጺ ይዛረብ ኣሎ።

ድምጻይ ካብ ዘይስማዕ ነዊሕ ዘመን ኮይኑ ኣሎ። ቅያረይ ግን እቲ ኣብ ሲኦል ተቓሊፉ ዝነበረ መስሓቲ፣ እነህለ ብገዛእ ግብርኹም ፈቲሕኩም ኣብ ምድሪ ኣምጺእኩሞ። መልሓሱ ነዋሕን፣ ኣብ መዓር ዝጠምዐት፣ ናይ ኣጻምእ መርዚ ዝዓጠቐትን ኢያ።

መልሓስ ጸላኢየይ ኣብ ፈቓዶ ተፈኒዩ፣ መንነተይ ዳርጋ ክሓኮ እነህለ ይሸባሸብ። ፈለማ በታ ብንጽህና ዝፈጠርኩዋ

ንጽህቲ ኣደ እግዚኣብሔር ወልድ ጀሚሩ፣ እነህለ ናይ ጸርፊ ድምጹ የሰምዕ ኣሎ።

እዚ ድማ ንኹሉ ይቕረ ክብሃሎ ንሰራሕ መንፈስ ቅዱስ ምጽራፍ ስለ ዝኾነ ፍርዱ ፍሉጥ ኢዩ።

ድሒሩ ድማ ንሕግታተይን ስርዓታተይን ትእዛዛተይን ናብ ናይ ጸላኢ መንገዲ እምነት ክጠዊ ይትንስእ ኣሎ። ሕጂ ግን ኣነ ውን እሳተይ ስለ ዝረሰነ፣ ይጽበ'ዶ ኢልኩምኒ፧

ኣይፋሉን! ኣይጽበን እባ! ነፍሲ ወከፍ ግብርኹም ጠመትክዎ'ሞ፣ እሳት ጓህሪ ንብዓተይ ካብ የዒንተይ እነህለ ጸረር እንዳ በለ ይነጥብ።

ክቡር ዑንቂታት ዝሃብኩኹም ንጸላኢ የሕቂፍኩሞ ኣነህለ፣ ኣነ ግን ኩሉ መፋትሕ ኣብ የእዳወይ ዝዓትዓትኩ፣ ቀለፍኩዎ ፍትሕኹም።

ካባይ ብገዛእ ፍቓድኩም ምስ ገሸኩም፣ ንሰላምኩም ኣርሒቐ ኣገሸኩዎ። ዋጋ ነፍሲ ወከፍ በጊዕ ኣብ መወዳእታ ዘመንኩም፣ ፊት ንፊት ክንራኸብ ከለና ክንጸባጸብ ኢና።

ትኽእልዎ'ዶ ኣብ ቅድሚ እሳተይ ኮይንኩም ምቛም። ዝተደገፍኩሞ ገንዘብን መዓርግን ወደሳን ሃብትን ውሉድን ሓዳርን ዝረድኣኩም'ዶ ይመስለኩም፧

እዚ ኹሉ ኣብ ሕልና ልብኹም ዘሎ ኩሉ ሓላፊ ኢዩ። ኣነን እሳታዊ መንነተይን ግን ብፍጹም ኣይንሓልፍን ኢና። ናፍቖት ሰማይ ካብ ደምኩም ርሒቑ። ኣብዚ ሓላፊ ምድሪ

ክጥዕመኩም እምበር፣ ኣብታ ዘይትሓልፍ ዝፋነይ ክሓልፈልኩም ሓሊምክሞ ኣይትፈልጡን።

ከመይ ኢዩ ክኸውን እዚ ሎሚ ተኸዊለ ዘለኹ፣ እሳተይ እርሲነ፣ ንፋሰይ ኣሸንቢበ፣ ቅዱስ ቅዱስ ቅዱስ እንዳ ተባህለ ብእሳታውያን መላእኽቲ እንዳ ተሰግደለይ ክትርእዩኒ ኢኹም'ሞ፣ እንታይ ኢኹም ክትምልሱለይ፣ ስለቲ ነዊሕ ዓመታት ሰላም ኣሎ ኢልኩም ዝደቀስኩሞ ለይትታት።

ከመይ ኢዩ ክኸውን እቲ ኣብ ውሽጢ መቕደሰይ ዝገበርኩሞ ግብሪ። ንእሳታዊ ሓቂ መንነተይ ዓምጺጽኩም፣ ብለይቲ ምስ ጸላኢየይ ዝተማኸርኩሞ፣ ከመይ ኢዩ ክኸውን መልስኹም።

ዓይኒ ዝፈጠርኩ ኣነ ክነሰይ፣ የዒንተይ እንዳ ርኣያ ዘዕወርካኒ፣ ድንን ኢለ ሱቕ እንተ በልኩ፣ ምሳኻ ዝሓበርኩ ዝመሰልኩኻ ኳሳይ፣ እንታይ ኢልካ ኢኻ ክትምልሰለይ።

ኣነ ምስ ነበልባል እስታውያን መላእኽተይ ከም ዝመጽእ ንምንታይ ረሳዕካዮ። ኣነ ኣብ ሰማይ ጥራይ ገበርካዮ ሰፈረይ፣ ነቲ ምስ ግብርኻ እትረግጾ፣ ደም ሰማእታት ዝጨቀወ ክቡር መቕደሰይ፣ በእዳወይ ደጊፈ፣ ሓይሊ ሂበ ከም ዘቘመካ ረሳዕካዮ።

ሓንሳብ ምስ ሸምኩኻ፣ መን ከውርደኒ ኢዩ ካብዚ ኢልካ ተነፋሕካ። ብትሕቴኻ ኩርኳሕ ዝኾነካ ድያቀን ኣልጊበልካ ኣለኹ። ምሳይ'ዶ ክትገጥም ኢኻ። ቤትካ እስኪ ርኣዮ ሰላሙ ኣህዲመዮ፣ እቲ ናይ ቀደም ሰላም ዝሃብኩኻ ኣነ ምኳነይ ክትዝክር ኢለ።

ኣርዮስ ከሓዲ ብህጻን ተመሲለ ኣብ ፊቱ ቖምኩ። ነፍሲ ወከፍኩም ናብ መቕደሰይ ክትኣትዉ እንከለኹም፣ ይመስለኩም'ዶ፣ ብህጻን ተመሲለ፣ ብሽማግለ ሰብኣይ ተመሲለ፣ ለማኒ ተመሲለ፣ ዝቐርብ መሲለ፣ ኮፍ ኢለ ኣብ ፊትኩም ኩሉ ግብርኹም ከም ዝርእዮ፣ ከዘኻኽረኩም ኢለ ኢየ።

ዘይርአ ስለ ዝኾንኩ ብዙሕ ተንዓቕኹ። ምስ እሳተይ ብዙሕ እዋን ተረሳዕኩ፣ ኣለኹ፣ ኣነ መንፈስ ቅዱስ ኣምላኽ ኣብ ማእከል መቕደሰይ ካብ ፈለማ ኔረ፣ ሕጂ ውን ኣለኹ፣ ክሳብ መወዳእታ ውን ክህሉ ኢየ።

ስለዚ ልብኹም ዓሪፉ ከይዓርፍ፣ ኣለኹ ኣብ ፊትኩም ንኹሉ ይከታተሎ። ኣብ ግዜ ፍርዲ ነፍሲ ወከፍ ተግባራትኩም ብሓደ ክንመመየን ኢና።

ኣነ መንፈስ ቅዱስ ኣምላኽ፣ ብመልሓስኩም ክትውድሱኒ ዘይኮነስ፣ ብልብኹም ክትርሕቁኒ ጽቡቕ ጌረ ኢየ ዝሰምዖ ርጋጽ ኣእጋርኩም ኩሉ።

ስለዚ እንታይ ይሓይሽ፣ ናባይ ንዑ፣ ብንስሓ ኩሉ ግብርኹም ግደፉዎ። ኣብ ሓይለይ ተመርኮሱ እምበር፣ ኣብ ሓይሊ ጸላኢ ኣይትመርኮሱ።

ንዑ ናባይ! ናብቲ ለዋህ ኣቦኹም! ኩሉ እትደልዩዎ በበሓደ ይፈልጦ ኢየ። ቅድም ንዓይ ድለዩ ፣ ብድሕሪኡ ኩሉ ክህበኩም ኢየ። ናይ ጸላኢ ግርማ ሞጎስ፣ ገንዘብ፣ ሽም፣

ተሰማዕነት፣ ሃብተ ንዋይ፣ ኩሉ ሓላፊ ኢዩ ክህበኩም ዝኽእል።

ኣነ ግን ንኹሉ ዘይሓልፍ ዘበለ ክህበኩም ኢየ። ንዑ ናባይ በተን ንጹሃትን ውሑዳትን ጸሎትኩም። በታ ቅንዕቲ ልብኹም ንዑ ንተዓረቐ። ኣነ ኣብ ቀረባ ኢየ። ንስኹም ድማ ኣብ ቀረባ ኩኑለይ።

ሰላመይን በረኸተይን ምሳኹም ይኹን

6/9/2023

3 ንብዓት ኣብ ቅድስተ ቅዱሳን

መድሃኔ ኣለም ኢየሱስ ክርስቶስ

እህህታይን ገዓረይ ሰብሲበ፣ ነታ ንሞት ኣቐዲማ ዝጠመተታ ስጋይ ጊሒ፣ የእጋረይ እንዳ ኣንቀጥቀጣ፣ ብተረፍ ሓይለይ ቀስ ኢለ ሰጎምኩ፣ ርሑቕ ኣይነበሩን እቶም ዘፍቅሮም ሕሩያተይ።

ሕሩያተይ ግን ደቀሶም ጸንሑኒ፣ ግብሪ ጴጥሮስ ፍቑረይ ኣብ ዝባነይ መጺኡ ሓንቲ ኩርማጅ ኣንበረለይ። ንብዓተይን ርሃጸይን ምስ ነጠብጣብ ደመይ ተሓዋዊሱ ምስ ርእዮ ግን ሰንበደ። ንቑሩብ'ዶ ኣብዛ ጎነይ ክትቀሙ ኣይትኽእሉን ኢለ ካብ ውሽጢ ልበይ ዝነቐለ ስቓየይ፣ ኣቐዲመ ከተንብሃሎም ደለኹ'ሞ፣ ግን ጌና ባዕጊጎም ስለ ዝነበሩ፣ ድሓን ድሕሪ ዓወተይ ኩሉ ክበርሃልኩም ኢዩ ዝኽፍሎ ዘለኹ ዋጋ ኢለ ደምደምኩ።

ኣብ ማእከል ድኻመይ ስጋይ ክትጠልመኒ ደለየት፣ ማይ ጸማእኩ፣ ምኽንያቱ ምስ ንብዓተይን ርሃጸይን ኩሉ ክፋል ልደተይ ባህሪሩ ገዲፉኒ ስለ ዝሃደመ።

የማነይን ጸጋመይን ጌና ከይጠመትኩ፣ ርጋጽ እግሪ ሳጥናኤል ሰማዕኩዎ። ንሱ ባዕሉ እንተ ዝመጸኒ፣ የእዳወይ ኩርማጅ እሳት ዘርጊሐ ምገረፍኩዎ። ኣብ ሓንቲ ናይ ገንዘብ ሳንጣ ዝነበረትኒ፣ ኣብ ውሽጣ ኣትዩ፣ ተሓንጊሩ ኢዩ ዝመጸኒ።

እሳታውያን የእዳወይ ምስ ሕርቃነን ንድሕሪት ተመልሳ። እቲ ዘፍቅሮ ወዲ መዛሙርተይ፣ ዝኣመንኩዎ ከሓደኒ። እቲ ኣብ መቕደስ ምስኡ ደው ኢለ ብዙሕ ድንቂ ዝገበርኩ፣ ወዲ መዝሙረይ ንሒደት ገንዘብ ሸጠኒ።

እልፊ ኣእላፍ ዝፋናትን ክብርን ኣብ ንግስነተይ ዘዳለውኩሉ ኣዝየ ዘፍቅሮ፣ ኣዝየ ብዙሕ ይቕረ ዝበልኩሉ፣ ብሒደት ሳንቲም ተለዋወጠለይ።

እሳታውያን መላእኽቲ ኣብ የእጋሩን ኣብ የእዳዉን ኣብ ኣራእሱን ኣኽቲተ ዝዕጅቦ ዝነበርኩ ምሩጽ ባርያይ፣ ቅያር ንግስነተይ ኣነ ባርያ ክኸውን፣ ንሱ ግን ሒደት ሰናቲም ክውንን ክብል ምስ ሸፉቱ ሰደደኒ።

ነቲ ጽምኣት ጎሮሮይ ዝኸውን ማይ ክደልየሉ ኢለ ተጸበኹዎ'ሞ፣ ንሱ ግን ነተን ንጹሃት ደመይ ውን ከይተረረፈ ገንዘብ ስለ ዝተቐበለን፣ ጨኪኑ ኣረከበኒ።

ሰዓመኒ ይሁዳ፣ ስዕመት ፍቕሪ መሰለኒ፣ ለካ ስዕመት ሸቓጥ ነበረ። ንብረት ኮይነ ምልክት ጌሩ ሸጠኒ። እተን ኣብ ጸልማት

ዝኸሓዳኒ ከናፍሩ ብክታመን ኣብ ምዑጉርተይ ፈረማ'ሞ፣ ኣሕሊፉ ሃበኒ።

እልፊ ሰንሰለታት ዘነበ ኣብ ልዕለይ። ብዙሕ ወረ ብዛዕባይ ስለ ዝነበሮም፣ ሓይለይ ሃንደበት ከይፍንጀር'ሞ፣ ከይውሕጦም ስለ ዝፈርሑ፣ እልፊ ኣእላፍ ሰንሰለታት ኣሰሩኒ።

ራዕ! ራዕ! ክትብል ዝጸንሐት ዓንዲ ሕቖይ፣ ሰንቢዳ ቀጥቀጥ በለት። ዓንዲ ሕቖይ ድንን ምባለይ ምስ ርኣየት ተሪራ ደገፈትኒ።

ሰንሰለት ሰሓቑ ኣብ ልዕለይ ኮይኖም። ነንሓድሕዶም እንዳ ተጋጨዉ ሰሓቑ። ብድምጺ ፋጻ ድማ ንኹላ ናይ ሲኦል ሰራዊት ጸውዑዋ'ሞ፣ ሲኦል ተነጊፉ የእዳዋ ሰብሲባ መጸት።

ከም ንትሕረድ በጊዕ ኩሎም ከበቡኒ፣ እቲ ንጹህ በጊዕ ሓጥያት ዓለም ዘርሕቕ ስለ ዝኾንኩ ግን ድንን ኢለ፣ መሕረዲ ሰፈረይ በጻሕኩ።

ቅድም ቖርበተይ ኣብ ታሕቲ ኢዩ ክቕለጥ ዘለዎ'ሞ፣ ቆርበተይ ፈለማ ተቖልጠ። ጌና ትንፋሰይ እንከሎ፣ እንዳ ርኣኹ እንዳ ሰማዕኩ፣ ቆርበተይ በብሓንቲ ተቖልጠ።

ቆርበተይ ተቖሊጡ፣ ስጋይን ኣዕጽምተይን ምስ ተገያየጸ፣ ናብ መስቀሊ ክሰቀል ነበረኒ'ሞ፣ ንመስዋእቲ ክቐርብ ኣብ ቅድሚ ኣቦይ፣ ድንን በልኩ።

ሕልፊ ኹሉ ስቓየይ እታ ለዋህ ልበይ ከበዳ። የዒንታ ከፊታ እንተርኣየት ኣሰንበዳ ኩሉ ተግባር ናይቶም ዝፈጠረቶም።

እንዳ ሰሓቖት፣ እንዳ ዘለለት፣ እንዳ ነብዐት፣ እንዳ ሰዓመት፣ ገጻ ብብርሃን ኣኽቢባ ዝፈጠረቶ፣ ክቡር ፍጥረታ፣ ካብ ገረባ ዕንጨይቲ ሰሊዑ፣ ኣንጻራ ክቖርጻ ኢሉ ሓኾትኮት ክብል ምስ ርኣየት ልበይ፣ ገረብ ብሓኽላ በለት።

ደም ዝጨቀዋ የእጋረይ ጉንዲ መስቀል ዝሰከሞ ምስ ረኣያ፣ ጠሊመናኒ ወደቓ። ድንን ኢለ ነእጋረይ ኩሉ እንክጠልመኒ፣ ንስኽን'ከ ክትጠልማኒ ዲኽን፣ ሓግዛኒ በልኩወን።

ኣእጋረይ ዘለወን ሓይለን ኣኻኺበን ብድድ በላ። ነፍሲ ወከፍ ትርግታ ልበይ እህህታ ተሰንዩ ኣኽበበኒ፣ የእዛነይ ጸርፍን ባጫን ሰቓልተይን፣ እህህታ ልበይ ተሓዋወሰን'ሞ፣ ደንዚዘን በቲ ዝፈሰሰን ደም ተዓቢሰን ንባዕለን ክዛረባ ጀመራ።

ጅማውተይ ሓደ ይብተኽ፣ እቲ ሓደ ይድግፎ፣ እቲ ሓደ ይብተኽ'ሞ፣ እቲ ሓደ ይድግፎ። ሓደ ጅማት ክብተኽ ደም ዛሕ ይብል ነበረ'ሞ፣ ነቲ ብደገ ዝርእየንስ ፍሉጥ ነበረ።

ቀራንዮ፣ ከም ስምኪ ቀራንዮ፣ ቀሪንኪ ተጸበኽኒ፣ ንስኺ ውን ኣይደንገጽክለይን፣ ንስኺ ውን ኣይፋልኩምን እዚ ፈጣሪየይ ኢዩ ኢልኪ ውን ብድድ ኢልኪ ኣይሃደምክን ካብ ሰፈርኪ።

ተንጠልጠልኩ ምስ መሪር ገዓረይ፣ ስጋይ ተቖራረሰ፣ ስጋይ ተፈትፈተ፣ ኣብ ቅድሚ እዛ ኩላ ከሓዲት ዓለም ንጹህ ስጋይን ንጹህ ደመይ ተፈትፊቶም ተቐረቡ።

ንኣቦይ ኣኽበርኩዎ፣ ንመለኮተይ ኣምላኽነቱ ኣርጊጸ ጽሓፍኩሉ፣ ምሉእ ሰብን ምሉእ ኣምላኽነተይ ብደሚቕ ደመይ ጽሒፈ ንወለዶታት ኣዳለውኩዎ።

ናይ ዘመናት ናይ ጽልኢ መንደቕ፣ ሃደሽደሽ ኣቢለ ኣፍረስኩዎ። ስርዓተ መርገም ኣብቀዐ መስመሩ። ኩሉ ሓድሽ ኮነ። ብገዛእ ሓይለይን ቅልጽመይን ንነፍሰይ ኣዘዝኩዋ፣ ካብ መዓሙቕ ዝተዘርገሐ ሰራውር ናይ ሞት፣ ንእለቱ ፈንጢረ ሓዝኩዎ።

ዘይተጸበየቶ ሞት ፈዚዛ ተረፈት። ቀጥ! ቀጥ ኢለ እንከንፏሕኽ፣ ናባይ ኢዩ እዚ ውን ከምቶም ዝሓለፉ ነብያት እንዳ በለት እንከላ፣ ንጹህ ደመይ እሳት ፈነወላ። ንጹህ ደመይ እሳቱ ምስ ጠዓመቶ፣ ንጽህና ነፍሰይ ውን ከፈትኩላ'ሞ፣ ናብ እትሃድሞ ከም ዘይብላ፣ ኣሰርኩዋ ምስ ሰራዊታ።

ንነዊሕ ዘመናት ተጸመምኩዎ ሰይጣን ምስ ሰራዊቱ፣ ንሕሩያተይ ውን ከይተረፈ ዘሰሓተ፣ ሕነይ ኣውጻእኩሉ፣ ደጋጊመ ኣስገድኩዎ ኣብ ትሕቲ እግረይ።

ኣዳም ፍቑረይ ተሓጎሰ፣ ገጽ ንገጽ ደጊምና ምስ ተርኣኣና፣ ብዙሕ ባህ በሎ። ክርስቶስ ተንሰኣ እሙታን፣ ብዓቢ ሓልይን ስልጣንን፣ ኣሰሮ ንሰይጣን፣ ኣግዓዞ ንኣዳም፣ ሰላም ኮነ ንዘልኣለም።

ስለዚ ክብሪ ቅድስቲ ቤተክርስቲያነይ፣ ኣብቲ ክቡር ዋጋ ዝኸፈልኩዎ ኢዩ ዘሎ። ንጽህና ቅድስቲ ቤተክርስቲያነይ ድማ ኣብ ንጽህና ቅድስቲ ወላዲተይ፣ እታ ኩሉ እንክጠልመኒ ብፍጹም ካባይ ዘይተፈልየት ኣደይ ወላዲተይ ኢዩ ዘሎ ምስጢሩ።

ስለዚ ተመልከቱዎ ኩሉ መሰረት ቅድስቲ ቤተክርስቲያነይ፣ ካብ ገነት ብብዙሕ ምስጢር ንምድሪ ወሪዱ ኣሰርኩዋ ቅድስቲ ተዋህዶ ኦርቶዶክስ ቤተክርስቲያን።

ኣነን ንስኹምን ግን ጓሶተይ ኣብ ቅድስተ ቅዱሳን እንታይ ንኸውን ኣለና፧

እታ እንኮ ባህገይ ልበይ ከፊተ ክነግረኩም። ቅድስተ ቅዱሳን ዝተዓቑረ ምስጢረይ፣ ልዕሊ ኣእሙሮ ኢዩ። ዓምዲ ብርሃናት ተኸቢለ ብኪሩብ መላእኽቲ ከም መጋረጃ ዝኸፍታን ዝዓጽዋን ቅድስተ ቅዱሳን፣ ልዕሊ ኣእሙሮ ፍጥረት ሰብ ኢያ።

ኣብ ቅድስተ ቅዱሳን እህህታይን፣ ገዓረይን፣ ደመይን፣ ስጋይን፣ መለኮተይን፣ ኣምላኽነተይን፣ ሰለስትነተይን፣ እሳታዊ ዝፋነይን፣ ዝፋን መላእኽተይን፣ ቅዱሳነይን፣ ሕልፊ ኹሉ ድማ ዝፋን ኪዳነ ምሕረት ኣደይ ኣሎ።

ኣነ ተራ እሳት ዘውንን ኣይኮንኩን፣ ነፍሲ ወከፍ ቅዳሴ ግድን ኢየ ምስዚ ኹሉ ዝፋነይ ዝወርድ። ኣብ ቅድመይ ነዚ ኹሉ ምስጢር ካብ ኣርያም ናብ ምድሪ ዝተተኽለ ግን ሕልፊ ኹሉ ንዓኹም ጓሶተይ ኢየ ንኸርእን ከተንክፍን መሪጸ።

ስለዚ ቅድስተ ቅዱሳን ምሳይ ብፍሉይ ቅድስቲ ሰፈረይ ኢያ'ሞ፣ ሓደራ ብፍርሃት ቁሙ። ንብዓት ኣብ ቅድስተ ቅዱሳን እቲ ናይ ዘመናት ቁስለይ ዘሕውየለይ ኢዩ።

ኣብ ቅድስተ ቅዱሳን ዝነጥብ ንብዓት፣ ልክዕ ከምቲ ኣብ ገነት ዝፈስስ ማይ ሂወት ኣይፍለን ኢዩ'ሞ፣ ንወለዶታትን

ንፍጥረታትን ዓቢ ድሕነት ኢዩ። ኣብ ቅድመይ ስለ ዝፍጸም ድማ፣ እታ መሓሪት ኢደይ ክትዝርጋሕ ትኽእል ኢያ'ሞ፣ ካብ ፍቕርኹም ዝተላዕለ እንታይ ክገብር ይኽእል፣ ልዕሊ ኣእሙሮ ኢዩ።

ኣብ ቅድስተ ቅዱሳን ንብዓቱ ዝኹዕወለይ ካህነይ፣ ልክዕ ከምቶም ኣብ ግዜ ስቕለተይ፣ ኣብ እግሪ መስቀለይ ኮይኖም ዝነብዑ ዝነበሩ ዮውሃንስ ፍቑረይን፣ ማርያም መግደላዊት ፍቕርተይን ክጽንብሮ ኢየ።

ኣብ ቅድስተ ቅዱሳን ስጋይ እንክፍተት እትነብዑ ካህናተይ፣ ካብቲ ዘንብዕ ዘሰካሕክሕ ፍርደይ ከተምልጡ ምኽንኩም ብሰማይን ብምድርን ቃል ይኹነኒ።

ኣብ ቅድስተ ቅዱሳን ብስቡር መንፈስ፣ ንዝበደሉዎ ይቕረ ኢሉ፣ ቂምታ ኩሉ ጉሒፉ ዝቖመ ኣገልጋሊየይ፣ ብፍሉይ ነፍሱ ምስቶም ሕሩያት ከምዝጽንብራ፣ ማሕላ ክቡር ኣምላኽነተይ ይኹን።

ኣብ ቅድስተ ቅዱሳን ብምሉእ ሓይለይን ኣምላኽነተይ ስለ ዝወርድ፣ ነዚ ንብዓት ናይ ባርያይ እዚ ልክዕ ከም ናይ ሰማእታት ምስክር ደም ክሓስበሉ ኢየ ነዚ ክቡር ባርያይ።

ኣብ ውሽጢ ቅድስተ ቅዱሳን ልቡ ዝሰብር ባርያይ ብፍጹም ካብ ትርግታ ልበይ ኣይፈልዮን ኢየ፣ ነዚ ባርያይ እዚ ዝኣምነኒ ባርያይ ኢለ፣ ብብርሃነይ ክመርሖ ኢየ፣ መንፈስ ውን ብፍጹም ካብ ቤቱ ኣየርሕቖን ኢየ።

ኣነን ቅድስቲ ወላዲተይን ካብ ሂወቱ ብፍጹም ኣይንርሕቅን ኢና። ብሰማያዊ ስመይ፣ ክቡር መንነተይ፣ ኢልሻዳይ

ኣምላኽነተይ፣ ብቅድስቲ ወላዲተይ፣ ብእሳታውያን መላእኽተይ፣ ብንጹህ ደም ሰማእታተይ፣ ብተጋድሎ እሙናት ቅዱሳን ኣቦታትኩምን ይምሕል ኣለኹ፣ ኣነ ኢየሱስ ክርስቶስ፣ ወልደ ኣብ! ወልደ ማርያም!

ሰላመይ ምሳኹም ይኹን

6/9/2023

4 ሰፈር ዓሌታዊት ነፍሲ

መድሃኔ ኣለም ---

ሕማም ዓሌትነት ኣንጻረይ ካብ ዝገጥም ነዊሕ ጌሩ ኢዩ። መሰረትን መንጸፍ እዚ ዓብን ግዙፍን ዝኾነ ገበል ንሎሚ ክኸፍተልኩም።

ንዓሌትነት ዝጉስጉስ ርኹስ መንፈስ እንተ ኾይኑ ድያብሎስ ይብሃል። እዚ ኣብ መዓሙቕ ውቅያኖሳትን ቀላያትን ምስ ሰራዊቱ ዝሰፍር ኮይኑ ኣብ ገጽ ምድሪ።

ኣብ መዓሙቕ ሲኦል ግን ኣብ ታሕተዋይ ሰፈር ስቓይ ኢዩ ሰፈሩ ሒዙ ዘሎ። እልፊ ኣእላፍ ነፍሳት ሒዙን ኣሲሩን ኣሳቒዩን ኣሎ።

እዚ መንፈስ እዚ ለይቲ ለይቲ እንዳ ኣቀባጠርኩምን ግብሪ ነፍሳት እንዳ ሃብኩምን ናብ ምድሪ ሰሓብኩሞ'ሞ፣ እንህለ ተሓንጊርኩሞ ትንቀሳቐሱ ኣለኹም።

ቀንዲ ምልክቱ ድማ ኣብ ምፍልላይ ኢዩ ዝሰርሕ። መጀመርታ ንመልሓስ ኢዩ ዘንውሓ። መልሓስ ካብ ሰፈራ ተፈቲሓ ምሉእ መዓልቲ ክትዛረብ ትውዕል። ዋላ ውን ክትበልዕ እንከላ ኣይተዕርፍን ኢያ ካብ ዘረባ።

በዚ ድማ ነፍሲ ወከፍ ደቒቕ፣ ዋላ ውን ኣብ ድቃሳ ከም ምብህራር ኣምሲሉ ከዛርባ ይሓድር። በዚ ድማ ትዕግስትን ፍርሓት እግዚኣብሔር ዝኣመሰሉ ጥቀቕታትን ስርሓትን ካብ ሕልናን ካብ ነፍስን በብቕሩብ ተጠርኒፎም ይእለዩ።

ብድሕሪ እዚ ድያብሎስ፣ ከምቲ ሰሙ ፈላላይ ስለ ዝኾነ። ነታ ነፍሲ ምሉእ ብምሉእ ይቆጻጸራ’ሞ፣ ንሰብ ካብ ኣፉ ዝወጸ ኢዩ ዘርክሶ፣ ዝበልኩዋ ሕጊ ቀልጢፉ ናይ ፍርዳ ጽዋእ ትመልእ ናይታ ነፍሲ።

ስለዚ እዚ ፈላላይ መንፈስ እዚ ድያብሎስ ዝተሰምየ፣ ከም ባህታኡ ሰራዊት ሰብ ስለ ዝረክብ ናይ ምክፍፋልን ምፍልላይን ኣጀንዱኡ፣ ካብ መዓሙቕ እንዳ ኣምጸአ ፈላልዩ ይቕልበኩም’ሞ፣ እንትርፎ ንስኻን ወዲ ሩባኻን ካልእ ጻድቕ ዘሎ ኣይመስለካን።

ዕድሚኹም ክሳብ ዝውዳእ ኣብ ሓንቲ ዕንክሊል ጥራይ ከም እትሓስቡ እምበር፣ ካብ ሓንቲ ጉዳይ ወጺኹም ኣብ ሰማያት ዝደኮንኩልኩም ድንቂ ዝፋን፣ ሓንቲ መዓልቲ ከይዘከርኩሞን፣ ከይሓሰብኩሞን ንቑንቁል ምድሪ ተተኺልኩም፣ ናብቲ ንዘመናት ከስርሓኩም ዝጸንሐ

ኣቦኹም፣ ናብ መዓሙቕ እሳታዊ ቀላይ፣ ንዝገደደ ስቓይ ትወርዱ።

ድያብሎስ ውቅያኖስ እሳት፣ መጥለቒ ነፍሳትን መሳቐይን ኣለዎ'ሞ፣ እዚ ኹሉ ኣብ ልዕሊ ምድሪ ከም ባህታኹም እትውርውሩዎ ዘለኹም ቃላት ኣኻኺቡ ፈለማ እታ መልሓስኩም፣ ብእሳታዊት መቐስ በብሓደ ክጨራርማ ኢዩ። ክትነውሕ ኢያ ተመሊሳ፣ መሊሱ ድማ ክሳብ ምፍራስ ሕጊ ቃለይ ዝስቀረኩም ክቐራርጻ ኢዩ።

ነዊሕ ዝቑመታ፣ ዓሌታዊት ዝድምጻ፣ መልሓስ ኣብ ማእከል እሳታዊ ባሕሪ ክንደይ ግዜ ከተእዊ እንከላ ካብ ዝፋነይ ይሰምዓ'ሞ፣ መሊሰ እዝነይ እንዳ ርኣየትኒ ይደፍና።

ምኽንያቱ እንዳ ተዛረብኩ ሕጂ ጌና ኣብ ምድሪ ንግስቲ ስለ ዘላ እዛ መልሓስ እዚኣ፣ እዝና ስለ እትዓጽወለይ ዘላ። ኣነ ድማ ነዚ ግብራ ከዘክራ ኢለ፣ እንዳ ረኣየትኒ ኣማዕድያ ኢየ የእዛነይ፣ በእዳወይ ጌረ ዝዓጽወላ።

ዓሌታዊት ልሳን፣ ዓሌታዊት ልቢ ትወልድ፣ ዓሌታዊት ልቢ ድማ ሰፈር ኣጋንንትን፣ ዘመድ ዳጎን ኢያ። ግዚኡ ክሳብ ዝኣክል ኣሰቅጥ ኣቢለ እነህልኹ ኣብ ቅዱስ ታቦተይ ኮይነ፣ ንሓይለይ ብትዕግስቲ ቀሊፈዮ።

ንዓሌትነት ጽቡቕ ፍርዲ ፈረድኩሉ፣ ካብ ነፍስን ካብ ደምን ቀልጢፉ ስለ ዘይጸሪ፣ 500 ዘመን መግረፍትን ስቓይን ፈረድኩሉ ኣብ መዓሙቕ ሲኦል።

ኣብ ጎልጎታ እስራኤል ክሰቀል እንከለኹ፣ ሩባ ይኹን ዶብ ኣይሓዞን ሓይለይ። ብንጣብ ደመይ ንኹሉ መናድቕ ዘፍረስኩ፣ ሎሚ ምስ ጸላኢ ተደሚራ፣ ናይ ዲያብሎስ ትእዛዝ ሒዛ መጺኣ፣ መፈላለይ መንደቕ እትነድቕ ዘላ፣ ከም ባህጋ ከም ዘመን ሰናኦር፣ ኣነን ኣቦይን መንፈስ ቅዱሰይን ክንደባልቓ ኢና። ዝነደቐቶ መንደቕ ድማ ኣብ መንጸፍ ሲኦል መቐበሪ ክኾና ኢዩ።

ኣብ ኣፍንጫይ ጸሊም ጨና ናይ ዓሌትነት ካብ ዝዓርግ መዋእለይ ኮነ። ኣፍደገ ኣፍንጫይ ጠቐር ተለኺዩ። ምኡዝ ዝጨንኡ መሰዋእተይ ኩሉ ሓረረ። እሞ'ኸ ብጎሮሮይ መጺኹምኒ ይጽመም'ዶ። ኣነ እሳታዊ ዝባህረይ፣ ዝባላዕ እሳት ዝኾንኩ፣ ዝፋነይ ብፍጹም ዘይቅረብ፣ ኣነ ዘይድፈር፣ ዘይትንከፍ፣ ዘይምከር፣ ዘይደክም፣ ንዘመናት ከም ፈትሊ ዝፈታትሎ፣ ንመዓሙቕን ውቅያኖሳትን ኣብ ከብዲ ኢደይ ኮፍ ዘበልኩ፣ ፍሉይ ዝሰመይ፣ ያሁዌ ዝተብሃልኩ፣ ኩሉ ዝርኢ ኣምላኽ፣ መድሃኔ ኣለም ኢየሱስ ክርስቶስ ኢየ።

ወዲ ሩባይ፣ ወዲ ደመይ፣ ወዲ ዓደይ፣ ወዲ ኣኼባይ፣ ወዲ ድምጸይ እንዳ በልካ ኣኻኺብካ ዘዕረግካዮ ጸሎትካ ናባይ ዘይኮነስ ናብ ባዓል {ባል} ዝተባህለ ድያብሎስ ኣምላኽካ ኢዩ ዘነብረ'ሞ፣ ኣብ መዓሙቕ ሲኦል ውቅያኖስ ባሕሪ እሳት ኣርሲኑ ይጽበየካ ኣሎ።

ተመለስ ተነሳሕ፣ እታ ብዘይ ፍቓደይ ዝነደቕካያ ኣብዛ ምድሪ እንከለኻ ኣፍርሳ፣ እንተ ዘይኮይኑ ሒዛትካ ናብቲ

መዓሙቕ ዝመናጨት ዝጸልማቱ፣ ድምጹ ዝገርፍ፣ ኣውያቱ ዘይውዳእ፣ ከተጥሕለካ ኢያ፣ ብገመዳ ኣሲራ።

ሕማም ዓሌትነት ምስ ሰራዊቱን ኣሳሰይቱን ግን ድሮ ፈሪደሉ ኢየ ቅድሚ ዘመናት። ነዚ ጽሑፍ እዚ ድማ ኣብ ዘመኑ ምስ ኣኸለ ሓቅነቱ ክረጋገጽ ኢዩ። ኣነ ባዕለይ ከም ዝጸሓፍኩዎ ድማ ኣብ መንጸፍ መዓሙቕ ኮይኑ ክፍለጠኩም ኢዩ።

ሰላመይ ምሳኹም ይኹን።

ምዕራፍ 4

<u>ባህግታት ሰማያት ኣብ ልዕሊ ክህነት</u>

5/6/2023

<u>1 ጎይታየ መጽሓፍ ቅዱስ እንታይ ኢዩ፧</u>

ኮኾብ ክርስቶስ --- ሓቂ ኢዩ ንኩሉኹም ክቡራት ኣቦታተይ እዚ ሕቶይ እዚ ንመድሃኔ ኣለም ምሕታተይ ከም ዝደንቀኩም። ከምቲ ጎይታይ ብዓቕሊ ዝተጸመመኒ፣ ተጸመሙኒ እምበር እንታይ ድኣ ክትገብሩ ኣቦታተይ።

ግን ጎይታየ! ብሓቂ ክሓተካ መጽሓፍ ቅዱስ እንታይ ኢዩ፣ በጃኻ ንገረኒ፧

መድሃኔ ኣለም --- ምልእተ ጸጋ ጓለይ፣ ዓደ ዓቢ ማዕጾ ፍልጠት ንሎሚ ኳሕኩሕኪ ኣለኺ። ከመይ ጌርኪ እዚ ሕቶ እዚ ሓቲትክኒ ፍሉይ ኢዩ። ብርሃንን መትከኽን ዝኾንኪ ጓለይ፣ ንዝሓቱኹም መልሲ ንኽትህቡ ድሉዋት ኩኑ ዝበልኩ ኣነ ፈጣሪ ባዕለይ፣ ነዛ ሕቶኺ ሰጊረያ ክሓልፍ ኣይክእልን ምኽንያቱ ኣብ ማእከል ብርሃነይ ግብሪ ጸልማት ስለ ዘየለ።

ክምልሰልኪ ከለኹ ድማ እቲ ሓቅን እቲ ምስጢራውን መልሲ ክምልሰልኪ ድማ ልበይ ባህ በሎ'ሞ፣ እነኹ ብሓድነተይን፣ ሰለስትነተይን ክምልሰልኪ ኢየ።

ሰማይን ምድርን ጽን በላ፣ ምስጢራተይ ንዘመናት ተሰዊሩ ዝነበረ፣ ከፊተ ከም ማና ከውርድ ደስ ኢሉኒ'ሎ'ሞ፣ እነሆ እቲ መፋትሕክን ዝኾነ ህያው ቃለይ ይኸፍተክን ኣለኹ።

ኣነ ቃላተይ ብሰዉር ከውርድ ኢየ፣ ኣብዚ ዘይጠቅም ዝመስል ወረቐት፣ ንስኸን ግን ስለ እትፈልጦኦ ትርጉሙ፣ መምሰማዕክኖኦ ስራሕክን ጀምራ።

ብኤልሻዳይ ስመይ፣ ኣብ የማናይ ቅልጽመይ ዝተሰወረ መፍትሕ መንነተይ፣ ኣብ ዓንዲ ሕቖይ ዘሎ ሰዉር ኣስማተይ፣ ኣብ ድምጺ ጎሮሮይ ዘሎ ፍሉይ ናኤል ዝሰሙ ንፋሰይ፣ ኣነ ኣልፋን ኦሚጋን፣ ኩሉ ከኣሊ ዝኾንኩ መድሃኔ ኣለም ይእዝዘክን ኣለኹ።

ምልእተ ጸጋ ዓለይ ሓደ ምስጢር ክነግረኪ ፈትየ ኣለኹ ሎሚ፣ ዓሰቢ እምነትኪ፣ ንሱ ድማ መጽሓፍ ቅዱሰይ መን ኢዩ።

ንሰማይን ንምድርን ብሰዉራን ቃላት ይኹን ጥራይ ኢለ ሰረታን መንነታን ኣጽናዕኩዋ፣ እቲ ዝርአ ዝነበረ ቃላት ድማ ካብ ጎሮሮይ ንፋስ ሰዲደ ሰወርኩዎ። ብናይ ስጋ የዒንቲ ከም ዘይጥመት ገበርኩዎ።

እዞም ሰዉራን ቃላት ድማ ብዝድመጹ ዜማ መሊሰ ካብ ሰራውሮም ብሓረግ መልክዕ ጠናኒገ ናብ መዓሙቕ ምድሪ ክሳብ ዝትንክፍ ኩሉ ሓጸርኩዎም።

መሊሰ ድማ ብዘሰማዕ ድምጺ ካብ ቦኽሪ ኣዳም ፍቑረይ ኣትሒዘ ክንቀሳቐሶም ጀመርኩ። ኣብ ቃለይ ኣምላኽነተይ ነበረ፣ ንሱ ንባዕሉ ኣምላኽ ኢዩ፣ ምኽንያቱ ቃለይ ምስ ምሉእ ሓይሉን ስልጣኑን ግብሩን ማሕተሙን መፋትሑን ስለ ዝተገልጸን ዝተሰምዐን።

ነፍሲ ኣዳም ፍቑረይ ምስ ፈጠርኩዋ፣ ህያው ክትከውን ግን ሰዉር ቃላተይ ጌረ፣ ብኹልንትናኣ ብቃላተይ ሸፈንኩዋ። ሸፊነ ምስ ወዳእኩ፣ ንፋሰይ ምስ ነፋሕኩ፣ እታ ነፍሲ ምስቲ ቃላተይን ኣምላኽነተይን ተሓዋዊሱ ህያው ኮይና ብድድ በለት።

ስለዚ ሰብ ካብቲ ዝብላዕ መግቢ ንላዕሊ ዝብላዕ ቃላተይ ከም ዘንብሮ ኣሰሚረ ጸሓፍኩ። ዕድመን ትንፋስን ፍጡር ሰብ ኣብ ማእከል ቃላተይ ኣሰፈርኩዎ።

በደል ፍጥረተይ ምስ ተመልከትኩ፣ ንምሕረት ክኸውን ኣቐዲመ መንጸፍ ድሕነት ኣንበርኩ። እዚ ቃላት እዚ ድማ ንድሕነትኩም ኩሉ ግዜ ከም ዘድሊ ኣብ ጎንኹም ድማ ክነብር ስለ ዘለዎ ኣቐዲመ ኣብ ሓደ ንጹህ መጽሓፊ፣ እሳታዊ ቃላት ድሕነት ጸሓፍኩ።

እዚ ንጹህ መጽሓፊ ቃላት እዚ፣ መናድቕ ንጽህናን ድንግልናን ቅድስቲ ወላዲተይ ነበረ። ንኹሎም ፍጥረተይ፣ ካብ ንጣብ ክሳብ እሳት ድማ ብሰዉር እሳታዊ ቃላተይ ኣብ ሓደ ድንግል ዘኾነ ዝተቐለፈ ዝፋነይ ብእሳታዊት የማነይቲ ኢደይ ወቐርኩዎ።

እቲ ኣብ ዘፋነይ ዝነበረ ድንግል መርገጺየይ ምስጢረይ ዝዓቖረ ድማ ካብ ሓረግ ሓረግ፣ ካብ ወለዶ ንወለዶ ምስጢሩ ሓጺረ፣ ምስ ቃላት ድሕነቱ ብድንግልና ከም ዝውለድ ገበርኩ።

ብድሕሪ እዚ ኣብዚ ኣብ ምድሪ ዝተኸልኩዎ ንጹህን ድንግልን ዝኾነ መናድቕ ማህጸን ድማ፣ እቲ ክቡር ቃለይ ተኸልኩዎ'ሞ፣ ንጹህ ሰብ ኮይነ ተወለድኩ።

ኩሉ ወዲኤ ድማ ድሕነተይ ፈጸምኩ፣ ዓወተይ ጨቢጠ ንሞት ሰዒረ ድማ ናብ ዝፋነይ ተመለስኩ። እዚ ኹሉ ክሰርሕ ከለኹ ግን ካብ ላዕሊ ክሳብ ታሕቲ እንዳ ወረድኩ ግን ብቃላተይን ብንጣብ ደመይን መሰመር ድሕነት እንዳ ሓንጸጽኩ፣ እታ ንሰማይ እተደይበኩም መንገዲ ድማ ከይትጠፍኣኩም ኢለ ኣሰረይ ምስ ንጣብ ደመይ ገዲፈልኩም ደየብኩ።

ስለዚ ኩሉ ድኻምኩምን ክሕደትኩምን ምስ ጠመትኩዎ ኣቐዲመ ድማ ክቡር እሳታዊ ቃላተይ ሓቢኤዮ ነበርኩ ኣብ ሓደ ሰፈር'ሞ፣ መሰስ ኣቢለ ኣውጺኤ ገዲፈልኩም ከድኩ።

እዚ ሕቡእ ሰፈረይ ድማ ነፍሲ ኣደይ ወላዲተይ ኢዩ ዝነበረ። ካብቲ ንጹህ ነፍሳ ነፍሲ ወሲደ፣ ካብቲ ንጹህ ደማ ንጹህ ደም ወሲደ፣ ክውለድ ከለኹ፣ ምሳይ ድማ እቲ ካብ ሰማይ ዝለኣኽኩዎ ቃለይ፣ ኣብ ማእከሉ ኣነ ዘነበርኩ፣ ምስ ኣምላኽነተይ ማዕረ ስልጣን ዘለዎ ቃለይ ድማ ምሳይ ተወልደ።

ኣነ ብ'ኹሉ ግብርታት ክፍጽም እንክለ'ኹ፣ ቃለይ ድማ ምሳይ ኮይኑ ድንቂ ስራሕ ምሕንጻጽ መስመር ድሕነት ይገብር ነበረ።

ኣነ ኣብ ምድሪ ተወሊደ ዘዝተዛረብኩዎ ኩሉ ቃላት፣ ብግብርን ስልጣንን ንዝመጽእ ወለዶ ውን እንተ 'ኾነ ንድሕነት ኣብታ ዘውጻእኩዎ ሰፈር ይቐውም ነበረ።

እነሆለ! ክሳብ ሎሚ እቲ ኣነ ቅድሚ 2000 ዓመታት ዝተዛረብኩዎ፣ ዋላ ውን ከጥፍኡዎ ላዕልን ታሕትን እንተበሉ፣ ኣብ ሀዋ ብስዉር ምስጢር ተንጠልጢሉ እሕሕሕ! ይብሎም'ሞ እቶም ሰረ'ቕቲ ነፍሲ ስንብድ ይብሉ።

ቃለይ ምሳይ ተወልደ፣ መርገጺ እግሩ ዝ'ኾና ድማ ካብ ነፍሲ ቅድስቲ ወላዲተይ ድምጺ ወሰደ። ኣነ ናብ ዝፋነይ ምስ ከድኩ ቅድስቲ ወላዲተይ ኣብ በዓለ ጰራቅሊጦስ ኣብ ማእከል ሃዋርያትን ኣርድእትን ዝነበረትሉ ምስጥር እዚ ኢዩ።

ኣነ ዝፋነይ ምስ ሓዘኩ እቲ ኣምላኻዊ ስልጣነይ ግን ብዝስማዕ ቃላት ኮይኑ ተወለደ፣ ብድምጺ ኣደይ ወላዲተይን ሃዋርያተይን ተወልደ፣ ካብ ኣደይ ወላዲተይ ተተቐዲሑ፣ ኣብ ወረቓ'ቕቲ ሰፈረ።

ጸላኢ ብዙሕ ግዜ መጽሓፍ ቅዱሰይ ኣቃጸሎ፣ ግን ጸላኢ እንክሃድኖ እንዳ በዝሐ ከደ። ጸላኢ እንክቃጽሎ፣ ኣዝዩ እንዳ ፈረየ ከደ። በዚ ተቐበሮ፣ በቲ ሓደ ቦሎ'ኽ ኢሉ ይወጽእ፣ ረብረበ ጸላኢ።

ስለዚ መጽሓፍ ቅዱሰይ መን ኢዩ ንዝብል ሕቶ፣ ኣምላኻዊ ሓይለይ ዝዓጠቐ ክቡር ቃለይ ኢዩ። መጽሓፍ ቅዱስ ማለት ነፍሲ ወከፍ እንኮ ቃል፣ ኣብ ዝፋነይ ኣብ ኣርያም ብክልተ ኪሩቤል መላእኽቲ፣ ሃል ሃል ዝብል ሴፍ ዝተዓጥቁ ዝሕሎ ኢዩ።

ዓቐን እሳት ናይ ሓንቲ ቃለይ ኣብ መጽሓፍ ቅዱስ ዘሎ ብፍጹም ኣይልካዕን፣ ከይጥመት ኣይጥመትን ኢዩ፣ ምኽንያቱ ናብ ፍርድን ኩነኔን፣ ናብ ሲኦልን ናብ መዓሙቓትን ክቑልፍ ዝኽእል ስልጣንን፣ ሓይልን ዝዓጠቀ ስልጣነይ ውን ስለ ዝኾነ።

መጽሓፍ ቅዱስ መን ኢዩ ንዝብል ሕቶ፣ ክምልስ እንተ ኾይነ ምልእተ ጸጋ ኳለይ፣ ናኤል ዝሰሙ ንፋሰይ ይተሓተት'ሞ፣ ንሱ ይመልስ።

ኣብ መዓሙቕ ናኤል እንታይ ኣሎ፣ ኣብ መሰረት ድምጺ ቃለይ ክንደይ ዝኣኽሉ መፋትሕ እሳት ኣለዉ፣ መን ኣሎ ኣብ ማዕበል ጎሮሮይ ኣትዩ ክቐጽሮም ዝኽእል።

እቲ እንኮ ፍጡረይ ኣዳም ምስጢር ጎሮሮይ ብንእሽተይ ዓቐኑ ነጊረዮ ዝነበርኩ፣ ነታ ኣይትብልዓያ ዝበልኩዎ ፍረ ምስ በልዐ፣ ስለምንታይ ኣብ ጎሮሮኡ ዶው ኢላ። ምስጢር ጎሮሮይ ስለ ዝፈለጠ'ዶ'ኾን ይኸውን፧ ኣብ ጎሮሮይ ዘሎ እሳታዊ ናኤል ንፋሰይ፣ ንፍጠረት ክፈታትሕ፣ ንዘመናት ክገላብጥ፣ ነቲ ጥበበኛ ክጣበበሉ፣ ነቲ ዝፋናት ካብ ማእከል ጎሮሮይ ክብገሱ ኣይጠመተን'ዶ ኣዳም ፍቑረይ።

ስለዚ መጽሓፍ ቅዱስ መን ኢዩ፧ መን ኮን ይኸውን መጽሓፍ ቅዱሰይ፧ ንመን ክነግር'ሞ ንመን'ከ እዚ መልሲ ክሰምዕ በቒዑ ይርከብ ይኸውን፧

መጽሓፍ ቅዱሰይ ነፍሲ ወከፍ ቃል፣ ብእሳታዊ ሰንሰለት ካብ የማነይቲ ቅልጽመይ ዝወረደት ምኻና መን'ኮን ይሓብሮ ነዚ ዘመን። ካብ ቃለይ ክሓልፍ ካልእ ኲሉ ከበድቲ ዝመስሉ ግብርታት ከም ዝቐልል ደጊመ'ዶ ክሕብር ኢየ ነዚ ላሕ! ዘበለኒ ወለዶ እዚ።

ነፍሲ ወከፍ ቃል ካብ መጽሓፍ ቅዱሰይ፣ ብድንግልናን ንጽህናን፣ ካብ ቅድስቲ ወላዲተይ ብዘረአ ትርኢት ተወሊዱ ኢዩ እነህለ ምሳይ ኣብ ጎነይ ንድሕነትኩም ክዛረብ ዝውዕል ዘሎ።

ነፍሲ ወከፍ ውሉደይ ነፍሲ ወከፍ ዘፍቅረኒ ነዚ መጽሓፍ ቅዱሰይ ኣብ ጎኒ ዕለታዊ ሂወቱን ክሳብ ዕለት ሞቱ ክህሉ ኣለዎ። ምኽንያቱ ብስጋ ዝተዓብለልኩም ደቀይ ክትሰምዑዎን ክትርእዩዎን ዘይትኽእሉ ድምጺ ኣለዎ።

ንስኹም ዓጺፍኩም ኣቐምጡዎ ንሱ ግን ተዘርጊሑ ክፈርደኩም ምኻኑ ኢዩ። ንስኹም ረጊጽኩሞ ሕለፉ ንሱ ግን ለዋህ ኢዩ'ሞ ደጋጊሙ ነህለ የልዕለኩም። ክቡር ቃለይ ኣነ ተወሊደ ተገሊጸ ስለ ዝተርኣኹ፣ ንሱ ድማ ብውሑድን ዘይልለ ትርኢት ብደገ ሒዙ፣ ድኹም ሓይሊ ዘይብሉ መሲሉ እነህለ ነፍሲ ወከፍ ናብ ቀራንዮ ገጹ ሒዙኩም ይኸይድ።

መጽሓፍ ቅዱሰይ እሳታዊ ቃለይ ምስ እሳቱ ዓቑሩ ኣንጻር ነፍሲ ወከፍ ዘመን ዝተንስአ ጸላኢ ገጢሙ ሰዓረ። ነፍሲ ወከፍ ዘመን ከሰስዎ፣ ገረፍዎ፣ ጸፍዑዎ፣ ጡፍ በልሉ፣ ብለይቲ ናብ ተዋሳእትን ድራማታትን ሸጡዎ፣ ንሱ ግን ብፍጹም ድንን ኢሉ ከይሰገደ፣ ንሞት ሰዒሩ እነሆ ብጅግንነት ቀይሙ፣ ኣብ ኣምላኽነቱን ሓይሉን ኣብ የማናይ ቅልጽሙ ዓትዒቱ ንኹሉ ናብ ትሕቲኡ የስግድ ኣሎ።

መጽሓፍ ቅዱሰይ ክቡር ቃለይ ኢዩ። ክቡር ቃለይ ድማ ኣምላኽነተይ ኢዩ፣ ስለዚ መጽሓፍ ቅዱሰይ መን ኢዩ፧

መጽሓፍ ቅዱሰይ ሰዉር ሰንሰለት ካብ ኣርያም ኣለዎ፣ ነቲ ብእምነት ዝጽግዖ ድማ መፍትሕ ናይ ሂወቱ የረክቦ። ነቲ ለዋህ ለዋህ ኢዩ መጽሓፍ ቅዱሰይ፣ ነቲ ጠዋይ ግን ካብኡ ንላዕሊ ጥውይዋይ ስለ ዘለዎ፣ ዘመን ሂወቱ ምሉእ እቲ ጠዋይ ክጠዋወ ሞት ተርክቦ።

ስለዚ መጽሓፍ ቅዱሰይ ካብ ኦሪት ክሳብ ሓዲስ ኩሉ ንነፍሲ ወከፍ ደቀይ መንገዲ ሂወትኩም ኢያ። ፍርቂ ኪቐበል ፍርቂ ክገድፍ ዝበለ ውሉደይ ተበራብር፣ ነብያተይ ኣቓዲመ ዘተንሳእኩልካ ኣነ ዝፍራሕን ልዑልን ኣምላኽ ስለ ዝኾንኩ ብዛዕባ ዕቤተይ ከዳልዉዎ ነፍስኻ ኢለ ኢየ።

ቅድስቲ ወላዲተይ ከተኽብራ ግዴታ ኣለካ፣ ምኽንያቱ ንዓይን ንእሳታዊ ቃለይን እሳታዊ ስመይን ኣብ ነፍሳ ጸይራ ናባኻ ንኸድሕነካ ዘቐረበትኒ ንሳ ስለ ዝኾነት፣ እቲ ሎሚ

ኣብ ኢድኻ ሒዝካ ካብ ፍርቂ እትሰብከሉ ዘለኻ ቃላት ኩሉ፣ ኣብ ነፍሳ ቀቢረዮ ኔረ ሒዘዮ ዝተወለድኩ ስለ ዝኾነ።

ስለዚ ፍርቂ ቃለይ ክትቅበል ፍርቂ ድሕነት ከይኮነካ፣ ብፍርቂ ድሕነት ድማ ናብ ዝፋነይ ፍርቂ ርኽሰት ስለዘይኣቱ፣ ነቲ ሒደት ልምሉም ሰናይካ፣ እቲ ብዙሕ ደረቕ ሓጥያትካ ከይልክሞ፣ ንመጽሓፈይ ኩላ ተዓጠቃ።

ኣብ ውሽጢ መጽሓፍ ቅዱሰይ ንነፍሲ ወከፍ ፍጡረይ ሓንቲ ሰውርቲ መፍትሕ ኣንቢረ ኢየ፣ እዛ መፍትሕ እዚኣ ነቲ ኣብ ነፍስኹም ዘቐመጥኩልኩም ጸጋ ውን መኽፈቲ ኢያ። ስለዚ ነፍሲ ወከፍ ውሉደይ መጽሓፍ ቅዱሰይ ኣብ ምሉእ ሂወቱ ተውሓደ ሓንሳብ ከንብባ ኣለዎ። መስቀላዊት መፍትሑ ካብ ማእከል መጽሓፍ ቅዱሰይ ምእንቲ ክርከብ።

መጽሓፍ ቅዱሰይ መን ኢዩ፧

መጽሓፍ ቅዱሰይ ኣብ ጎኒ ዝተሸገረ ምስ እተንብሩዎ፣ ዳዊት ፍቑረይ ብእህህታ ይልምን፣ ኣብ ጎኒ ክቡር ቃላተይ ኮይኑ፣ እዮብ ፍቑረይ'ከ መዓስ የዕሪፉ ብዛዕባ ስቓይኩም ብዓውታ ክልምን፣ ንስኹም ተገደፍኩምኒ እቶም እሙናት ባሮተይ ዝገድፉኒ'ዶ ይመስለኩም።

ስለዚ መጽሓፍ ቅዱሰይ መን ኢዩ፧

መጽሓፍ ቅዱሰይ ምግቢ ነፍሲ ኢዩ፣ ስጋ ብናታ መግቢ ተጸገበት፣ ነታ ውጽዕቲ ነፍስኹም ግን ክትርስዑዋ

ምኽንኩም ርጉጽ ነበረ፣ ስለዚ ነፍሲ ካብቲ ስዉር ብርሃን መጽሓፍ ቅዱሰይ ትምገብን ትንፋስ ትረክብን።

ሓደ ሓደ እዋን ነፍሲ ካብቲ ኩሉ ክፉእ ግብርኹም ዝተላዕለ ገዲፉትኩም ክትከይድ እትልምነሉ ግዜ ኣለዋ፣ ንቑሩብ እዋን ግን ኣብ ማእኸል መጽሓፍ ቅዱሰይ ወሲደ ይሓብኣን የጸናንዓን ኢየ። ኣነ ኣምላኽ ኢየ፣ ኣይምርመርን ድማ ኢየ። መን ኣሎ ነቲ ስርሐይ ዝፈልጦ፧

ስለዚ ነዚ ስዉር ሰንሰለት እሳት ካብ ሰራውር ጅግማውተይ ነቒሉ፣ ኣምላኽነተይ ዝዓጠቐ ክቡር ቃለይ እዚ ልዕሊ ኹሉ ርኣዩዎ'ሞ ልዕሊ ኹሉ ክትኮኑ ኢኹም።

ድምጽን፣ ትንፋስን፣ ብርሃንን፣ መፋትሕን፣ መባርቕን፣ ጌረ ኢየ ኣቑመየ። ድምጸይ፣ ገዓረይ፣ እህህታይ፣ ግርፋተይ፣ ስቓየይ፣ ጅግንነተይን፣ ኣምላኽነተይን፣ ንግስነተይን ዝፋናተይን፣ መንነተይን፣ ኣነነተይን፣ ስዉር ቃላተይን፣ በበይኖም ንፋሳተይን፣ ኩሉ ሕብርታተይን፣ ትርግታ ልበይን፣ ድምጺ ትንፋሰይን፣ ነስነስታ ጸጉረይን፣ ዶግሒ ብርሃን የዒንተይን፣ የማነይቲ ቅልጽመይን፣ መፍትሕ ሃዋርያተይን፣ ርጋጽ መዓሙቕ እግረይን ኩሉ ኣብዚ መጽሓፍ ቅዱስ ኣሎ።

ሰማይን ምድርን ክሓልፍ ቃለይ ግን ኣይክሓልፍን ኢዩ።

7/6/2023

2 ልቢ ካህን ለዋህ ኢያ

ኮኾብ ክርስቶስ --- ሎሚ ንጓለይ ናብ ሓደ ናይ ትምህርቲ ቤት ቀጸራ ነበራ'ሞ ወሰድኩዋ። ኣጋጣሚ ግን እቲ ዝኸድኩዎ ቤትምህርቲ ንእሽተይ ቤተክርስቲያን ነበረት'ሞ፣ ክሳብ ጓለይ ትምህርቲ ወዲኣ ትምለሰኒ ኢለ ናብታ ቤተክርስቲያን ኣተኹ።

ኣብታ ናይ ድሕሪት ዝነበረት ኮፍ መበሊ ኮፍ ኢለ ከለኹ ግን ጎይታይ ብጎነይ ኮፍ በለ። ኣነ ኣየስተብሃልኩሉን እምበር ንሱስ ብፍቓዱን መሪሑን ከም ዘምጽኣኒ ናብታ ቤተክርስቲያን ዳሕራይ ኢዩ ዝተረድኣኒ።

መድሃኔ ኣለም --- ሓደ ካህን ወደይ ኣለኒ ኣብዚ፣ ግን ድማ ኣዝዩ ኢዩ በዲሉኒ ምልእተጸጋ ጓለይ። ናይ ምሕረቱ ስራሕ ክሰርሕ ኢለ ኢየ መጺኤ ናብዚ ምሳኺ በለኒ።

ኮኾብ ክርስቶስ --- {ኣነ'ኳ ኩሉ እቲ ዝሓሰቦ ኣይተረድኣንን ኣብ መጀመርታ፣ ኣብ መወዳእታ ግን ኩሉ ተረድኣኒ።}

ጎይታይ ከመይ ማለት ኣይተረድኣንን።

መድሃኔ ኣለም --- ተጸበይኒ ድሓን ጓለየ፣ ቀስ ኢሉ ክርድኣኪ ኢዩ።

{ ከምዚ ኢለ ክዘራረብ ከለኹ ኣይተረድኣንን እምበር ድምጺ ኣውጺኤ ይሓቶ'ሞ፣ ጎይታይ ድማ ኣነ ጥራይ

ክሰምዖ ዘኽእል እምበር ብደገ ዘይሰማዕ ድምጺ ጌሩ ይምልሰለይ ነበረ። ብድሕሪ እዚ ወዲ ካልእ ሃገር ዜጋ ኢዩ፣ ሕብሪ ቀርበቱ ግን ጻዕዳ ኢዩ ዝነበረ እቲ ካህን፣ ብድሕረይ መጺኡ ነታ ኮፍ ኢለያ ዝነበርኩ ኮፍ መበሊ ሰጊሩ ሓሊፈ። ግን ኣብ ገጹ ናይ ሕርቃን ምልክት ረኣኹሉ። ንዓይ ውን ብሕማቕ ኣጣምታ ጠመተኒ። ኣነ ውን ሓቂ ዘረባ ልበይ ስንብድ በለት።}

ኮኾበ ክርስቶስ --- ጎይታይ እንታ ድኣ ኮይኑ እዚ ካህን ናይዚ ቤተክርስቲያን ሓሪቑ ይመስል፧

መድሃኔ ኣለም --- ድምጺ ኣውጺኺ ክትዛረቢ ከለኺ ዓው ኢልኪ ስለ ዝኾነ ኢዩ ተቐጢዑ፣ ምስ መን ትዛረቢ ኣለኺ ንሱ ኣይፈለጠን፣ እቲ ምስኡ ኮይኑ ዘሕርረኒ ዘሎ ጸላኢየይ ግን ይፈልጥ ኢዩ፣ ስለዚ ንድሕነቱ ኢለ ከም ዝመጻኹ ስለ ዝፈለጠ፣ ብዝኾነ ምኽንያት ከይትዛረብዮ'ሞ፣ ከይሰምዓኪ፣ ንስኺ ድማ ብዛዕባይ ከይትዛረብዮ ኢዩ ፍርሓቱ እቲ ጸላኢየይ።

ኮኾበ ክርስቶስ --- ጎይታየ! እዚ ካህን'ሲ ሓቁ ኢዩ፣ ኣነ ምሳኻ ክዛረብ ከለኹ ኣይተረድኣንን ዓው ኢለ ኢየ። ግን ድማ እዚ ትብሎ ዘለኻ ጸላኢ ብሓቂ ምስኡ ኣሎ ዲዩ፣ ከመይ ጌረ ከረጋግጽ ይኽእል ክኣምነካ፧

መድሃኔ ኣለም --- ብርሃን ጓለይ! እሺ ድሓን ኪዲ ተዛረብዮ'ሞ፣ ብዛዕባ መድሃኔ ኣለም ክሓተካ ደልየ ኢልኪ፣ ኣነ መን ኢየ ኢልኪ ሕተትዮ ድሓን።

ኮኾብ ክርስቶስ --- { ከምዚ ምስ በለኒ ብድድ ኢለ ናብቲ ብድሕረይ ሓሊፉ ንቅድመይ ገጹ ሶጉሙ ዝነበረ ካህን፣ ሰጉመ ኣርከብኩዎ። }

ሰላም ኣቦ! ከመይ ውዒልኩም! ኣይትሓዙለይ ረቢሸ'ዶ፣ ኣይተረድኣንን ዓው ኢለ ክዛረብ ጸኒሐ፣ ይቕረ ግበሩለይ ብሓቂ። ኢለ ዘረባይ ከይወዳእኩ፣ ረጊጹኒ ሓለፈ።

ኣነ ድማ ደድሕሪኡ እንዳ ሰጎምኩ፣ ኣቦ! ብጣዕሚ'ዶ ድኣ ረቢሸ፣ በጃኹም ይቕረ ግበሩለይ እንዳ በልኩ ደድሕሪ እቲ ካህን ሰዓብኩ፣ ብድሕሪ እዚ ናብ ሓንቲ ማዕጾ ኣተወ እቲ ካህን'ሞ፣ ሓንቲ ውን ትኹን ቃል ከይመለሰለይ፣ ነቲ ማዕጾ ኣብ ገጸይ ዓጸዎ።

ኮኾብ ክርስቶስ --- እዋይ! ጎይታይ በልኩ።{ ከምዚ ክብል ከለኹ ናብ ጎይታይ ተገምጢለ ክጥምቶ ከለኹ፣ ጎይታይ ርእሱ ኣድኒኑ ንብዓቱ ጥብ ጥብ ኣበለ ኣብታ ቤተክርስቲያን፣ ኣነ ውን ሕጂ ክሕሱ ኣይክእልን ልበይ ድምጺ ናይቲ ኣብ ገጸይ ዝዓጸዎ ማዕጾ እንዳ ተመላለሰ ከም መቓልሕ ኣብ እዝነይ ተገማድሐ። ምስቲ ናይ ጎይታይ ጓሂ ድማ ኣይክኣልኩን'ሞ፣ ገዲፈዮ ንጎይታይ ኣብታ ቤተክርስቲያን ሃዲመ ወጻኹ ንደገ።}

እቲ ቀንዲ ዘጉሃየኒ ነቶም ካህን ምዕንቃፈይ ውን ተሰምዓኒ። ኣብቲ ደገ ግን መድሃኔ ኣለም ይመስክረለይ፣ ኣብ ትሕቲ ሓንቲ ገረብ ኣምሪረ በኸኹ። ጎይታየ! ዝገብሩዎ ኣይፈልጡን ኢዮም'ሞ ይቕረ ክገብር ኢየ ዝበልካ ባዕልኻ

ኢኻ። ጎይታየ! ይቕረ ግበረለ ነዚ ካህን ወድኻ፣ በጃኻ ጎይታይ! ኢለ ልበይ ክሳብ ትንብድበድ በኸኹ፣ ሓቂ ዘረባ።

መድሃኔ ኣለም --- ምልእተጸጋ ጓለይ! ከመይ ጌርኪ ሓንሳብ ጥራይ ንዝርኣኽዮ ወደይ ክንድዚ ነቢዕክሉ፤ ገሪሙኪ'ዶ፣ ምስጢሩ መሕደሪ መንፈስ ቅዱሰይ ስለ ዝኾንኪ ኢዩ። መንፈስ ቅዱሰይ ሓደ ኢዩ፣ ዶብ የብሉ፣ ዓሌት የብሉ፣ ንሰብ ብሰብነቱ ኢዩ ዘኽብሮ። ንለዋህ ልቢ ሓላዊኣ መንፈስ ቅዱሰይ ኢዩ።

ካህነይ ኣዝዩ ለዋህን ዕጉስን ትዕግስተኛን ኢዩ ክኸውን ዘለዎ። እዚ ማለት ድማ ልክዕ ባህሪ ናይ መንፈስ ቅዱሰይን ናተይን ናይ ኣቦይን ክለብስ ኣለዎ። ነዚ ንኽለብስ ድማ ለዋህ ልቢ ኢያ እተድልዮ፣ ልቡ ለዋህ ክትከውን ድማ መስቀለይ ኣብ ልቡ ክተኽላ ኣለዎ።

ስለዚ ልቢ ካህነይ ጨካን ተኾይና እቲ ጸላኢየይ ኢዩ ዝነግሰላ እምበር ኣነ ኣይኮንኩን። ንሱ እንተ ነጊሱላ ድማ ፈራዲትን ዘይተጸማማሚትን ትኸውን። ኣነ ናብ መቕደሰይ ሓጥያተኛታት፣ ሰብ ወልፊ፣ ስርዓት ቤተክርስቲያነይ ዘይፈልጡ፣ ጠፊኦም ዝነበሩ፣

ብሰንሰለት ዓለም ተኣሲሮም ዝነበሩ ኢዮም ክመጹ ዝግባእ'ሞ፣ እቲ ከም ጓሳ ዝሸምኩዎ ባርያይ ድማ ንዓይ ኣብ ነፍሱ ተሰኪሙ፣ ነዞም ኩሎም ደቀይ ስርዓት ክምህር፣ ንስሓ ክህብ፣ ዝሰንበደ ልቢ ከጸናንዕ፣ ማዕሰር ወልፊ ክበትኽ ኢዩ ዝግብኦ።

ዝተዓረዩን ኩሉ ዝፈልጡን ደቀይ እንተ ድኣ ክመጹ ናብ መቕደሰይ ጥራይ ይጽበ ሃልዩ፣ ከመይ ጌሩ ይኸውን። ጓለየ! ጭኻነ እታ ዘፍቅራ ልቢ ካህን ማዕረ ኽንደይ ልበይ ትሰብረኒ ተመልኪትክያ ኣለኺ።

ንሎሚ ግን እታ ንድሕነት ነዚ ካህነይ ኢየ መጺኤ ዝበልኩኺ ከረድኣኪ። ብርሃን ጓለይ! ምእንቲ እዚ ሓንቲ ግዜ ጥራይ ዝርኣኽዮ ካህን፣ እሞ ድማ ንሱ ተጋግዩ ክነሱ፣ ኣብዛ ትሕቲ ገረብ መጺኺ ዝነባዕክያ ንብዓት፣ ነዚ ወደይ ኣብ ግዜ ፍርዲ፣ እተን ዝነጠባ ንብዓት ኣብ የማናይ ጎኑ ኮይነን ክጣበቓሉ ምኽንያት ብየማነይቲ እሳታዊት ፈራዲት ኢደይ ይምሕለልኪ ኣለኹ።

እዘን ሒደት ንብዓት፣ ዓቢ ናይ ድሕነት ስራሕ ክሰርሓ ከለዋ ሓደ እዋን ከርእየኪ ኢየ። ስለዚ ነዚኣ ምስጢራዊት ስራሕ ድሕነት ኢለ ኢየ ካብ ሰማይ ባዕለይ ዝወረድኩ።

በዚ ድማ ንኹሎም ካህናተይ ሕልፊ ኹሉ ከም ዘፍቅሮምን ሕልፊ ኹሉ ድማ ኣብ ጥቓይ ምኻኖምን ክትምስክርለይ ኢለ ኢየ። ዝወደቑ እንተ ወደቑ ብፍጹም ስለ እታ ጸጋ ክህነት'ኳ ብዙሕ ከም ዘፍቅሮም እነህለ ቃለይን ምስክረይን ኣነ መድሃኔ ኣለም ኢየሱስ ክርስቶስ።

9/6/2023

3. ስለምንታይ ጸጋ ክህነት ምስ ተመርዓኻ ይውሃብ

ኮኾብ ክርስቶስ --- መድሃኔ ኣለም ኣቦይ፣ ኣጋጣሚ ሓንቲ ሕቶ ካብ ደቅኻ ተሓቲትኩ'ሞ፣ እታ ሕቶ ናባኻ ከብላ። ፍቓድካ ይኹነለይ። ንምንታይ ኢዩ ጸጋ ክህነት ምስ ተመርዓዉ ዝውሃቡ፧

መድሃኔ ኣለም --- ምልእተ ጸጋ ጓለይ፣ ካህናት ደቀይ ክምርዓዉ ከለዉ፣ ኣይኮነን ዝብሃል፣ እዚ ዓይነት ቋንቋ ነቶም ካልኦት ደቀይ ኢዩ። ነቶም ክቡራት ካህናተይ ግን ከብካብ ተባሂሉ ኢዩ ዝጽዋዕ።

ምልእተ ጸጋ ጓለይ እዛ ሕቶ ቀላል'ዶ ትመስለኪ ኣላ። ኣይምሰልኪ ብርሃን ጓለይ፣ እቲ ብቕድሚት ጉድጓድ ኣዳልዩ ዝጽበ ዘሎ ጸላኢ ኢዩ ዝሓልማ ዘሎ።

ቅድስቲ ቤተክርስቲያነይ ከተሐድስ ኢልካ እትስጉም ዘለኻ ፍጡረይ ክንደይ'ኮን መዓልቲ ፍርድኻ ኣቐዲምካ ተትፈልጦ፣ ሓድጊ'ኸ የትርፈልካ'ዶ ይኸውን፧ ካብ ቀደም ዘመን፣ ካብ ፈለማ ፍጥረት ክፈጥር ከለኹ፣ ዝሓንጸጽኩዎ ሕንጻጽ ስርዓት፣ በዚ ናይ ሎሚ ርእስኻን፣ ኣመጋግባኻን ከተምሓይሾ እትኽእል እንታይ ኣሎ፧

እቲ ጸላኢየይ ዝሓልሞ ዘሎ ሕልሚ ኣቐዲመ ኣብዚ ከንብሮ'ሞ፣ ኣነ ኣምላክ ኣማልኽት፣ ጎይታ ድሕነት፣ ኣንበሳ ናይ ይሁዳ፣ ዋና ቅድስቲ ተዋህዶ ኦርቶዶክስ

ቤተክርስቲያን፣ ኣነ ባዕለይ መድሃኔ ኣለም ምኽንየይ ከረጋግጾ።

ነቲ ክፋእ ኣርሒቐ ዝጥምቶ፣ ነቲ ጠዋይ ኣንጊሀ ዝጥወዮ፣ ነቲ መሪር ልዕሊኡ ኣነ ከምዝመረርር ንኹሉ ክበርሃሉ ድማ፣ እነኹ፣ እቶም ዝቐተልኩምኒ፣ ሱቕ! እንተ በልኩ የለን ዝበልኩም፣ ድሃይ ተጥፋእኩ ሃገር ዝቐየርኩ ዝመሰለኩም፣ ሓለምቲ ቀትሪ።

ኣነ ሓደ ጎይታ፣ ሓንቲ እምነት ምስ ሓንቲ ጥምቀት ገዲፈልኩም ክነሰይ፣ ናብ ብዙሕ ዝኸፋፈልኩማ በትረ ስልጣነይ፣ እነህለት በሉ ትትንስእ ኣላ በትረይ፣ በትረ ሙሴ፣ ንኹሉ ስራሕኩምን ምክፍፋልኩምን ክትውሕጦ ኢያ።

ንጨንፈር ዝቆርጽ ኣቦይ፣ ንጨንፈር ናብ ሰፈራ ዝመልስ ባዕለይ፣ ንጨንፈር የዒንታ ዝኸፍት መንፈስ ቅዱሰይ ኢዩ።

እቲ ቀደም ንጹሃን ኣቦታትኩም ዝተቐበሉዎ ሕጋጋተይ ከም ዘለዎ ይኹን ኣይትተንከፋዎ። የዕውር ኢዩ'ሞ በዒንትኹም ውን ኣይትጠምቱዎ፣ ድንን ኢልኩም ብእምነት ተኣዘዝዎ። እዚ ሕጊ እዚ ግን ብዘይ ስገር ከስግረኩም ኢዩ፣ መንገዲ የለን እንዳ ተባህለ ኣብ ዓለም ብማየ ማይ ጨዲዱ ክመርሓኩም ኢዩ።

ስለዚ እዛ ሕቶ እዚኣ ብድሕሪ እዚ ዘመን ኮፍ ኢሉ ጸላኢየይ ክዛተየላ ኢዩ ምስቶም ድሕሪኹም ዝመጹ። እንታይ ኣለዎ ብዘይ መርዓ ናይ ክህነት ጸጋ ዘይውሃብ ክብሃል ኢዩ።

ጸጋ ክህነት ብዘይ ክብካብ ተቐቢሉ ድማ ኣብ ማእከል ዓለም ኮይኑ ሓጥያት ክርሕቕ ይኽእል'ዶ፧ ኣይፋሉን፣ ኣብ ጎዶሎ ኣካል ከመይ ጌሩ ይኸውን።

ጎዶሎ ኣካል ዝበልኩዎ ድማ ቦኸሪ ዘበለ ኩሉ ናብ እግዚኣብሔር መስዋእቲ ይኹን ከም ዝበልኩዎ። ናብ ቤተይ ዝመጽእ መስዋእቲ ድማ ምሉእን ዘይጎደሎን ኢዩ ክኸውን ዘለዎ።

ስለዚ እቶም ካህናት ደቂ ተባዕትዮ ደቀይ ክቐብልኦም ከለኹ፣ እታ ጎደሎ ዓጽሞም ግድን ክትመጽእ ኣለዋ። ጸጋይ ክፍጸም እንተ ኾይኑ ኣብ ምሉእ እምበር ኣብ ጎደሎ ኣይኮነን።

ናይ ፈለማ ካህን ኢለ ዝቐባእኩዎ ኣዳም ፍቑረይ ኢዩ። ስለዚ ኣዳም ፍቑረይ ጸጋ ክህነተይ ክቐብእ ከለኹ፣ እንኮላይ ነታ ኣብ ውሽጢ ሄዋን ኴለይ ዝነበረት ዓጽሙ ከይተረረፈ ኢየ ጸጋይ ዝሃብኩ፣ በዚ ድማ ምሉእ ክህነት ይኸውን።

ስለዚ ኣብ ቅድስቲ ተዋህዶ ኦርቶዶክስ ቤተክርስቲያነይ ብፍጹም ጸጋ ክህነት ብዘይ ክብካብ ኣይውሃብን ኢዩ። ግድን እታ ናይቲ ካህን ወደይ ጎደሎ ዓጽሚ ኣብታ ንዕኡ ኢለ ዝፈጥራ ኳል ሄዋን ግድን ኢዩ ዘድሊ።

እዚ እቲ ቀዳማይ ምስጢር ጸጋ ክህነት ኣብ ቅድስቲ ሰፈረይ ኢዩ። በቲ ካልኣይ ድማ ክቡራት ካህናት ደቀይ ኩሉ መስዋእትታትን ኣገልግሎትን እንተ ሃቡኒ፣ ምስቲ ኣብ ማእከል ዘወደቑ ደቀይን፣ ሰብ ሓዳር ደቀይን ስለ ዘንብሮም ግን፣ ነታ ናይ ውላድ ባህጊ ክሰግሩዋ ምስ ከበደቶም ኔራ።

ምእንቲ እዚ ባህጊ እዚ ክብሉ ብዙሓት ካብቶም ምሩጻት ኣገልገለተይ ብዘይ ፍቓደይ ናብ ካልእ መንገዲ ጽሑፍ ሂወት ምስ ኣተዉኒ ኔሮም።

ብኻልእ መልሲ ድማ ምልእተጸጋ ኋለይ ምስጢር ሩካቤ ብዙሕ ኣለዎ፣ ብቅድስና ተኾይኑ ንድሕነት ኢዩ፣ ብርኽሰት ተኾይኑ ግን ዝሙት ይብሃል እሞ ክሳብ ካብ ፍጥረት ከመንቁሰካ ዝኽእል ሓጥያት ከሰርሓካ ይኽእል ኢዩ።

እዚ ሓጥያት ክትሰርሖ ከለኻ ድማ ጥዑም ኮይኑ ስለ ዝስምዓካ፣ ዓይንኻ ውን ኣይትሓስየሉን ኢኻ ነዚ ከምዚ ዝመስለ ጥፍኣት፣ ስለዚ ብቅድስና ብቅዱስ ሩካቤ ኣብታ ቤቶም፣ ካብዚ ኹሉ ፈተናታት ከሊለ ኣዳልየዮ።

እታ ንነጋውስ ዘዋረደት፣ ንልዑላት ዘውረደት፣ እታ ሓውን ዲንን ናይ መወዳእታ ፍርዲ ኣብ ዘይግዚኡ ናብ ሰዶምን ጎመራን ስሒባ ዘውረደት ውን እዚኣ ሓጥያት እዚኣ ስለ ዝኾነት ኢያ። ደቀይ ኩሉ ክሰዕሩ ምስቲ ስጋዊ ባህሪ ዝተሰከምዎ ግን እዚ ዓይነት ግጥም ኣዝዩ ምኸበደ ኔሩ።

ብኻልእ መልሲ ድማ ከምቲ ካብ ማህጸን ቅድስቲ ድንግል ማርያም ዝተወለድኩ፣ ኣብ ማህጸን እታ ናይታ ነቲ ካህን ወደይ እትምርዓዎ ኋለይ ድማ ዘንብሮምን ዝሓብኦምን ምስጢራት ኣለዉኒ።

በዚ ኢዩ ድማ እታ ካልኣይቶም ክትከውን ኢለ ዝፈጥራ ኋለይ ብድንግልና እትጸንሕ። ብድሕሪ እዚ ጸላኢ ነዚ ካህን ወደይ ከውድቕ ኢሉ ኣብ ዝቃለሰሉ ግዜ፣ ካብታ ሓጋዚቱ

ዝበልኩዋ ኪዳኑ ሕቡእ ሓይልን መግብን ነታ ነፍሲ ዝቕርበላ።

ካህነይ ማለት ነፍሲ ወከፍ ካልኢት ኣብ ብርቱዕ ኩናት ዝገጥም ብርቱዕ ወትሃደረይ ኢዩ። ነፍሲ ካህነይ ብፍጹም ካብታ እትፍጠር ኣትሒዛ ክሳብ ናባይ እትምለስ ኣዝዩ ከቢድ ቃልስን መከራን ኢዩ ዘለዋ።

ስለዚ ስርዓተይን ሕግታተይን ከም ለዋህ ኣቦኻ ክመኽረካ ኣቐዲመ ናብዚ ገጽካ የእድውካ ኣይትወርውር ሓደራኻ። ኣብቲ ቀደም ዘመን ጸጋ ክህነት ብዘይ ኩብካብ ኢና ክንፍጽሞ ኢሎም ጨንፈር ዝፈለዩ፣ ሎሚ ኣበይ ኣለዉ እስኪ ተዓዘብ።

ኣብ ነንሓድሕዶም ድማ ብትምኒት ርእሶም ሰይጣን ሰዓሮም'ሞ፣ ዝጸለዩ እንተጸለዩ ንሓጥያት ክስርዩ ጎደሎ ጸጋ ስለ ዝኾኖም እነሀለዉ ኣብ ቅድሚ የዒንትኻ ንሶዶምን ጎመራን መሲሎም።

ስለዚ ነዚ ስርዓት እዚ ፓትርያረክ ኮይንካ ክትሽየም እንዲኻ፣ ግን ብፍጹም ከይትሓስቦ ኣቐዲመ ቅድሚ ሓደ ዘመን የፍልጠካ ኣለኹ። እዛ ጽሕፍተይ ድማ እነሀለኹ ኣቐዲመ ቅድሚ ሓደ ዘመን የንብረልካ ኣለኹ።

በዚ ቋንቋ እንተጸሓፍኩዎ እንኮ መርገጺት ስለ ዝረኸብኩ ኢየ፣ ንዓኻ ግን ብቋንቋኻ ተቶርጊሙ ክመጸካ ኢዩ፣ ነዚ ቋንቋ እዚ ርሑቕ ስለ ዘይኮንካ። እነሀለ ባልዕን ዘራጊቶን ድሮ ኣብቲ የእጋርካ ጀሚሩ ስለ ዘሎ። መድሃኔ ኣለም

28/6/2023

4 ዝፋን ንስሓን ሓጥያትን

ኮኾብ ክርስቶስ --- ኮኾብ ክርስቶስ --- ሓንቲ ቴሌፎን ትማለ. ደጋጊማ ተደወለትኒ እሞ ኣልዓልኩዋ። ሓንቲ መንእሰይ ኢያ፣ ኣዝያ ጥዕምቲ ድምጺ ግን ድማ ፍልይቲ ኮይና ተሰምዓትኒ ካብቶም ቅድሚ ሕጂ ዝረኸብኩዎም ኣሕዋተይ።

ኣዝያ ተጨኒቓ ከም ዝነበረት ዋላ ውን ኣብ ድምጻ ይፍለጥ ነበረ። ከተዕልለኒ ዝደለየቶ ነገር ነበራ ግን ድማ እቲ ቃላት ድምጺ ጌረን ካብ ኣፋ ምውጻእ ሰኣና። ኣነ ድማ ነብሰይ ነገረኒ'ሞ፣ ኣጆኺ ሓፍተይ በልኩዋ።

ብድሕሪ እዚ ብንብዓት ክትዛረብ ጥራይ ዝደለየት መሰለት'ሞ፣ ሕንቕንቕ በለ ድምጻ። ብድሕሪ እዚ ኣነ ኩሉ ኩነታት ተረድኣኒ። መንፈስ ቅዱስ ኣቦይ ከም ዝኸፈተለይ የዒንተይ ድማ እታ ነብሳ ብኸቢድ ሰንሰለት ሓጥያት ተኣሳሲራ ነበረት።

ደጊመ ኣጆኺ በልኩዋ፣ ኣምላኽና ኣዝዩ ስለ ዘፍቅረና፣ ንኹሉ ግብርና ይቕረ ዝብል ፈቃር ኣቦ ኢዩ'ሞ፣ ብዘኾነ ሕሉፍ ግብርኺ ተጨኒቕኪ፣ መመሊስኪ ካብ ጎይታይ ከይትርሕቂ ሓደራ በልኩዋ።

ብድሕሪ እዚ እተን መጻሕፍተይ ኣንብብየን እሞ፣ ብዙሕ ካብቲ ዝነበረ ውድቀተይን፣ መድሃኔ ኣለም ኣቦይ ምስ

ቅድስቲ ወላዲቱን ዝገበርዎ ስራሕ ድሕነት ኣብ ሂወተይ ኣለኪ በልኩዋ።

ብድሕሪ እዚ ኣነ ናይ ንስሓ ካህን ኣቦይ ኣለዉ'ሞ፣ ከራኽበኪ ምስኦም፣ ግድን ካብዚ ኩሉ ሰቓይ ክትፍትሕን ከተዕርፍን እንተ ኾይንኪ ግድን ንስሓ ክትኣትዊ ኣለኪ፣ ኢለ ምስ ነገርኩዋ፣ ንሳ ውን ኣዝያ ተሃወኸት ነታ ንስሓ'ሞ፣ ተቛጺርና ተፈላለና።

ካብታ ዘጋጠመትኒ ሓንቲ ኣገዳሲት ነገር ከልዕል ስለ ዝደለኹ ኢየ። ንንስሓን ንሓጥያትን ክልተ ዝፋናት ከም ዘለዎ ተፈለጠኒ። ምስዛ ክብርቲ ፍጥረት ናይ ጎይታይ ክዘራረብ ከለኹ፣

ይቕረ ግበሩለይ ኣቦታተይ እምበር፣ ከምዚ ኣነ ልዕሊ ኣብ ባሕሪ ዘሎ ማይ ጸንበለል ኢለ፣ ንሳ ድማ ኣብቲ መዓሙቕ ናይቲ ማዕበል ተዋሒጣ ዘላ ኮይኑ ተሰምዓኒ። ኩሉ ትምክሕተይ ግን መስቀል ጎይታይን ወላዲተ ኣምላኽን ይኹነለይ፣ ይጅሃር ኣይኮነኩን ዘለኹ።

ክብሪ ይኹን ንፈጣሪየይን ወላዲተ ኣምላኽን ቅዱሳንን፣ እታ ናይ ንስሓ ዝፋን ኣብ ፈለማ ጻውዒተይ ኢዩ ዝሰቐለኒ። ኣብዛ ናይ ንስሓ ዝፋን ዘሎ ጸጋን ምሕረትን መን ይፍለጦ።

ኣብ ናይ ንስሓ ዝፋን ፍሉይ ብርሃንን፣ ረድኤትን ሓይልን ኢዩ ዝርከብ። ጎይታይ ብገዛእ ስልጣኑ፣ ንቅዱሳን ካህናት ኣቦታት እዚ ስልጣን እዚ ኣብ ሰማይን ኣብ ምድርን ምስ

ሃበ፣ ክንደይ ከም ዘፍቅረናን ክንደይ ድማ ብቐሊሉ ወደቕቲ ምኳናን ኢየ ተማሂረ።

ስለዚ ኣነ ብትእዛዝ ጎይታይ ክሳብ ንመዓልቲ 3 ግዜ ዝንስሓሉ እዋናት ኔሩ። ኣነን ናይ ንስሓ ኣቦይን ሓንቲ ውን ትኸውን ሕብእቲ ምስጢር የብለይን ኣብ ቅድሚኦም።

ፈለማ መድሃኔ ኣለም ኣቦይ ክዛረበኒ ምስ ጀመረ፣ ዝኣዘዘኒ ትእዛዝ ኢያ ኔራ። ዝኾነ ዝብለኪ ንኣቦይ ቀሺ ግድን ንገርዮም፣ ካብ ካህነይ ዝኾነ እንተ ሓቢእኪ፣ ኣነ ውን ክሕባእ ኢየ ካብ ቅድሚ የዒንትኺ፣ ኢሉ ኢዩ ዝኣዘዘኒ።

ስለዚ ክሳብ እዛ እዋን ኣነ ዝርኣኹዎ፣ ዝገበርኩዎ፣ ዝወደቕኩዎ፣ ኮታ ኩሉ ናይ ነፍሰይን ስጋይን ፍጻሜታት ግድን ናይ ንስሓ ኣቦይ ይፈልጡዎ ኢዮም።

ሓደ ሓደ እዋን ካብ ውድቀተይ ዝኣክል፣ ከበድቲ ሓጥያት ክፍጽም ከለኹ፣ ሰይጣን ኣብ የእዛነይ እንዳ መጸ፣ እዚ እንተ ድኣ ንኣቦይ ቀሺ ነጊርክዮም ኦሮማይ ክገድፉኺ ኢዮም ይብለኒ'ሞ፣ ኣነ ድማ ኣንጻሩ ኩሉ ግዜ ስለ ዝሰርሕ መሊሰ ናብ ንስሓ ኣቦይ ኩላ ግብረይ ደጋጊመ ብደቂቕ ይናሳሕ።

ብድሕሪኡ ግን ሰራዊት ሰይጣን ኣምሪሮም ክበኽዩ ጎይታይ ኣብ የእዛነይ የስምዓኒ። ኣነ እንታይ ገዲሹኒ ዓለም፣ መድሃኒተይ ኣብ የእዳው ካህናት ባዕሉ ካብ ሰርዓለይ፣ ንምንታይ ግዜ ዝወስድ ኢየ ዝብላ።

ስለዚ ናይዛ ክብርቲ ሓፍተይ ምስ ተዘራረብና ግን ክሳብ ሕጂ ዘኾነ ንስሓ ወሲዳ ስለ ዘይትፈልጥ ኣብ ሂወታ፣ ተፈለጠኒ እቲ ውድቀታ፣ እቲ ሓይሊ ኣጋንንቲ ኣብ ነፍሳ፣ ኩሉ እትሰርሖ ዘበለ፣ ጸኒሓ እትጥዓሰሉ ስራሕ፣ ነፍሲ ወከፍ ኣብ ጭንቀት እትኣስረት ነፍሲ፣ ጥራይ ኢየ ተመልኪተ'ሞ ክብደይ በልዓትኒ።

ዘለኹዎ ዝፋን ድማ ተፈለጠኒ፣ ሓይሊ ቅድስቲ ቤተክርስቲያነይ፣ ቃልኪዳን ነፍሲ ካህን፣ ትርጉምን ሓይልን መስቀል፣ ሓይሊ ወላዲተ ኣምላኽ ኣብ ናይ ንስሓ ጎደና፣ ንብዓትን ተጋድሎን ቅዱሳን ኣብዚ መሪር ግብረይን ሓጥያተይን በብግዚኡ ኢየ ዘመስግኖም።

ግን ኣይደንቐን ኣቦታተይ፣ ቅድም ከመይ ኔረ መሰለኩም፣ ብንእሽተይ ይጭነቕ፣ ዓቕለይ ጽብብ ጽብብ ዝብለኒ ፍጥርቲ፣ እሞ ድማ ዝሓዝኩዎን ዝጀመርኩዎን ስራሕ ፋሕ ዝብለኒ። ኣዝየ መደንገጽ ግን ድማ ኩሉ ዝጭክነለይ፣ ከም ፍጥርቲ ክብርቲ ሰብ ዘይኮንኩስ፣ ጉያ ኢለ ካብዛ ዓለም ሕብእ ኢለ ዝጠፍኣሉ መንገድታት ዝደሊ ዝነበርኩ ሰብ ኢየ።

ሃይማኖት ነዓቕኩዎ፣ ምኽንያቱ ብናይ ቴሌቪዥን መድባትን ፊልምታትን ይምራሕ ስለ ዝነበርኩ፣ ናይ ወጻኢ ወይ ውን ናይ ጸዓዱ ሂወት ጥራይ ኢዩ ሂወት ይብል ነበርኩ።

እታ ኣብ ሰማይ ዘዳለወለይ መንግስተ ሰማይ ብፍጹም ኣብ ሕልናይ ወይ ውን ኣብ ሓሳበይ ኣይነበረትን፣ እዛ ግዝያዊት

ዓለም ግን ምስኣ ናብቲ ናይ ዘልኣለም እሳት ሒዛትኒ ክትከይድ ኣፍቂደላ ይስጉም ነበርኩ።

ሎሚ ግን ነዛ ጨካን ዓለም ሕስርቲ ምኳና ኣብ ቅድሚ ፈጣሪ ይሰቑረላ ኣለኹ መዓልታዊ፣ ሓይለይ ካበይ መጺኡ ኣይፈልጥን ግን ድማ ንድኹማት ከይተረፍኩ ሓይልን ተሰፋን ኮይነ ተረኺበ።

ገጸይ ብብርሃኑ፣ ድምጸይ ብእሳቱ፣ ሓይለይ ብምሉኡ ኢየ ዝርከብ ዘለኹ። ኣተሓሳስባይ ኩሉ ነታ ናይ ዘልኣለም ቤተይ መንግስተ ሰማይ ከመይ ጌረ ይኣቱ እምበር፣ ከመይ ጌሩ ኣብዛ ምድሪ ይጥዕመኒ ንዝብል ኣተሓሳስባ ኣቋሪጸዮ።

ነፍሲ ወከፍ ዕላለይ ምስ ቅዱሳን፣ ነፍሲ ወከፍ ደቒቕ ምስ ጎይታይ፣ መዓልታዊ ድማ ብዛዕባ ቅድስቲ ማርያም ክሓስብ ነህለኹ ሰለይ ኢለ ይጉዓዝ።

ታሪኸይ ተቐይሩ ኣቦታተይ፣ ብሳላ እታ ስልጣንኩም፣ ብሳላ ትዕግስትኹም። ንስሓ መድሃኒተይ ኮነት፣ መዓልታዊ ካብቲ ጸልማት መዓሙቕ እንዳ ፈትሐት ንላዕሊ ጸንበለል ኣበለትኒ።

ኣብ ዝፋን ንስሓ ፍሉይ ብርሃን ስለ ዘሎ፣ ሓጥያት ቅድሚ ምጥናሳ ከለልያ ጀሚረ፣ ክብርቲ ንስሓይ የዒንተይ ስለ ዝኸፈተቶ ነቶም ኣብ ጸልማት ዘለዉ ኣሕዋተይ፣ ናብ ብርሃን መሪሓ እተምጽእ መሳርሒት ፈጣሪ ኮንኩ።

ኣብ ዝፋን ንስሓ ድማ ጸጽኒሑ ዝንፋሕ ትንፋስ እሳት ናይ መንፈስ ቅዱስ ኣምላኽ ኣሎ። እዚ እሳታዊ ንፋስ እዚ ንነፍሲ

ወከፍ ቆጥቋጥ ኣብ ልብና ዘሎ ኣቃጺሉ ዘሕርር ኢዩ። ኩለን ጨንፈራት እሾኽ ተቐሪጸን ድማ ናብ ናይ ሕጻንነትና ዝነበረት ልቢ ንጹሃን ንቕየር።

እቲ ቅድም ዘብክየኒ ዝነበረ ጸላኢየይ፣ ዕድለይ ሒዝዎ ዝነበረ፣ ንኹሉ መዓጾታት ሂወተይ ዓጺዩዎ ዝነበረ፣ ሎሚ ተገምጢሉ ኣብ ጸቢብ ዓጽየ ከሳቕዮ ጀሚረ። ብድድ ክብል ብናቱ መምርሒታት ዝወሰደኒ ዝነበረ፣ ሎሚ ግን ኣንጊህ ቀዲመዮ ምስ ጎይታይ ተማኺረ ናብ ናተይ መምርሒታት ከምዝኣቱ ቀይረዮ።

ዝፋን ንስሓ ከምዚ ትመስል፣ እቲ ጨካን ሰዑር ኢዩ፣ እታ መራር ሓጥያት ካብ ሱራ ኢያ እትምንቀስ፣ እቲ ለዋህ ፈቃር ጎይታይ ፊት ንፊት ኢያ እተራኽበካ።

ንስሓ እንተ ፈቲኻያ ንሳ ድማ እንተ ፈቲያትካ ፍልይቲ ኣፍቃሪት ኢያ። ንሳ እንተ ኣፍቂራ ድማ መድሃኒ ኣለም ኣቦይ ምስ ዝፋናቱን ንግስነቱን ኣብታ ልብኻ ኣሎ ማለት ኢዩ። ንሱ ምሳኻ እንተ ኣሎ ኣብ ልብኻ ድማ መን ኢዩ ኣንጻርካ ተቢዑ ዝትንስእ።

ስለዚ ብዙሕ ምልክታት ክጽሕፍ ምፈተኹ ብዛዕባ ሒደት ነፍሳት፣ ኣብ ዝፋን ሓጥያት ዷና እንርከብ ወይ'ሲ ኣብ ዝፋን ንስሓ። ኣብ ዝፋን ሓጥያት እንተለና፣ ፍሉጥ ኢዩ፣ ኩሉ ስራሕና ኣንጻር ፍረ መንፈስ ቅዱስ ኢዩ ክኸውን።

ኣብ ዝፋን ንስሓ እንተ ኣለና ግን፣ መጀመርታ ምልክትና ኣዚና ትሑታት ኢና ንቕየር፣ ኣዚና ነባዕቲ፣ ኣዚና ፈቃራት፣

ኣዚና ለዋሓት፣ ኣዚና ሓለይቲ ኢና ንቐየር። ሕማም ብጻይና ልክዕ ከም ናትና የቐንዘወና እሞ ይፍለጠና ኢዩ።

ኣብ ዝፋን ንስሓ ግን እቲ ቐንዲ ቃንዛን እህህታን መድሃኔ ኣለም ኣቦይ ኢዩ ዝፍለጠና። የዒንትና ጽቡቕ ጌርና እንተ ኸፈትና ድማ እታ ርህርህቲ ነባዒት ቅድስቲ ወላዲቱ ድማ ብጎኑ ኮይና ደጊፋቶ ክትበኪ ክንርእያ ኢና።

ስለዚ ነፍስና ኣበየናይ ዝፋን ኣላ ንሕና እቶም ኣባጊዕ ክንምርምራ ኢና፣ ንስኹም ግን እቶም ንነፍሲ ናብ ንቡር ጸግኣን መንነታን ጻውዒታን ክትመልሱዋ ስልጣን ዘለኩም ኣቦታትና ድማ ብኸምዚ ደረጃ እንተ ትምርምሩና ክንደይ ሰናይ ኔሩ።

ካህናት ኣቦታተይ ንስሓ ግን ዓወት ኢዩ፣ ንስሓ ሓይሊ ኢዩ፣ ንስሓ መንነት ኢዩ፣ ንስሓ ፍቕሪ ኢዩ፣ ንስሓ ስልጣን ውን ኢዩ፣ ንስሓ ፍሉይ ሂያብ ካብ ጎይታ'ኻ ኢዩ።

ንስሓ ዳግማይ ሰብ ፍጡር እትገብረካ ስልጣን ኢያ፣ ንስሓ ፍልይቲ መግቢ ስሉስ ቅዱስ ውን ኢያ። ሓደራ ለምኑና፣ ፈፈው ኢልኩም ድኸሙ ከተናስሑና፣ በዚኣ ኣብ ሰማያት ደሞዝኩም ብዕጽፍታት ከም ዝኸፍለኩም ጎይታይ ርግጸኛ ኢየ።

ግን ከምቲ ዓለም ዘለዋ ናይ ምድንጋር ሸቐጥ ከተእምን ፈፎው ኢላ ለሚና፣ ኣወዓዊዓ፣ እተግዝኣናን እትኣሰረናን፣ ንስኹም ድማ ኣቦታተይ፣ ፈፈው ኢልኩም ለሚንኩም፣ መንግስቲ ኣምላኽ ኣወዓዊዕኩም ለምኑና።

እቲ ስልጣን ዝሃበኩም ጎይታ'ኹም ለውሃቱን ፍቕሩን'ባ ደጋጊምኩም ሓብሩናን ለምኑናን፣ ምኽንያቱ ንዓለምን ሰይጣንን ብዙሓት እሙናት ኣገልገልቲ ኣለዉዎ፣ ንጎይታይ ግን መን'ኮን ይህልዎ ይኸውን ለሚኑ፣ ክብሩ ኣብ ታሕቲ ኣንቢሩ፣ ነታ ጎይታይ ዝሃርፉ ስራሕ ተዓጢቑ ዝሰርሓሉ።

ክብርን ምስጋናን ንዓ'ኹም ይኹን ካህናት ኣቦታተይ፣ ሳላ'ኹም ኩሉ ብርሃንን መንነትን ረኺበዮ። ኣብ ምድሪ'ኳ ኣይጥዕመኩምን ኢዩ፣ ኣብ ሰማይ ግን ክርህወኩም ኢዩ ጸሎተይ።

ኣሜን !!!

29/8/2023

<u>5 ማዕተብ ኣብ ክሳድና ዘላ</u>

ኣብ ክሳደይ ዘላ ማዕተብ ኣይፈልጥን ስለ ምንታይ ግን ሃንደበት ብፍቕሪ ክጥምታ ጀመርኩ። የዒንተይ እንታይ ኮይነን ኣይፈልጥን ግን ከምቲ ካልእ ግዜ ዝጥምታ ዝነበርኩ ዘይኮንኩስ ብፍሉይ ኣተኩሮ ኢየ ዝጥምታ ዝነበርኩ።

ኣጋጣሚ ሒደት ሰባት ኣብ ዝረኸብኩሉ ደጋጊሞም ዝብሉኒ ነገር እንተላ፣ ማዕተብና ደጋጊሙ እንዳ ተበትከ'ሞ እንታይ ክንገብር ኣለና፧ ዝብል ሕቶ ኢዩ።

ኣነ ሓሙኽሽትን ሓመድን እንታይ ኣፍልጦ ኣለኒ ኢዩ'ሞ ክምልስ። እታ ሓንቲ ዓቕመይ ንጎይታይ ምሕታት ኢያ። እነህለኹ ንጎይታይ ሓቲተ ዝመለሰለይ መልሲ ይጽሕፎ ኣብዚ።

ኮኾብ ክርስቶስ --- ጎይታየ ኣብ ክሳድና እንኣስሮ ማዕተብ ወይ ውን መስቀል ሰማያዊ ምስጢሩ እንታይ ኢዩ፧ ፍቓድካ እንተ ኾይኑ በጃኻ እንዶ ንገረኒ።

መድሃኔ ኣለም --- ሰላመይ ምሳኺ ይኹን ምልእተ ጸጋ ጓለይ፣ እታ ቀንዲ ቁስሊ ኣብ ልበይ ዝኾነትኒ ጉዳይ'ዶ ኣልዒልኪ ሎምስ። በረኸተይ ንዘልኣለም ምሳኺ ይኹን ብርሃን ጓለይ።

ኣብ ክሳድኩም ንኽትኣስሩዎ ካብ ቀደም ዝኣዘዝኩኹም መስቀል፣ ወይ ውን ማዕተብ ዓቢ ትርጉምን ምስጢርን ኣለዎ።

ኩሉ ግዜ ትሕት ኢላ ኣብ ኣፍ ልብኹም፣ ተሸፊና ዘይኮነስ ልዕል ኢላ ኣብታ መወዳእታ ክሳድኩምን ኣፍልብኹምን እተራኽብ ቦታ ክትእሰር ኣለዋ። ምኽንያቱ ኣነ ኩሉ ፍጡር ንኽርእየኒ ኢለ ኣብ ላዕሊ ሰፈር እምበር ኣብ ታሕቲ ኣይተሸንከርኩን።

ብኻልኣይ ምስጢር ድማ ንስኹም ኣብ ልዕል ዝበለ ክሳድኩም ክትኣስሩዋ ከለኹም፣ ቦትኣ ዝበልኩኹም ምስጢር ድማ፣ እዛ ዕንጨይቲ መስቐል እዚኣ፣ እታ ኣዳም ቦኽሪ ፍቑረይ፣ ነታ ኣይትብልዓያ ዝበልኩዎ ገረብ ምስ በልዓ ዶው ዝበለትላ ቦታ ኢያ።

በዚ ድማ እታ ሕማቕን ጽቡቕን እተፍልጥ ገረብ ፣ ኣብ ቅድሚ የዒንተይ ዓቢ ክብርን ልዕልናን ኢዩ ዝነበራ'ሞ፣ ነቲ ናይ ድፍረት ምጥሓስ ትእዛዝ ድማ መርገመይ ካብ ክናፍረይ ነቑሉ ዘለለ።

ስለዚ ኣነ ካብ ጓል ጓልካ ተወሊደ ከድሕነካ ኢየ፣ ከም ዝበልኩዎ መሰረት፣ ነዛ ኣዳም ፍቑረይ ዝበልዓ ገረብ ከም ዝነበረ፣ ኣነ ድማ ኣብ ዕንጨይቲ ገረብ ተሰቒለ ክቡር ዋጋ ከፊልኩ'ሞ፣ ነቲ ናይ ድፍረት ግብሪ ዕዳ ሓጥያት ሰረዝኩዎ።

ስለዚ እዛ ኣብ ክሳድኩም እትኣስሩዋ ማዕተብ ትርጉማ እምብኣር ነታ ናይ ቀራንዮ ናይ ዕንጨይቲ መስቀል፣ ነዚ ኹሉ ናይ ጅግንነት ስርሐይ ከም ዝፈጸምኩላ፣ በዚ ድማ ነቲ ቦኽሪ ፍቕረይ ዝኾነ ኣዳም ዝበደለኒ ከቢድ በደል፣ ኣብ ልዕሊ እታ ጎሮርሩኡ ዝወሓጠላ እዛ ማዕተብ እዚኣ ደቂሳ፣ ደጊም መርገም ተሳዕረ ኢያ ትብል ዘላ።

ኮኾብ ክርስቶስ --- ጎይታየ! ወልሓንቲ ኣይተረድኣንን፣ ይቕረ ግበረለይ።

መድሃኔ ኣለም --- ወይለይ! ሓቅኺ! {ሰሓቑ ጎይታይ} ከቢዱ’ዶ እዚ ቃላተይ። ቀስ ኢለ ከም ህጻን ከረድኣኪ ኢየ ምልእተ ጸጋ ጓለይ።

እታ ቀንዲ ምስጢር፣ ትርጉም መስቀል ከቢድን ረቂቕን ኢዩ። ጸረ መስቀል ብዙሓት ስለ ዝኾኑ፣ ኣንጻር መስቀለይ ዝስጉማ የእጋር፣ ቀሪቡ ኢዩ እቲ ዝኸድኦ ሰልሚ ኣፉ ሃህ ኣቢሉ ክውሕጠን።

ምኽንያቱ ኣነ ዝመጻኹ ካብ ሓዲስ ኪዳን ኣይኮነን። ካብ ብሉይ ኪዳን ኣትሒዞም ነብያተይ ብዛዕባ ምምጻአይ የበስሩን መንገዲ ይጸርጉን ነበሩ።

ስለዚ ነፍሲ ወከፍ ትእዛዘይ እንዳ ፈጸሙ ድማ ካብ ሞት፣ ካብ መቕዘፍቲ፣ ካብ ወረራ ይድሕኑ ነበሩ። ንነቢይ ሙሴ ተመን ኣብ ኣስራዚ ጌርካ ኣሲርካ ሰቐል ኢለዮ ነበርኩ።

ነዚ ዝተሰቕለ ተመን እዚ ዘዝርአየ ድማ፣ ካብ መንከስቲ ተመንን ሞትን ይሓዊ ነበረ።

ኮኾብ ክርስቶስ --- እዚኣ ስለምንታይ ከምኣ ኣዚዝካ ጎይታይ! ይቕሬታ ግን ኣብ ሞንጎ ሓቲተካ።

መድሃኔ ኣለም --- {ምስ ህጻን ዘዕልለሉ ምስጢር እዚ ኢዩ'ኮ፣ በለ ጎይታይ፣ ኣብ የማኑ ሊቀ መላእክት ቅዱስ ሚካኤል ነበረ፣ ኣነ ንባዕለይ ሕጂ ኢየ ርእየዮ ኣፍቂዱለይ እምበር በይኑ ኢዩ መሲሉኒ ዝነበረ ጎይታይ}

ምልእተ ጸጋ ጓለይ፣ ነቲ ኣሰራዚ ተመን ሰቒሎ ዝበልኩዎ፣ ናይ እምነት ትእዛዝ ነበረ። እቲ ንዓይ ዘኣምነኒ ኣብቲ መንገዲ ዘይብሉ መንገዲ ይገብረሉ፣ ኣብቲ ኣይከውንን ዝብሃል ሸው ኢዩ ባህ ዝብላ ንልበይ ይኸውን ዝብል ቃል ክትጽሕፍ።

ስለዚ እቲ ዘይምርመር መንገደይን ዘይተጸበዩዎ ናይ ድሕነተይ ኢድ ንኽምህሮም ኢየ ነዚ ዝገበርኩ። ምኽንያቱ ብትሪ ልቢ ኣዝዮም ስለ ዘንደዱኒ። ልቦም ጠዋይ፣ ክሳዶም ውን ተሪር ስለ ዝነበረ፣ ኣነ ውን ክሳብ ክንድኡ ዘይከውን ዝመስል፣ ዘይሕሰብ ነገር ዝገበርኩ።

በቲ ሓደ ድማ ኣነ ውን ነዚ መሪር ልብኹም፣ ብዘይከውን ዝመስል መንገዲ ግን ድማ ክዉን ዝኾነ ክመጽእ ኢየ'ሞ፣ ሓይለይን መንግስተይን ስለ ዘይተላልዩዎ፣ ክትሰቕሉኒ ኢኹም፣ ኢየ ዝብሎም ዝነበርኩ።

ኣብዚ ጉዳይ እዚ ኑቶም ዝነኽሱዎም ዝነበሩ ኣትማን፣ ብቋሕ ሰም መርሓቕኩዎም ኔረ፣ ግን እቲ ጉድለት እምነቶም ኣብ ልዕለይ፣ እልፊ ኣእላፍ ዝኾኑ፣ ካብ ግብጺ ኣብ ልቦም ሓቢኦም ሒዞሞም ዝመጹ ሰራዊት ኣጋንንቲ የቕንኡኒ ስለ ዝነበሩ፣ ኣነ ውን ሱኞ! በልኩ።

ባሕሪ ኣድሪቐ፣ ካብ ባርነት ብሓያል ቕልጽመይ፣ እሳታዊ መልኣኽይ ኣምሪሐ፣ እንዳ ተኸናኸንኩ ኣምጻኹዎም፣ ንሶም ግን ብናይ ስጋ ባህርያት እንዳ ኣማረሩ፣ ካብ ምስጋና ርሒቖም ኣሕረሩኒ'ሞ፣ ኑቶም ጨካናት ክፍትኑዎም ኣሕሊፈ ሃብኩዎም።

ስለዚ ትርጉም ኣሰራዚ ተመን ኣብ በሪኽ ምስቃል ማለት፣ ኑቶም ሒደት ክተርፉ ዝበልኩዎም፣ ዝኣምኑኒ፣ እቶም ዝእዘዙኒ፣ ኑቶም ምስ ጎይታይ ኩሉ ይክኣል ኢዩ ዝብሉ ፍሉያት ደቀይ፣ ነቲ ኣብ ኣሰራዚ ዝተሰቕለ ተመን፣ ምስ ጠመቱ ብድድ ይብሉ ነበሩ።

እቲ ቀንዲ ምስጢር ኣሰራዚ ተመን ዝሰቐልኩሉ ድማ፣ እቲ ተመን ኣብ ልዕሊ ኣሰራዚ ዝነበረ፣ ዝሞተ፣ ትንፋስ ዘይብሉ፣ ዘይንቀሳቐስ ነበረ። እዚ ማለት ድማ ዝኾነ ዝንቀሳቐስ፣ ትንፋስ ዘለዎ፣ ዘይሞተ ተመን ምስ ዝነኽሶም፣ ነቲ ዝተሰቕለ ኣሰራዚ ተመን ምስ ዝርእዩ፣ ከምኡ ሓይሉን ትንፋሱን መርዙን ናይቲ ዝነኽሶም ተመን ይመውት ነበረ።

ዋላ ውን እቲ ነኺሱዎም ዝኸደ ተመን ኣብ ዝሃደመ ሃዲሙ ኣብኣ ከሎ ይመውት ነበረ። ነዚ ድማ ፍሉይ ሓይለይ ኣብቲ

ዝተሰቐለ ኣሰራዚ ተመን ኣንበርኩ'ሞ፣ ነቲ ትእዛዘይ ኣሚኑ እሺ ኢሉ ብምእነት ዘጠመተ፣ ሓይሊ ካብቲ ዓንዲ ተንሲኡ ኣብ ነፍሲ ናይታ ዘጠመተት ነፍሲ ኣትዩ፣ ነቲ መርዚ ተሰኪሙ፣ ናብቲ ዝነኸሰ ተመን ተገምጢሉ የእትወሉ'ሞ፣ ኣብኣ ኸሎ ይመውት እቲ ተመን፣ እቲ ዝተነኸሰ ድማ እንዳ ዘመረ ብምስጋና ብድድ ይብል ነበረ።

ስለዚ ምልእተ ጸጋ ዃለይ፣ ሕጂ ውን ነዛ ኣብ ክሳድኩም ኣንብሩዋ ዘበልኩ ማዕተብ፣ ነቶም ባርነት ዘመርጹ፣ ትርጉም መስቀለይን ዘኽፈልኩዎ ዋጋን ዘዝንግዑ፣ ዕሽነትን ጥፍኣትን ኢዩ፣ ንዓኹም ግን እቶም ማዕተብኩም ገጥ ኣቢልኩም እትኣሰሩ ግን ድሕነትን፣ ምልክትን፣ ሓይለይን፣ ናይ ይቕሬታ፣ ሓይለይን ኢዩ።

ኣነ ክእዝዝ እንከለኹ ብፍጹም ስለምንታይ ድኣ እዚ ኣዚዝካ ተባሂለ ኣይሕተትን ኢየ። ምኽንያቱ ኣነ ዝባላዕ እሳት ኢየ። ድሕሪ ነፍሲ ወከፍ ዘይከውን ዝመስል ትእዛዘይ ግን ፍሉይ ሓይለይን መንነተይን ኣሎ።

ኣብ ቅድመይ ድማ ሓመድን ሓሙኽሽትን ምዃንኩም ኣይትረስዑ። ስለዚ ነዛ ኣብ የእዳወይ ዘላ ዕትሮይ ፣ ኣነ ባህታይ ኢዩ ዕንጨይቲ መስቀል ክኣሰረላ። ኣይደልን ዝበልካ ውሉደይ ግን፣ ናብቲ ዘይፈጠረካ ጩካን የሕሊፈ ኢየ ዝህበካ፣ ከምቲ ኣቦታትኩም ኣብ በረኻታት ሲና ዘሐለሉኒ። ንሱ ድማ ኣብ ዕረፍተይ ከየእተወ፣ ኣብ በረኻታት ክውድኣኩም ኢዩ።

ኣብዚ ዘመን ተመልከትትኩኹም፣ ግርም በለኒ፣ ክንደይ ናይ ሲኦል ምልክታት ኣብ የእዛንኩም፣ ኣብ ክሳድኩም፣ ኣብ የእዳውኩም፣ ኣብ ኣጻብዕትኹም ተሰቒሉ ብፍጹም ዘይተፈንፈነ፣ ነዛ ዕንጨይቲ መስቀል እሞ ድማ ንዓለም ምሉእ ድሕነት ዝኾነት ግን ብፍጹም ኣብ ልብኹም ይኹን ኣብ ሕልናኹም፣ ኣብ ክሳድኩም ሰፈር ስኢና።

ከመይ ከበደትኩም እንታይ ስለ ዘለዋ ኢዩ። ጸላኢ ደጋጊሙ ዝበትከልኩም ዘሎ ስለምንታይ ኢዩ። ዓለም ስለ ዘይነኣደቶ መስቀለይ ምቕባል ኣቢኹሞ።

ኣነን ዓለምን ድኣ በበይንና እንዲና። ዓለም ከተስግደኒ ኢላ ነበረት፣ ተመሊሰ ግን ድንን ኢለ ኣስገድኩዋ። ንግስነት ክህበካ በለትኒ፣ ሰማያዊ ንግስነተይ ጌረ፣ ኣብ ልዕሊኣ ዕረ እንዳ ጥዓማ ኮፍ በልኩ ኣብ ክብረይ።

ስለዚ ኣነ ብርሃን ዓለም ኢየ፣ ኣብ መስቀለይ ድማ ብንጹህ ደመይ ሓይልን ብርሃንን ኣንቢረ ከድኩ። ስለዚ እዛ ዕንጨይቲ መስቀለይ ድማ ኣብ በሪኽ ኢያ እትሰቀል እምበር፣ ትሕቲ ዓራት ክትሕባእ ኢለ፣ ኣብ ትሕቲ ጎቦ ኣይተሰቐልኩን።

ስለዚ ሓደራ ደቀየ! ኣብ ማዕተብኩም እንታይ ቃልኪዳንን፣ ብርሃንን፣ ሓይልን ኣንቢረ ኣይትፈልጡን። ልክዕ ከምቲ ብግዜ ነቢይ ሙሴ ዝነበረ፣ ዝበደለኩም ጸላኢ፣ ብእምነት ነታ ማዕተብኩም ተጠሚትትኩማ፣ ናብ ልብኹም ብርሃነይ ኣትዩ፣

መድሃኒት ይህበኩም'ሞ፣ ነቲ ዘበደለኩም ጸላኢ ድማ ክሳብ ሲኦል ከይዳ ኢያ እትቕጥቕጥ መስቀለይ።

ናይ ክሳድኩም ማዕተብ ኣበርኹዎ ድኣ፣ ኣብታ ዘዳለኹላ በዓቲ ኣብ ክሳድኩም ዘላ ኣብኣ ኣዕርፉዋ። ዓለም ዕረ ይጥዓማ፣ ናተይ ምኧንኩም ትፍለጥ'ሞ፣ ኣብ ቅድሜኹም ትንቀጥቀጥ ግደፉዋ።

በቲ ንስኹም ኣብ ክሳድኩም እትኣስሩዎ ማዕተብ፣ ነቶም ዝጥምትኹም ዘበሉ፣ ማዕተብ ዘይኣሰሩ ደቀይ ውን'ኳ ይቕረ ክብል ኢየ። ብፍቕሪ ድማ ፍቕሪ መስቀለይ ክምግብ ኢየ፣ ብድሕሪ እዚ ምልክተይ ዝኣሰርኩም ንቑሓት ደቀይ ክትበዝሑ ኢኹም።

ንስኹም ጀጋኑ ደቀይ ኢኹም፣ ኣነ ኣቦኹም ኣንበሳ ይሁዳ እንተ ኾይነ፣ ንስኹም ውን ኮራኩር ኣናብስ ደቀይ እምበር፣ ኮራኩር ወኻሩ ኣይኮንኩምን።

ኣነ ኢየ ፈራዲ፣ ኣነ ኢየ ዘልኣለማዊ ንጉስ፣ ኣነ መድሃኔ ኣለም ኢየሱስ ክርስቶስ፣ ኣነ ባዕለይ ኩሉ ከኣሊ፣ ኩሉ ገባሪ፣ ኩሉ ንሱ ዝተብሃልኩ፣ ኣነ ጓዛሚ ኣንበሳ ኣቦኹም ኢየ።

ኣነ ባዕለይ እንተ ኣዚዘ መን ኢዩ ዘፍርሓኩም፣ መን ኢዩ ዝሓተኩም፧ እቲ ሓይሊ ካባይ፣ እቲ መንግስተ ሰማይ ምሳይ፣ እቲ ዘልኣለማዊ ሂወት ውን ካብ ኢደይ ኢዩ'ሞ ኣጆኹም ደቀየ።

ኣነ በይንኹም ክትኮኑ ብፍጹም ኣይሓድገኩምን ኢየ። ዓለም ምስ ፍትወታን ንብረታን ስዒረያ ኢየ፣ ንዓለም ኣይትምሰሉዋ፣ ተፈለዩ ካብ መንነታ። ንስኹም ናይ ላዕሊ ናይ ኣቦይ እምበር ናይዚ ሓላፊ ምድሪ ነፍሳት ኣይኮንኩምን።

ሰላመይ ምሳኹም ይኹን

5/7/2023

6 ምስጢር ስርየት ካብ ኣቦታት ካህናት

ካህናት ኣቦታት ስርየት ክትህቡ እንክለኹም፣ ሰማይን ምድርን ቀጥ ቀጥ ከም ዝብላ መን ይነገር ዝርኣየ። ድንቂ ኢዩ ምስጢር ጎይታይ። ትርጉም ስርየት ካብ ሓጥያት ዝፈልጥ እቲ ብኸቢድ ተኣሲሩ ዝነበረ ጥራይ ኢዩ።

ኣብ ግዜ ኣቦታት ስርየት ዝህብሉ ብፍጹም ኩሉ ስራሕካ ገዲፍካ ድንን ክትብል ኣለካ። ምኽንያቱ ኣብዚ ስርዓተ ስርየት እዚ እልፊ ኣእላፍ መላእኽቲ ከይተረፉ፣ ንቶም ኣሳሲሮምና ዝጸንሑ ሰራዊት ሰይጣን ንኽቑልፉ ከም ዝናብ ኢዮም ዝዘንቡ፣ ናብታ ከባቢ ካህን ዝቐመላ ሰፈር።

ሓደ እዋን የዒንተይ ክሳብ ዝሰንብድ ዝርኣኹዎ ነገር ኢዩ እዚ። እቶም ካህን ድንን ኢሎም ጎይታና መድሓኒና፣ ካህን ሊቀ ካህናት፣ ሰራይ ሓጥያት . . . እንዳ በሉ ስርየት ክህቡ ምስ ጀመሩ፣ ከምዛ ኣብ ልዕሊኣም ዝተቐደት ናይ ጣፍ ፣ ጻዕዳ ነገር ደቀቕቲ ፍስሰስ በሉ'ሞ፣ ነታ ዝነበርናያ ቦታ የዕለቕለቑዋ።

ኣነ ንባዕለይ ሰንብድ በልኩ እንታይ ኢዩ መጺኡና ኢለ፣ ወዮ ኣነ ጥራይ ኢየ ዝርእዮም ዝነበርኩ። ግን ኣብ ፈለማ ከምዚ ጻዕዳ ሕሩጭ ነቶም ካህን ዝተነስነሶም መሰለኒ እምበር፣ መላእኽቲ ኣይበልኩዎምን።

ብድሕሪ እዚ ነፍሲ ወከፍ ሒዞሙና ዝጸንሑ ሰራዊት ሰይጣን፣ ለካ ብዝሖም ከምኡ ኢዩ። እቲ ቓል ናይቶም ካህን ብፍላይ ኣብ መወዳእታ ይፍታኹም! ክብሉ እንከለዉ፣ ልክዕ ከም ሓለንጊ እሳት ዝመስል ሰንሰለት ወርቅን ሓውን ዝተሓወሶ፣ ተተወርዊሩ ነዞም ሰራዊት ናይ ጸላኢ ኣኣርኪቡ ይሓንቆም ነበረ።

እቶም ናይ ኣርያም ቅዱሳን መላእኽቲ ድማ፣ እቲ ኣሰራዚ ሰንሰለትን ቃል ጎይታይን ካብቲ ኣፍ ናይቶም ካህን ዝወጸ ዝነበረ፣ ተተቐቢሎም ነቶም ኣጋግንንቲ ኣብታ ዝሃደሙዋ ኣኣርኪቦም፣ ይሓንቑዎም ነበሩ።

ብፍጹም ካብ የዒንቶም ዘምልጥ የለን። በታ ናይቶም ካህን ስልጣን ዝተኣዘዘ ትእዛዝ ተተቐቢሎም ከም ብርቱዕ ወትሃደር ይፍጽሙ ነበሩ።

ኣብ ሓንቲ ስርየት ክንድዚ ሓይልን ስራሕን ተግባርን ኣሎ ኢለ ተደነቕኩ። ብዝሒ ሰራዊት ኣርያምን ብዝሒ ሰራዊት ጸልማትን ድማ ካብ ቁጽሪ ወጻኢ ኢዩ።

ስልጣንን ሓይልን መዓርገ ክህነት ግን እነህለኹ ኣነ ዘይረብሕ ፍጥረት ተመልከትኩዎ’ሞ፣ ኣብ ግዜ ስርየት ዋላ ውን መሬት ትጽደፍ፣ ኩላ ገዲፈ ፍግም ኢለ ተደፊኤ ይፍታሕ ኩሉ ግዜ።

ኣብ ከምዚ ግዜ ኩላ ነብሰይ ኢያ እትንቅጥቀጥ። ከምዚ ምንቅጥቃጥ መሬት ዝገብር፣ ፈር ፈር ትብል ሓደ ሓደ

እዋን ነፍሰይ፣ ስርየት ምስ ተወደአ ግን ከም ሓዳሽ ህጻን ኮይነ ስሓቕን ደስታን ኢዩ ዝዓስለኒ።

ጎይታየ! ብኹሉ ከነሕርረካ ምኽንና ምስ ፈለጥካ፣ ነዚ መድሃኒት እዚ ስለ ዝሃብካና ክብሪ ይኹንካ። ጎይታየ! ብፍላይ በዛ ስርዓተ ስርየት ኣብዚሖ የመስግነካ ኣለኹ።

ኣብዚኣ ግን ዋላ ውን ሓሚማ ዲያ ከይትብሉኒ እንዳ ፈራሕኹ ኢየ እምበር ካህናት ኣቦታተይ ሓንቲ ጽሕፍቲ ክውስኽ ብዛዕባ ምስጢር ስርየት ካብ ሓጥያትና።

ኣብ ዝሃለወ ሃልዩ ሓደ ካህን፣ ኣብታ ዶው ዝበላ ቦታ ኾይኑ ስርየት ክህብ እንከሎ፣ ዋላ ውን ናይ ዘይኣመንቲ ዝብሃሉ ኣባጊዕ ደቂ ጎይታይ ከይተረፉ ኣጋንንቶም ተጸራሪጎም ኢዮም ኣብ መዓሙቕ ሲኦል ዝእሰሩ።

ምኽንያቱ ንኽብሪ እታ ስርዓተ ስርየትን፣ ንትእዛዝ ስልጣን ፈጣሪኦምን ንኽፍጽሙ፣ ዝወርዱ ኣእላፍ መላእኽቲ ናትና፣ ናይቶም ኣመንቲ ጥራይ ኣጋንንቲ ኣይኮኑን ዘጽርዩ፣ ናይ ኩሉ ፍጥረት ኣብ ዙርያ እቲ ካህን ዘሎ፣ ዋላ ውን ካብ እንስሳታት ውን ይኹን፣ ጸራሪጎም ኢዮም ናብ መዓሙቕ ሲኦል ዘውርዱዎ።

ሕጂ ግን ይርድኣኒ ሓጥያተኛ ዓለም ብኸመይ ዝበለ ምስጢርን ጥበብን፣ ናብ ናይ ድሕነት መንገዲ ይመርሓ ከም ዘሎ።

ኣብ ስደትና ውን ቅዱስ ታቦትን፣ ካህናት ኣቦታትን እግሪ እግርና ዝሰደደልና ነዚ ምስጢር ኢዩ። ዋላ ውን እቶም ዘይኣመንቲ ጽባሕ ብኸመይ ናብዛ ሓቀኛን ኣማናዊትን ናይ ዘልኣለም መንገዲ ተዋሕዶ ኦርቶዶክስ ይመጹ ኣይንፈልጥን ኢና፣ ቅድስቲ ሃይማኖትና ግን ልክዕ ከም ፈጣሪኣ ለዋህን ዕግስትን ስለ ዝኾነት፣ ዋላ ውን ነቲ ሽያጢኣ፣ ኣብ ውሽጣ ዘሎ ተምሳል ይሁዳ ዝኾነ፣ ድንን ኢላ ከምዛ ዘይርኣየቶ ኢያ እትኸውን፣ ኩሉ እንዳ ፈለጠት።

ስለዚ ክብርን ልዕልናን ናይ ምስጢረ ስርየት ካብ ኣፍ ክህናት ኣቦታት ኣዚና ክንጥቀመሉን፣ ከነኽብሮን ዘለና ህያብ ኣምላኽና፣ ንነፍስና ዕረፍታ፣ ንሂወትና ድማ መብራህቲ ስለ ዝኾነ ሓደራ ኣሕዋተይ።

ካህናት ኣቦታተይ ድማ፣ ከምዚ ዝዓይነቱ ምስጢር ኣብ ልዕሌኹም ይፍጸም ስለ ዘሎ፣ ኣጆኹም ካብ ኣምላኽኩም ኩሉ ክትረኽቡዎ ኢኹም፣ ብግብርና ሓደራ ተስፋ ከይትቖርጹ። ንሕናን እቲ ተሰቒሉና ዘሎን ከምዚ ኢዩ ስራሕና፣ ንስኹም ግን ብዝኾነ ይኹን ምሳና ውን እትነጻጸሩ ኣይኮንኩምን'ሞ፣ ይቕረ ግበሩልና ስለ እቲ ኩሉ ዝደፈርናኩም።

ብፍላይ ኣነ ምልእተ ጸጋ ጓልኩም ፍትሑኒ ካብ ሓጥያተይ ሓደራ።

7 ባርኹኒ ኣቦይ ቆሺ

ብዙሕ ግዜ ኣነ ከም ሓሳበይ ባርኾትን ምረቓን ከም ሓደ ጌርና ወሲድናዮም ጸኒሕና ይብል ኣነስ። ምረቓ ዋላ ውን ወለድና፣ ዕብይ ዝበሉ ስድራቤታትና ክምርቑና ይኽእሉ ኢዮም። እዚ ግን ምስ ባርኾት ካህናት ኣቦታትና ሓደ ከይንወስዶ፣ ብፍቕሪ ኢየ ዝሓትት ዘለኹ።

ባርኾት ናይ ካህን ሕልፊ ኹሉ ድንቂ ምስጢር ተዓዚብኩሉ። ኣቦይ ቆሺ ባርኹኒ ኢልና ድንን ኣብ እንብለሉ ግዜ፣ ካብ ኣፍ ካህን ዝወጹ ቃላት፣ ሰማያውያን እሳታውያን ቃላት፣ ከም ስርዓት ኣብ ነፍስና ኣትዮም ክጸሓፉን፣ ምልክት ክገድፉን ጠመትኩ'ሞ፣ ኣዝየ ተደነቕኩ።

ትርጉም ናይዚ ንጎይታይ ምስ ሓተትኩዎ ድማ ዝመለሰለይ መልሲ ከምዚ ይመስል።

ስልጣንን መዓርግን ኣብ ነፍሲ ካህን ዘሎ ልዕል ዝበለ ሕልፊ ኹሉ ኢዩ። እዚ ማለት ድማ ፈጣሪ ምድርን ሰማይን ኣብ ውሽጢ ነፍሶም መንበሪኡ ከም ዝኾነ፣ ከም ብርሃን ጸሓይ ዝደመቐ ሓቂ ኢዩ። ስለዚ እቲ ንሰማይም ምድርን ዝፈጠረ ቃል ፈጣሪ ውን ካብ መዓሙቕ ነፍሶም ነቒሉ ኣብ ልዕሌና ኢዩ ዝዓልብ።

ካህናት ኣቦታተይ ንስኹም ክትባርኹና፣ ንሕና ድማ ድንን ኢልና ክንባረኽ ንዘልኣለም የንብረና። ኣሜን። ኣብ ድምጺ ባርኾትኩም፣ ክንደይ ድሕነት ኣሎ ኣቦታተይ።

እሳታዊት መስቀልኩም ኣብ ዝባንና ጌርኩም ክትምርቑና እንከለኹም፣ ብፍሉይ ሰማያዊ ማሕተም ዝተሓትመ ቃላት ንብምልእቲ ነፍስና ይኸባ'ሞ፣ ዝተሓሰበልና ፈተና ይስገር፣ ዝተፋሕረ ጎዳጉድና ይድፈን። ጸላኢና ድማ ማይ ዓሚኹ ይተርፍ።

በዚ ኢዩ ሕልፌ ኹሉ ንዓኹም ዝጸልእ ካህናት ኣቦታተይ። ንሕና ግን ጌና ኣብ ትሕቴኹም ድንን ኢልና ክንባረኽ ኢና። ቃላትኩም ኣይትብቀቑልና፣ ዋላ ውን እንተ ኣማረርናኩም፣ ኣይትመንኑና ሓደራ። በረኸትኩም ኣብ ልዕሊ ኩልና ኣባጊዕኩም ይሕደር።

ፈተናታት መዓርገ ክህነት ካብ መጽሓፍ ቅዱስ

28/8/2023

1 ምልክት ዘመን ምፍታን እምነት

ኮኾብ ክርስቶስ ---

ክቡራት ካህናት ኣቦታተይ ካብ ሓጥያተይ ፍትሑኒ። በጃኹም እንዶ! ለውሃት ካህናት ኣቦታተይ፣ ከም ናይ ህጻንን ከም ዓሻን ሓንቲ ነገር ክዛረበኩም።

ኣብዚ ዘመን እዚ ሓንቲ ዓባይን ፍልይትን ዝብላ መልእኽቲ ካብ ቅዱስ ያሬድ ኣቦይ ተቐቢለ ኔረ። ናይ ብሓቂ ካብ ሰማይ ዝመጸ መልእኽቲ ምዃኑ ዝፈለጥኩ ድማ፣ እቲ መልእኽቲ ብልክዕ ዝፍጸም ዘሎ ስለ ዝኾነ ኢዩ።

{ብጾተይ ጸላኢ ሕልፌ ኹሉ ኣንጻርኩም ኢዩ ተንሲኡ ዘሎ} እትብል ኢያ። ዘመን ክጽልምትን ክበርህን ድማ ኣብ የእዳውኩም ዘላ መስቀል ተወልዊላ ምስ እትበርህን፣ ተዓምጺጻ ምስ ትድጎልን ኮይኑ ድማ ይሰምዓኒ።

ግን ድማ ኣብ የእዳውኩም ዘላ እሳታዊት መስቀል፣ ብእምነትን ንብዓትን ብጾምን ጸሎትን ብፍርሃት እግዚኣብሔርን ተወልዊላ እትበርህ ኮይኑ ይሰምዓኒ። እንተ ደፊረ ግን ሓደራ ከም ሓንቲ ዘይትረብሕ ሓጥያተኛ ጓልኩም ርኢኹም፣ ምእንቲ ነፍሰይ ብጸሎት ለምኑለይ'ሞ፣ ሓደራ ኣቦታተይ።

ኣብ መጽሓፍ ቅዱስ ብዛዕባ እምነት ምስ ተተንከፈ ዘጋጥም ምልክታት ንቅድስቲ ቤተክርስቲያንና ገዲፉላ ከይዱ ኔሩ ጎይታይ። ኣብዚ ዘመን እዚ ውን እቲ ምልክታት ከምኡ ኢዩ ኮይኑ ዘሎ።

ሓደ ጉዕዞ ናይ ሂወትካ ቅያር ዘይብሉ፣ ራህዋ ዘይብሉ፣ ፍትሒ ዘይብሉ፣ ብርሃን ናይ እግዚኣብሔር ዘይትርእየሉ፣ መግቢ ንኣባጊዕካ ዘይትቐርበሉ፣ ምስ ዝኾነኩም፣ ንስኹም ኣገባብ ጸሎትኩም ይኹን ትረት ልብኹም ከተዐርዩ ይምነ።

ምኽንያቱ ኣብ መንግኹምን ኣብ መንጎ እቲ ጓሳ ኣባጊዕ ኢሉ ዝሸመኩም ንጉስኩምን ገለ፣ ተሪር መንደቕ ኣትዩኩም ኣሎ ማለት ኢዩ።

ጎይታይ ለዋህ ኢዩ፣ ለውሃቱ ልክዕ ከም ዝብላዕ ጥዑም መግቢ ኢዩ። እግዚአብሔር በሓቂ በሊዕኩም ጠዓሙዎ፣ ብፍላይ ቃላቱን ግብርታቱን ኣምላኽነቱን መንነቱን ገለ ጥዑም ነገር ኣለዎ ኣብ መልሓሰይ።

ከም ኣብ መጽሓፍ ብቃላት ዝተጻሕፈ ለውሃት ይጽሕፍ የለኹን፣ ግን ከምቲ በሊዑ ዝጸገበ ህጻን፣ ኣብ ቅድሚ እቲ ክቡር ስሙ ይምሕለልኩም ኣለኹ።

ዓሻ ኮለል ስለ ዝፈቱ፣ ኮለል ኣብዚሐ ክቡራት ኣቦታተይ። ኣነ ዝሞትኩ ሓሰኻ፣ ኮለል ኣብዚሐ፣ ይቕረ ግበሩለይ፣ ደጊመ ደጋጊመ ዝብለኩም ኢዩ። በዚ ድማ ነዚ ንኽጽሕፈልኩም ማዕረ ክንደይ ነፍሰይ ተንቀጥቅጥ ኣላ፣ እነህለኹ ኣነ ውን ይምስክረላ።

ካብ መጽሓፍ ቅዱስ **ወንጌል ማርቆስ** 9 – 17 ፣ 29

17

ሓደ ኻብቶም ህዝቢ ኸኣ፡ መምህር፡ ንወደይ ዘይዛረብ መንፈስ ሒዝዎስ ናባኻ ኣምጺኤዮ ኣሎኹ፡

{እዚ ዝዛረብ ዘሎ፣ ወደይ ካብ በለ ወላዲ ምኳኑ ኢዩ። ስለዚ ወላዲ ክነሱ ናይ ወዱ ሕማም እምበር ምስጢር ጥፍኣቱ ዝጠፍኦ ወላዲ ምኳኑ፣ ካብ ቃሉ ንምልከት ኢና። ግን መምህር ምኳኑ፣ መድሓኒ ምኳኑ፣ እቲ ኣቦ ፈሊጡ እቲ ውላድ ግን ኣበይ ኢልዎ፣ ምኽንያቱ ንባዕሉ ካብ ሰብ ናብ እንስሳ ገጹ ተቓሪቡ ስለ ዝነበረ}

18

ኣብ ዝሓዞ ድማ የምበድብዶ፡ ንሱ ኸኣ ይዓፍር፡ ኣስናኑ ይሕርቅም ይነቅጽውን። ንደቀ መዛሙርትኻ ድማ ኬውጽእዎ ነጊረዮምሲ፡ ንሳቶም ግና ኣይከኣሉን፡ ኢሉ መለሰሉ።

{ኩሉ ምልክታት ነቲ ውሉዱ ዝገብሮ እነህለ ዘርዚርዎ። ክቡራት ኣቦታተይ እዚ ኹሉ ምልክታት ኣብዚ ዘመን ዘለና ደቅኹም ኣለና። ገሌና ኣብ ሳዕስዒት ጥራይ'ኳ እዚ ኹሉ ምልክታት ንገብሮ ኢና።

ኣብ ፈቐዶ ኣዳራሻት ኢየሱስ ጥራይ እንዳ ተባህለ፣ ክንደይ ዘይዓንደረ፣ ክንደይ ኢና ኣብ ኢንተርነት ኣቲና፣ ብፈኸራን፣ ጃሕራን ዘይዓፈርና፣ ክንደይ ኢና ኣሰናንና ብሕርቃን ዝሓርቀምና፣ በዲሉና ኢልና ሰብ፣ ኣብ ክንዲ እቲ ናይ ቅድስቲ ቤተክርስቲያን ትምህርቲ ይቕረ ምባል ዝኾነ ረጊጽና፣ ክንተሃራረም ዘመንና ዘይወዳእናዮ።

ክንደይ ኢና'ኸ ከምዛ ዝደረኾና፣ ዕድልና ጉልበትና ሂወትና ኣብ ሓደ ነገር ዝወዳእና። ቁምነገር ኣይገበርና፣ ሓዳር ተገበርና፣ ቀልጢፍና ኪዳን ናብ ምብታ'ኽ ዝኣተና።
ኣብ መወዳእታ ግን ደቂ መዛሙርትኻ ነጊረዮም'ሲ ንሳቶም ግና ኣይከኣሉን። ይብል እቲ ክቡር ቃሉ። ሃዋርያት ግን እቲ ሓይልን ስልጣንን ምስኦም ኔሩ ኢዩ፣ እታ ሓንትን ቀንድን ዝንደለቶም ግን እምነት ጥራይ ኢያ ኔራ። ለካ ብእምነት ኢዩ፣ ኩሉ ሓይሉን ኣምላኽነቱን ዝቐለፎ።}

19

ንሱውን፡ ኣታ ዘይእሙን ወለዶ፡ ክሳዕ መኣዝ ምሳኻትኩም ክነብር እየ፧ ክሳዕ መኣዝሲ ክዕገሰኩም እየ፧ ናባይ ኣምጽእዎ፡ ኢሉ መለሰ።

{እቲ ድንቂ ፍቕሪ ጎይታይ ተዓዘቡዎ፣ ነታ ጉድለት እምነቶም ፈልዩ ገሰጻ። ምኽንያቱ ንኸይኣምኑ ኣብ ዙርያኦም ዝነበረ ጸላኢ ኢዩ ዝነበረ እቲ ጠንቂ።

ቅዱሳን ካህናት ኣቦታተይ፣ ንመነኮሳትን መነንትን ብፍጹም ኣይሓደገን እዚ ርጉም ጸላኢ፣ ንቅዱስ ዳዊት፣ ነቲ 7 ግዜ ምስ ጎይታይ ብውሕዱ ዝዛረብ፣ እቲ ከም ልበይ ኢዩ ኢሉ ማሕተም ዝሓተመሉ ፈጣሪ ባዕሉ፣ ውን ከውድቖ ኣይሓፈረን እዚ፣ ኣብ ባሕርን ኣብ ኣየራትን፣ ኣብ

በረኻታትን ዝተኸስከሰ፣ ኣብ ዓለም ዘሎ ሳጥናኤል ምስ ብጾቱ።

ንፈጣሪኡ ከይሰግድ ዝተባረረ፣ ንፈጣሪኤን ዘይብርከኻ ኣብራኽ እንተ ረኺቡ፣ ይመስለና'ዶ ዘይሕንገረን እዚ ጸላኢ እዚ። ኣብ ሓድሽ ኪዳን ውን ኣብ ቅዱስ ጴጥሮስ ኣትዩ፣ ንጎይታ ክመሻኽን ዝተሰምዐ፣ ብሰንኩ ውን ርሓቕ ኣንታ ሰይጣን ዝብል ቓል ካብ ኣፍ ፈጣሪ ክውርወር ዝገበረ ኣሎ።}

20

ናብኡ ድማ ኣምጽእዎ። ምስ ረኣዮ፡ ሽዑ እቲ መንፈስ ፈንጠርጠር ኣበሎ፡ ናብ ምድሪ ወዲቑ ኣንገርገረ ዓፈረ ኸኣ።

{ናብ ጎይታይ ምስ ኣምጽኡዎ፣ ብምጥማት የዒንቱ ጥራይ ፈንጠርጠር ኣበሎ። ኣይገርምን ናይ ነፍሲ ወከፍ ደቅኹም በዒንትኹም ክትጥምቱና እንከለኹም ዘዕገርግረና እዚ ኢዩ ኣቦታተይ።

ኣምሲሉ ትሑታት ዝቕይረና ኣብ ዙርያኹም ንሱ እቲ ጸላኢኹም ኢዩ ኣቦታተይ፣ ንቕሑሉ ኣቦታተይ ሓደራ፣ በተን ዝብልዓኹም ዝመስላ የእዳው ኢኹም እትኸሰሱ፣ ነብስኹም መርምሩዋ ኣቦታተይ፣

ክቡር ሂያብኩምን ኣኽሊልኩምን ከይምንጥለኩም ጸላኢ፣ ኣጸምው ኣቢልኩም፣ በይንኹም፣ ምስ ኣደ ኣዶናይ

ወላዲተ እሳት ዘኾነት ቅድስቲ ድንግል ማርያም፣ እንኪ ኣኽሊለይን፣ መዓርገይን ሓልውለይ በሉዋ።

እቲ ጾው ኢሉ ዘሎ ዝመስሎ ከይወድቕ ይጠንቀቕ ይብል ኢዩ መጽሓፍ ቅዱስ፣ ኣቦታተይ ሓደራ።}

21

ኢየሱስ ድማ ነቦኡ፡ እዚ ካብ ዚሕዞ ኽንደይ ዘመኑ እዩ፧ ኢሉ ሐተቶ። ንሱ ኸኣ፡ ካብ ንእስነቱ፡

{እነሆለ ኣቦታተይ ካብ ንእስነትና ኢና ተባላሺና፣ ካብ ፍጥረትና፣ ዓሌትና ዘርእና ትውልድና ኩሉ ተበላሽዩ ኢዩ። ኣቦታተይ ብዙሕ ጓሂ ኣለና ሕተቱና፣ ኣቤት! ሰሚዕኩም ዘይትፈልጡ ናይ መዓሙቕ ሲኦል ግርፋትን፣ ዓመጽን ኣሎ ኣብ እህህታና! ንጽባሕ ድማ እዚ ኢዩ ዝኸውን ደሞዝኩም ኣቦታተይ።

መድሃኔ ኣለም ግን ዕድሚኡ ይኹን፣ ንእሸቶይ ምኗኑ እንዳ ፈለጠ ንምንታይ ክንደይ ዘመኑ ኢዩ ኢሉ ሓቲቱ ይገርም። ብሰንኪ ኅደሎ እምነት ዘመናት ከም ዝበላሾ ኢዩ ነጊሩና ከይዱ።

እምነት ምስ ተተንከፈት እቲ ንእሸተይ ውን ከም ዝቑጸ ኢዩ ሓቢሩኩም ከይዱ ኣቦታተይ። ፍታሕ ካባኹምን ካብ መድሃኔ ኣለምን እምበር ካብ ማንም የለን፣ በዚ ርግጸኛ ኢየ}

22

ኬጥፍኦ ብዙሕ ሳዕ ኣብ ሓውን ኣብ ማይን ደርብይዎ። ገለ ትኽእል እንተ ኴንካ ግና፡ ደንግጸልናን ርድኣናን፡ በሎ።

{ካብ እምነት ኣጥፊኡና፣ ኣብ ሽጋራን መስተን ኣሊኹና፣ ነቲ ርኽሰት ከም ዘመናውነት ኢሉ ኣእሚኑና፣ ኣቦታተይ ስቓይና'ኾን ተትቕበሉና።

ክንደይ ግዜ ኣብ ወልፊ ተደርቢና፣ እነሀለና ጌና ካብ ማህጸን ወልፊ ዝተጠናነነ ውላድ ንወልድ። መገሻና ኣይተርፍን ኢዩ ኩልና። ንሕናስ ብሰንኪ እዚ ግብርና ናብ ሲኦል ኢና ንስጉም ዘለና፣ ንስኹም ግን ኣቦታተይ ኣብ ኣጸደ ዝፋኑ ምስ ደየብኩም፣ ንዝሓላተኩም ሕቶታት መልሲ ተዳሊኹምሉ'ዶ።

እሳታዊት ፈራዲት ኢዱ ከባድ ኢያ። እምነትኩም ክወድቕ እንከሎ፣ ኣምላኽ ዝኣክል ኩሉ ከኣሊ፣ ትኽእል ተኾይንካ ኢሉ ኢዩ ዝሕተት። እምነት ክትሃጥም እንከላ፣ ኣሰራ ተጥፍእ'ሞ፣ ማይ ጸሎት ቅዱሳን ከም ናይ መወዳእታ ምርጫ ኢዩ ዝስራዕ።

እምነት ገይሻ ምስ እትርሕቕ ራኢ ካብ ኣርያም፣ ብርሃን ካብ ሰማያት፣ ረድኤት ካብ ቅዱሳን ብፍጹም ይርሕቕ። ሕልፊ ኹሉ ግን ነቲ ንጉስ ዝኽሕዱዎ ውሉድ ይበዝሑ'ሞ፣ እቲ ሓላፍነት ዝወስድ ግን እቶም ነታ ዘመን ክጓስዩ ዝተነስነሱ ክቡራት ካህናት ኣቦታት ኢዮም እምበር ፈጣሪ ሰማይን ምድርን ኣይኮነን፣ ከም ዝመስለኒ።}

23

ኢየሱስ ከኣ፡ እትኽእል እንተ ኼንካ፡ ትብል ኣሎኻ። ንዚኣምን ኵሉ ይኽኣል እዩ፡ በሎ።

{እታ ቀንድን ፍታሕን መድሃኒትን ካብ ትርግታ ልቡ ዝነቐለት መልሲ እነህለት። እታ ኹልና ኣብ ዓለም ዘለና ፍጥረታት እንጽበያ ዘለና መድሃኒት እዚኣ ኢያ። እዛ እምነት እዚኣ ኣበይ ኣላ፤ ኣበይ ኢያ ተሓቢኣ፤ ልብና'ዶ ተቐይማ ኾይና፤

ንብጻየይ ምሳይ ዝቐድስ፣ ብጎነይ ኮይኑ እሳት ጎይታይ ዝፍትት ጸሊኤዮ'ዶ ኾይነ፤ ኣበይ ተሰዊርኪ ኢሉ ዝሓታ ክቡር ካህን ኣበይ ኮን ይህሉ ይኸውን፤

ብዘይ እምነት፣ ክብረቱ ከም ዝትንከፍ ኣብ ሰማይ፣ ልቢ ፈጣሪ ድማ ከም ዝጎሃየትሉ ዝርድኦ ሕሩይ ኣበይ'ኮን ኣሎ እቲ መስተውዓሊ በሊሕ ዝነበረ ናይ ዲቁና ትምህርቱ፣ ካብ ኣፍ ቅድስቲ ድንግል ማርያም ዝወሰደ።}

24

ብኡብኡ ኣቦ እቲ ቈልዓ ዓው ኢሉ፡ እኣምን፡ ንዘይምእማነይ ደግፍ፡ በሎ።

{እቲ ድንቂ ናይ እምነት እዚ ኢዩ። እምነት ኣብቲ ዝኣመነትሉ እምንቲ ኢያ። እምነት ነቲ ዝለኣኻ ውን እምንቲ ኢያ።

እምነት ከሳብ ሞት እምንትን ፈቃርን ኢያ። ምኽንያቱ ንሳ ኣብዚ ዓለም ጋሻ፣ ገያሺትን ምዃና ኩሉ ግዜ ኢያ ትዝክር።

እምነት ክብረታ ኣብ ቅድሚ ስሉስ ቅዱስ እምበር፣ ኣብ ቅድሚ እዛ ሓላፊት ዓለም ኣይኮነን።

እምነት ምክሕቲ ኢያ፣ ምኽንያቱ እቲ ዘሰረታ፣ እቲ ስልጣን ዝሃባ፣ እቲ ዘጽድቓን፣ ዝኹንናን፣ እቲ ፈጣሪኣ ባዕሉ ካብ ኩሉ ንላዕሊ ምዃኑ ስለ እትኣምን፣ ብፍጹም ዘድንና የለን።

እምነት ዝዓትዓተ ክቡር ካህን፣ ንኹሎም ንፈጣሪ ዝበደሉ፣ ናብ ንስሓ ይስሕቦም።

ነቶም ከሓድቲ ክልተ ግዜ የዛርቦም፣ ነቶም ተጻረርቲ ብንጣብ ንብዓቱ ይጻረሮም። ንኹሉ ፍጥረት ኣብቲ ቀንዲ ፈጣሪ ብዘይ ምእማኑ ይቕረ ግበረለይ ኅይታይ ኢሉ፣ ንንስሓ ከም ዝሰግድ ይገብር። }

25

ኢየሱስ እቶም ሰብ ናብኡ ኺጐዩ ምስ ረኣየ፡ ነቲ ርኹስ መንፈስ፡ ኣታ ዘይዛረብ ጸማም መንፈስ፡ እእዝዘካ ኣሎኹ፡ ካብኡ ውጻእ ተመሊስካውን ኣይትእተዎ፡ ኢሉ ገንሖ።

{እቲ ድንቂ ናይ እምነት ስራሕ ሓንሳብ ምስ ተንከፈትካ፣ ብፍጹም ብድሕሪኡ ብጸላኢ ኣይትጥቃዕን ኢኻ፣ ምኽንያቱ ንእምነት ሓንሳብ ምስ ረኺብካያ፣ መቐረታ ምስ ጠዓምካ፣ ብርሃና ምስ ተንከፈካ፣ ሃል ሃል ዝብል ሓጹር ጌራ ስለ እትሓጽረካ፣ ብፍጹም ጸላኢ ንስኻ ተርዕዶ እምበር፣ ንሱ ኣየርዕደካን ኢዩ።

ከምቲ ሓንሳብን ንሓዋሩን ክፍኣት ካብ ገነት ምስ ተጸርገ፣ ሃል ሃል ዝብል ሰይፊ እሳት ዝዓጠቐ፣ መልኣኽ ናይ ጎይታይ፣ ከምኡ ድማ ናይ እምነት ሓይሊ፣ ብእሳቱ ጌራ ኢያ ትሓጽረካ።}

26

ገዓረ ብዙሕ ፈንጠርጠር ኣቢልዎ ኽኣ ወጸ፡ ብዙሓት ሞይቱ ኽሳዕ ዚብሉ ድማ፡ ከም ሬሳ ኾነ።

{ሓይሊ እምነት ኣባና ክሰርሕ ምስ ጀመረ፣ ካብ እሳታዊ መስቀልኩም ተንሲኡ ናባና ይኣቱ'ሞ፣ ከምዛ ኣብዛ ዓለም ዘይንነብር፣ ከም ምዉት ኢዩ ዝቕይረና።

እዚ ማለት ድማ፣ ንዓለም ምዉታት፣ ንኣርያም ግን ህሉዋት ኢዩ ዝገብረና። ክቡር መስቀልኩም፣ ኣማን ብኣማን፣ ነዝስ ኣነ፣ ሓሙኽሽትን ሓመድን ዝኾንኩ ጓልኩም'ኳ ምስክር ኢየ።}

27

ኢየሱስ ግና ብኢዱ ሒዙ ኣተንስኦ እሞ ተንስኤ።

{ንስኹም ብእምነት ኣብ ትብርትዕሉ፣ ንዓና ንድኹማት ደቅኹም፣ ኢድ መድሃኔ ኣለም ጎይታናን ፈጣሪናን ኢኹም እተትሕዙና።

ኢድ ፈጣሪ መን ዘይምነያ ክትንክፎ። ነዚ ኹሉ ዝኸውን መሳልል ግን ምሳኹም ኣብ መስቀልኩም ኣሎ። ትንሳኤና

ድንቂ ክኸውን፣ ካብ ፈለማይና እቲ ዳሕራይና ክበልጽ፣ ሓደራ ኣቦታተይ ንእምነት ብፍርሓት ተጸግዑዋ።}

28

ናብ ቤት ምስ ኣተው፡ ደቀ መዛሙርቱ ብሕት ኢሎም፡ ከመይ ደኣ ንሕና ምውጻኡ ዘሰኣንና፧ ኢሎም ሐተትዎ።

{እምነት ክትጎድል ከላ፣ ቅዳሴ እትመላለስዎ መኣዝኡ ምሽታት እንተ ኣበየኩም፣ ልብኹም ጨኪና ንብዓት ጥብ ምባል እንተ ኣበየት፣ ሕርቕ! ሕርቕ! እንተ ኣበለኩም፣ እነሀለት፣ እምነት ተቐይማትልኩም ኣላ ማለት ኢዩ።

ብሕት ኢልካ ምርር ዝበለ ሱባኤ ምሓዝ ከድሊ ኢዩ። ኣጸምው ኣቢልካ ምስ ጎይታኻ፣ ነቲ ዝለኣኸካ ምሕታት ማለት ኢዩ። ነቲ ዝለኣኸኣ፣ ነቲ ስልጣን ዝሃበካ፣ ብሕት ኢልካ ዘይምሕታት፣ ዓቢ ገበን ምኳኑ ኣብ ኣርያም መን ይንገረና። ኣጸምው ኣቢልካ፣ ካብ ዓለም ተገሊልካ ንጎይታኻ ዘይምሕታት፣ ኣነ ጎይታ ኢየ ንባዕለይ፣ ኣዛዚ የብለይን ምባል'ዶ ኣይኮነን።

ብዙሕ ግዜ ጎይታና ብሕት ኢሉ፣ ፈልዩ ክዘራርቦም ንካህናቱ ኣብ ቅዱስ መጽሓፍ ኣንቢሩዎ ኣሎ።

ካብ ዓለም፣ ካብ ኢንተርነት፣ ካብ ወረ፣ ካብ ሰባት፣ ካብ ስራሕ ተፈሊኻ እትረኽቦ መድሃኔ ኣለም ፍሉይ መቐረት ኣለዎ።

ርክብኩም ከምቲ ንነዊሕ ዓመታት ብስራሕ ገይሹ ዝነበረ ወዱ፣ ምስ ረኸቦ ዝሕጎሰ ኣቦ፣ ኢዩ ክኸውን ርክብኩም። ኣቦኹም ድማ ብዙሕ ህያባትን ጸጋታትን ምስጢራትን ኣኪቡ ይጽበየኩም ከም ዘሎ ኣነ ውን ምስክር ኢየ።

ብሕት ኢሉ ምስ ኣደ ጎይታይ ዝማኸር ካህን፣ ብፍጹም ጸላኢ ከንበርክኾ ኣይክእልን ንምሉእ ዘመኑ። እዚ ካህን እዚ ብነጸላ እሳት ወላዲተ ኣምላኽ ክሳብ ኣርያም ዝተኣሰረ ኢዩ።}

29

ንሱውን፡ እዚ ኸምዚ ዝበለ ዓሌት ብዘይ ብጸሎትን ብጾምን ኪወጽእ ኣይከኣልን እዩ፡ በሎም።

{መደምደምታ መመለሲ ዝጠፍአት እምነት እነህለት ብዓበይትን ክቡራትን ቃላት ተዓጂባ ናብ ምድሪ ወሪዳ። ኣቤት! ሰይጣን ዘመድ ምስ ኮነ ክሓስም ዘመኑ፣ ኣቤት! ሰይጣን ኣብ መንጎ ገዛ፣ ከም ኣባል ስድራቤት ኮይኑ ከኹድድ እንከሎ ክመርር።

ኣቤት! ኣጋንንቲ ኣብ በረኻን መዓሙቓትን ዝተቐለፉ፣ ፈቲሕካ ኣምጺኻ ኣብ ማእከል ደቂሰባት ክትዘርኦም ከለኻ ከም ክርዳድ፣ ኣቤት! ዓሌት ኮይኑ ሰፈሩ ሒዙ፣ ጸላኢ ስርሑ እንዳ ሰርሐ፣ ጸረ ጸላኢ ግን ስርሑ ምስራሕ ስኢኑ።

ኣቤቱ! ጎይታየ! እዚ ስልጣን ተሂብካዮ ክሳብ ዘመድ ኮይኑ ክወራረስን፣ ካብ ወለዶ ናብ ወለዶ ክመሓላለፍ ዝኽእል

ርጉም ፍጥረት፣ ብኸመይ ኣብ ኣካልና ኮይኑ ብዙሕ ብርሰት ይሰርሕ ከም ዘሎ፣ ከነረጋግጸሉ እንኽእል ጥበብ እንተ ተውርድ ኣብዚ ዘመንና።

ኣቦታተይ ክቡራትን ልዑላትን ኩሉኹም፣ ጾምን ጸሎትን እነህለ ካብ ድምጺ ጎይታይ ተላዒሉ፣ ቃሉ ጸይሩ ወሪዱ። ኣየናይ ጾም ኢዩ'ኾን ባህ ዝብሎ ንፈጣሪ፣ ከመይ ዓይነት ጸሎት ኢዩ'ኾን ድንን ኢሉ ዝሰምዖ ጎይታይ፧

ትሕት ዝበለት ልቢ፣ ንጽህ ዝበለት ሕልና፣ ቂምታ ዘይሓዘት ኩርምቲ፣ ተስፋ ዘይቀረጸት ኣእምሮ፣ ንስግዳን ዘይተሓለላ ኣብራኽ፣ መስቀል ንምስካም ዘይደኸመት ሞንኩብ. . . ፍቓድ እንተኾይኑ እዚኤን ኣቐዲምና እንተ ንቕርበን'ሞ፣

እቲ ተረፍ እታ እምነት ሓይላ ከተርእየና ኢያ። መወዳእትኡ ግን እምነት ክትርሕቕ እንከላ ሰይጣን ዘመድ ኮይኑ እነህለ ምሳና ይነብር። ምሳና እንዳ ነበረ ድማ የለን ኢልና ቀሲንና ንሓድር ኣለና።

ጸላኢ ጥበበኛ ኢዩ፣ ከም ዘሎ ኣብ ዝባንካ፣ እንታይ ኣምሲሉ ይሕብረካ። ምኽንያቱ ኣብ ዝባንካ ምህላዉ ካብታ ዝፈለጥካላ ሰዓት፣ ናይ ዘመናት ክፍኣቱን ሓይሉን፣ ምዉት ይኸውን።

ምኽንያቱ እታ ኣብ ዝባነይን ኣብ ቤተይን ኣሎ ኢልካ ምእማን ንባዕላ፣ ኣብራኹ ራዕ ራዕ ስለ እተብሎ።

ዝተቐብአ ሳኦል፣ ናብ ሕሱር ቀየሮ ታሪኹ፣ ዝተቐብአ ቅዱስ ዳዊት ብምድንጋር ቁልፋ ኣፍትሖ፣ ብንጹህ ንስሓ ግን ናብ ዝፋኑ ተመልሰ።

ስለዚ ኣብ መወዳእታ እንታይ ኢዩ ምርጫኻ ኢዩ እቲ ፍታሕ። ዘመንና ግን ርእኹም ኣቦታተይ፣ መኻሪ ጠፊኡ፣ ጥበበኛ ምስ ጥበቡ ደንዚዙ። እቲ ዘተበራብረ ዘተባህለ ጥበበኛ ድማ ጥበቡ ንርኽሰትን ኣንጻር ፈጣሪኡን ተጠቂምሉ እነህለና መከራና ርኢና።

ጎይታይ ክፈትሓና ዝሰደዶ፣ ንሱ ግን ክኣስረና ለይቲ ኮፍ ኢሉ ይሓድር ኣሎ። ስለዚ እቲ መዓልቲ ሓተታ ኣብ ቅድሚ እግዚአብሔር ክምልስ ዝደሊ ሎሚ ኣጸምው ኣቢሉ ኣብ ቅድሚ ጎይትኡ ሕቶታቱ ምምላስ እንተ ዝጅምር። }

ሓደ ሓደ እዋን መድሃኔ ኣለም ብእምነት ዝደኸሙ ሃዋርያት እንተ ኣለዉዎ፣ ብርቱዕ ማዕበል ናብታ ዘለዉዋ መርከብ ይሰድድ ኢዩ።

ንሱ ድማ ከምዛ ዝደቀሰ ድምጹን፣ ሓይሉን ይሓብእ። ኣብዚ ግዜ እዚ ናይ ኣባጊዕ ምብታን፣ ማዕበል ናብ ውሽጢ ቅድስቲ ቤተክርስቲያን ምእታዉ፣ ምልክቱ ብእምነት ዘዘራርቡዎ ጓሶት ወይ ውን ኣገልገልቲ ምስ ዝሰእን ይመስለኒ።

በዚ ድማ ብኹሉ ማዕበላት ይሰድድ እሞ፣ እዚ ማዕበል እዚ ኣባና ወይ ውን ኣብ ናይ ኣባጊዕ ቤት ጥራይ ዝሕጸር ኣይኮነን፣ እንኮላይ ቤት ናይ ነፍሲ ወከፍ ጓሳ ውን ይኣቱ እነህለ።

ስለዚ ኣቤት! ጎይታይ ጠፉእና! እትብል ናይ ኣውያትን ምህለላን ጸሎት ብሓባርን ስምረትን ከተድሊ ኢያ። ኣብ

ሓድነትኩም ድማ ንሱ የእዳው ሰዲዱ ናይ ኩልና ናይ ኣባጊዕ ማዕበላትናን፣ ኣብ ቅድስቲ ቤተክርስቲያን ዝኣተወ ማዕበላትን ጸጥ! ከብሎ ኢዩ።

ኩሉ ንፋስ፣ ኩሉ ፍጥረት ዝእዘዞ፣ ኩሉ ብርኪ ዝሰግደሉ፣ እሳታዊ መለኮት ዝኾነ ሓያል ኣምላኽና፣ እሙንን ሓያልን ስለ ዝኾነ።

<u>ኣነስ ንስኻትኩም ዘይትፈልጥዎ ዝበልዖ ብልዒ ኣሎኒ ዮው፣ 4-32</u>

<u>መድሃኔ ኣለም</u> --- ሰላመይ ምሳኹም ይኹን ። ምስቶም ኣዝየ ዘፍቅረኩም ኣብ ልበይ ፍሉይ ቦታ ዘለኩም ግን ድማ ፍጹም ግደይ ምግባር ዝኣበኹም ካህናተይ ። ኡፍፍፍ ኢለ እስትንፋሰይ ዝሃብኩኹም ከም መጠን ፍቕረይ ኣብ ልዕሌኹም ድማ እተን ምሩጻት ኣባጊዐይ ዘግዘምኩኹም ።

ደጊመ ሰላመይ ምሳኹም ይኹን ። እዚ ሰላምታ እዚ ተተሰተውዕሉሉ ካብ ሰማያተይ ተሰፋን ቃልኪዳንን ሒዙ ዝወርድ ዘሎ እዩ ። ደቀየ እቲ ቃል ኪዳነይ ድአ ኣበይ ወንዚፍኩሞ ። ባህገይን ባህግኹምን በበይኑ ኾይኑ ። በዚ ድማ መግበይን መግብኹምን በብይኑ ኮይኑ ።

ከዘክረኩም እስኪ ገለ ልብኹም ተተቓጸለ እሞ ተዘከርኩምኒ ። ኣብታ ዒላ ምስ ሳምራዊት ሰበይቲ ኮይነ ንስሓእ ተቐቢለ መንገደይ ሓቢረያ ። ንሳ ድማ ከደት

ሃዋርያዊ ስርሓ ክትፍጽም ። ካብቲ ዝገርም ደቂ መዝሙረይ ብላዕ ኢሎም ክልምኑኒ ከለዉ መልሰይ ድማ ኣይፋልን ኣነስ ንስኻትኩም ዘይትፈልጥዎ ብልዒ ኣሎኒ በልኩዎም ።

ጌና ቅድሚ ስቕለተይ ስለ ዝነበረ ገለ ዘበላዕኩ መሰሎም ። ኣነ ግን መሊሰ እቲ ዝብህን መግቢ ከመይ ከም ዝመሰል ነገርኩዎም ። ንዓይ ብልዐይ ድማ ፍቓድ እቲ ዝለኣኸኒ ክገብር ዕዮኡውን ክፍጽም ኢዩ በልኩዎም ።

ኣንቱም ደቀይ ከመይ ጌሩ ንስኹም'ከ ድሕሪ ትንሳኤይ እቲ ዝብህን መግበይ ዘይትቕርቡለይ ። ንምንታይ ኣነ ዘፈንፍነኒ መግቢ ትቕርቡለይ ።

እቲ ትዕቢትን ፣ እቲ ነፍሰ ፍትወት ፣ እቲ ምስ ባህጊ ዓለም ምንባር ፣ እቲ ክሕደት ፣ እቲ መኽሊትካ ምሕባእ ፣ እዚ ኹሉ ዘፈንፍነኒ መግቢ እንዲዩ ። መን ኣሎ ካባኹም ፍቓደይ ሓቲቱ ዝንቀሳቐስ ።

ጓሂየይ'ዶ ከዘንትወልኩም ገለ ጠላሕ ተብልኩም ። ካብ ናባይ ናብ ዓለም ዝቐረብኩም ደቂ መዛሙረይ ፣ ካብ ስኑይ ክሳብ ዓርቢ ኣብ ካልእ ዋኒንኩም ጠንጢንኩሙኒ ትኸዱ'ሞ ፣ በይነይ ቀባሕባሕ ክብል ይቕኒ ክጽበየኩም ። ብድሕሪኡ ቀዳም ወይ ሰንበት ትኣትዉ እሞ ኣብቲ መቕደሰይ ይጥዓም ኣይጥዓም ናይ ከንፈር ኣገልግሎት ብጉያ ደጊምኩም ፣ መሊስኩም ከምዛ እቲ ሓቀኛ መግበይ ዝሃብኩሙኒ ናብታ ኩብድኹም ትጎዩ ።

ውዳሴ ከንቱ ድማ ኣብ ልዕሊ ኣንስቲ ኾይኑ ይቕበለኩም ፣ ሸዑ እተን ድኻ ኣባጊዐይ ዘይረኾብኦ ኣማሪጽኩም በብዓይነቱ መግቢ ኩብድኹም ትመልኡዎ ።

ኣንቱም ደቀየ ንዓይ ድኣ ከምቲ ህድእ ኢልኩም ትበልዑዎ መግቢ እሞ ድማ ምስዛ መዋቲት ሰጋ ዝተርፍ ህድእ ኢልኩም ዘይትምግቡኒ ።

ከምቲ በበይኑ ትበልዑዎ መግቢ በበይኖም ዓይነት ኣባዒዕ ድኣ ኣራሪኹም ካብ ኣፍ ሲኦል መንጢልኩም ዘይተምጽኡለይ ። ባህገይ ጠፊኡኩም ደቀየ ክሳብ መዓስ ተመላልሱኒ ፣ ክሳብ ምዓስ ኢየ ላሕ ኩብል ኣነ ።

ኣቤት እቲ ባህገይ ተተማልኡለይ ፣ ኣቤት ሰማያዊ ክብረትኩም ምመለስኩልኩም ኔረ ። ኣብታ መከራኹም ገጸይ ምስ ርእኹሞ ኔርኩም ፣ ኣቤት ሰማያዊ ምስጢረይ ፣ ኣቤት እቲ ሰማያዊ እስትንፋሰይ ፣ ኣቤት እቲ መለኮታዊ ሓይለይ ንሲኦል ዘርዓደ ፣ ንሞት ዝሰዓረ ፍሉይ ደስታ እሞ ድማ ንዘልኣለም ነባሪ መጓናጸፍኩኹም ኔረ ። ኣንቱም ጓሶተይ እንታይ ኔሩዎ ካብ ልብኹም ተትቕድሱለይ እሞ ውድእ ኣቢልኩም ፣ ብርክኽ ኢልኩም ጎይታየ ናይ ሎሚ ዘቐረብኩልካ መስዋእቲ ባህ'ዶ ኢላትካ ኢልኩም ተትሓቱኒ ።

መሊስኩም ድማ ንደገ ውጽእ ኢልኩም ካብቲ ህዝበይ ዝተሸገረ ርኢኹም ቅርብ ኢልኩም ኣጆኻ በርትዕ ! ኣጆኺ

በርትዒ ! ተትብሉለይ ። ፍልይ ኣቢልኩም ኣባጊዐይ ድማ ንስሓኣም ተትቕበሉ ።

ብድሕሪኡ ኣብታ ገዛኹም በረኸትኩም ሒዝኩም ምስታ ብዓልቲ ቤትኩም እታ ንእሽተይ ቁራስ እንጀራ ምበላዕኩም እሞ ። ኣነ ድማ በተን ንስሓ ዝተቐበልኩመን ነፍሲ ናይ ኣባዒዐይ ኣብ ሰማያት ምስ ኣቦይን መንፈስ ቅዱስን ምስ ክብርቲ ቅድስቲ ወልዲተይን መላእኽተይን ኮይና ኣብ ሓንቲ ሰዓት መኣድና ሰሪዕና ምስ ተመገብና ።

ብልበይ ዘፍቅረኩም ሃዋርያተይን ካህናተይን ናብ ዘበነይ ክመልሰኩም ። ሕዘኑለይ እባ ዘክሩዎ ስቓየይ ። ብጾምን ብድኻምን ብእግረይ ምጉዓዝን ነብሰይ ኣዝዩ ጽሙእ ኢዩ ኔሩ ። ነዋሕቲ ጉዕዞታት በእጋረይ ሃዋርያተይ እንዳ መራሕኩ ይጎዓዝ ነበርኩ ።

ይዝከር ሓደ እዋን እቲ ካብ ቢታንያ ክወጽእ ከለኹ ናብ ኢየሩሳሌም ገጸይ ኣዝየ ጠመኹ ኣብ ርእሲኡ ውን ድኻም ነበረኒ እሞ ። ነታ ቀጻል በለስ ተረኺብኩላ ኢለ ምስ ቀረብኩዋ ኣይረኸብኩላን እሞ ድንን ኢለ ነባዕኩ ሽዑ ረገምኩዋ ።

ዘንብዓኒ ምኽንያት ድማ ካብ ፍጥረተይ ብዘይካ ነቲ ብትዕቢት ዝኸሓደኒ ሰይጣን ንማንም ክረግም ባህገይ ስለ ዘይነበረ ኢዩ ግን ድማ ጥምየተይ ክጸር ስለ ዘይክኣልኩ ቃላተይ ቀደሙኒ እሞ ተረግመት ክሳብ ሕጂ ውን ካብ ፍጥረት ዓለም ተሞንቁሳ ኢያ የላን ።

እዚ ክጽሕፈልኩም ከለኹ እቲ ክቱር ድኻመይን መከራይን ከዘኻኽረኩም ኢለ ኢየ ። ሕሩያተይ ንስኹም ግን ማኪና ኣማሪጽኩም ኣመጋግባ እንዳ ኣማረጽኩም እንዳ ኸድኩም ብትዕግስቲ ንዑ ናባይ ኢለ ይልምነኩም ኣለኹ ።

ካህነይ ተባሂሉ ኩብዱ እንተ ኣግፊሑ መዓስ ድ'ኣሉ ምስቲ ጸላኢየይ ብስግዳን ክቃለስ ። ምዓስ ድ'ኣሉ ነቲ ቶኹላ መንጣሊ ኣባጊዐይ ብጾም እንዳ ኣቃጸሎ ክቃለስ ።

እቲ ናይ ደቀይ ሓጥያት መን ኢዩ ድኣ ከምቲ ብስቅያተይ ኣብ መስቀል ዝተሰከምኩዎ ክስከሞ ። ሕጂ'ኸ ኣነ ኣኺሉኒ 'ዲየ መዋእለይ ክስቀል ንዑ'ባ ኣብ ጎነይ ተሰቐሉ ።

ኣቋሚተ የማዕድወኩም ኣለኹ ናብቲ ትሰጉምዎ ዘለኹም ጉድጓድ ። ክብረት ዓለም እንዳ ሓባበለ የዒንትኹም ሽፊኑ እንዳ ኣቃባጠረ ይወስደኩም ኣሎ ። ኣብ ዓለም ክብረት ይሕሸና እንተበልኩም ሰናይ ኣብ ሰማይ ግን ሕስረት ክጽበየኩም ኢዩ ።

ክልተ ግዜ ክብረት የለን ። ሕጂ ንሓቂ ዶው በሉ ። ሕጂ ንስቓይ ተዓጠቑ ፣ ሕጂ ሽምኩምን ክብረትኩምን ሃቡኒ ኣነ ክኹብር ። ኣይፋልኩምን ደቀየ ንዑ ሓንቲ ኣይበደልናካን ኣይትበሉኒ ። ኣይትዓሸዉ ኣነ ኣይታለልን ኢየ ነፍሲ ወከፍ ከከም ግብሩ ክፈዲ ክመጽእ ኢየ ።

ውሸጢ ከርሰይ ቀሲሉ እቲ እትቕርቡለይ መግቢ መቕረት ዘይብሉ በርበረ ዝበዝሖ ኮይኑ ። በርበረ እቲ ግብርኹም ኢዩ ደቀየ ።

እቲ ቂምታኹም ፣ እቲ ሕሜትኩም ፣ እቲ ካብ ንስሓ ዝሸፈተ ልብኹም ፣ እቲ ፍቕሪ ዝብሃል ዘይብሉ ኣገልግሎትኩም ፣ እቲ ትዕቢትኩም ኣብ ልዕሊ ኣባጊዐይ ፣ እቲ ኣብ ስጋይን ደመይን ትገብርዎ ዕንወት ።

እዚ ኹሉ መግቢ ዋላ ውን ተቐረብኩምለይ በርበረ ዝበዝሖ ኮይኑኒ ። ነቲ ዝቐሰለ ከርሰይ መመሊስኩም ትጎድኡኒ ኣለኹም ። ኣነ ዝደልዮ ጽርይቲ ማይ ጥራይ ። ከምታ ማይ ንግሆ ጽርይቲ ከምኣ ጥራይ ኢየ ዝደሊ ።

ኣንጊሀኩም እዚ ኹሉ ገዲፍኩም ኣብቲ መቕደሰይ ከምዛ ማይ ጽርይቲ ኮይንኩም ጥራይ ምጹለይ ። ኣነ ድማ ኣነ ባዕለይ ብኣደይን መላእኽተይን ቅዱሳነይን ጻድቃናተይን ሰማእታተይን ተዓጂበ ኣብቲ ቅድሜኹም ዶው ኩብል ኢየ ። ቃል ሰማይን መሬትን ይኹነኒ ። ሸው ገጽ ንገጽ ተዘይተረኣኢና ነቲ ህያው ቃለይ ሓሳዊ ትብልዎ ። እዚ ዘይሓልፍ ቃል ኪዳነይ ይህበኩም ኣለኹ ። ንዑ ጓሶተይ ሎምስ ስምዑኒ ።

ልዕሊ ኹሉ ድማ በቲ ግብርኹም ሊቃነ መላእኽተይ ይቑጥዑ'ሞ ዝነደረ የእዳዎም ክመልሶ ከፊኡኒ ። ረሲዕኩሞ ዲኹም ብስራታዊ መልኣኸይ ኣብ ግዜ ማዕጠንቲ ኣንደበት ዲዳ ክገብር ክዓብስ ።

ንመልኣከ ምኽረይ ሚካኤል ፍቑረይ'ከ ተጠንቀቑ ኢለ እስራኤላውያን ከጠንቅቕ ። ኣነ ይዕገስ ኣለኹ ትዕግስተይ ግን ዶብ ኣለዎ ።

ሓደራ ኣብዛ ዝልምነኩም ዘለኹ ግዜ ኣጥፊእና ኢና እወ በሉኒ ። ንምሕረት ዝቕድመኒ የለን ምኽንያቱ ክቡር ትንፋሰይ ምሳኹም ኣሎ ። እታ ዝምኩሓላ መስቀለይ ኣብ የማነይቲ ኢደኩም ደቂሳ ኣላ ። ናባኹም መጺኤ ምስማዕ ምስ ኣበኹሙኒ ፣ ኣብ ዘይትጠቅም ቀልዓ ወዲቕ ክትርእዩኒ'ኳ ኣይትሓፍሩለይን ።

ኣብቲ መስቀለይ ከዕርፍ ዝግብኣኒ መርገጺ እግሪ ክስእን ። እንታይ ኢና ጌርና ኣይትበሉኒ ። ናፊቕኩም መጺኤ ኣብ ቅድሜኹም ደው ክብል ከለኹ ከመይ ጌርኩም ዘይርኣኹምኒ ። የዒንተይ የዒንቲ መድሃኒ ኣለም ዝተብሃልኩም ኣበይ ኣሎ የዒንትኹም ። ሰማያት ምቁማት ገዲፉ ኣብ መስኮት ተሌቪዥን ይውዕል ኣሎ ።

በረኹተይ ገዲፍኩም ሰይጣን ዘዳለወልኩም ደሞዝ ተቋምቱ ኣለኹም ። ቅድም መንግስተይን ጽድቀይን ክትደልዩ ዝግባእ መጀመርታ መንግስቲ ዓለም ትደልዩ ኣለኹም ። ኣነ ብፍቕረይ ክምሕረኩም ይደሊ ኢየ ብፍርደይ ግን ከይትቕጽዑኒ ድማ ይፈርሕ ።

ስለዚ ሕጂ ኢያ እታ ግዜ ተነሰሑ እሞ ኩሉ ልብኹም ገዚኡዎ ዘሎ ኣውጺእኩም ጉሓፍዎ ። ኣነ ክነግስ ኣብ ልብኹም ብድሕሪኡ ቁሩብ ተዋሪድኩም ምስ ትንሳኤይ ክተንስኣኩም።

እቶም ሐደት ግን ኣለኹም ካህናተይ ጸሎትኩም ኣዝዩ ንጹህ ከም ጻዕዳ ጨርቂ ፣ ኣቤት ባህታይ ኣቤት ደስታይ ኣብ

ልዕሌኹም ዘለኒ ። ንጸሎት ኣሃዱ ክትብሉ የእዛነይ ቀዲመናኒ ይወርዳ ። ንፋስ ክሃርመለይ ውን ኣይደልን ፣ ኩለን እተን መስዋእትኹም ኣብ ዝፋነይ ከም ጥዑማት ጨና ኢየን ። ዓስብኹም ኣብ ሰማያት ተነቢሩልኩም ኣሎ ። ሓደራ መመሊስኩም ተዋረዱ ስጋኹም ግዝኡዋ ሰዓሩዋ ። ሕልናኹም ከይትድቅስ ሉዋም ኣይትሃቡዋ ብንብዓት ።

ኣብ ጾም ተሓጎሱ ፣ ኣብ ስግዳን ገጽኩም ይብራህ ኣብ ምምጽዋት ዝቐድመኩም ኣይሃሉ ። የፍቅረኩም ኢየ ። ንዘልኣለም ድማ የማነይቲ ኢደይ ኢያ ሓይልኹም ።

ኣለኹ ኣነ ምሳኹም ኣንቱም መኽበርቲ ጎይትኦም ። ጎይትኦም ክሳብ ዝምለስ ብቐንዕና ዝጽበዩ ። እቲ ዝተዋህቦም እንዳ ዓየዩ ። ጎይትኦም ክሳብ ዝምለስ ብሃንቀውታ ዝጽበዩ ።

ሰላመይን በረኸተይን ምሕረተይን ምሳኹም ይኹን ምስ ኩሉኹም ኣብ ዓለም ዘለኹም ካህናተይ።

ተፈጸመ

...... ይቅጽል ....

Milton Keynes UK
Ingram Content Group UK Ltd.
UKHW050445280324
440101UK00016B/1234

9 781916 964211